I0816361

Ensayo

Filosofía

Michael J. Sandel (Minneapolis, 1953) ocupa la cátedra Anne T. y Robert M. Bass de ciencias políticas en la Universidad de Harvard y es uno de los autores de referencia en el ámbito de la filosofía política, galardonado con el Premio Princesa de Asturias de Ciencias Sociales (2018). La clase sobre justicia que imparte en Harvard desde hace dos décadas es la más popular de la universidad. De sus numerosas obras se han publicado en castellano *El liberalismo y los límites de la justicia* (2000), *Contra la perfección* (2007), *Filosofía pública: ensayos sobre moral en política* (2008), *Justicia* (2011), *¿Hacemos lo que debemos?* (2011), *Lo que el dinero no puede comprar* (2012) y *La tiranía del mérito* (2020). Vive en Brookline, Massachusetts.

Michael J. Sandel

Justicia

¿Hacemos lo que debemos?

Traducción de
Juan Pedro Campos Gómez

DEBOLS!LLO

El papel utilizado para la impresión de este libro ha sido fabricado a partir de madera procedente de bosques y plantaciones gestionadas con los más altos estándares ambientales, garantizando una explotación de los recursos sostenible con el medio ambiente y beneficiosa para las personas.

Justicia
¿Hacemos lo que debemos?

Título original: *Justice*

Primera edición con esta presentación en España: marzo, 2016
Primera edición en Debolsillo en México: febrero, 2025

penguinlibros.com

Diseño de la portada: adaptación de la portada original de Penguin Jim Stoddart / Penguin Random House Grupo Editorial
Fotografía de la portada: © Hilary Walker / Millennium Images
Fotografía del autor: © Kiku Adatto

ISBN: 978-607-385-416-0

Impreso en México – *Printed in Mexico*

Para Kiku, con amor

Índice

1

Hacer lo que es debido

En el verano de 2004, el huracán Charley salía con toda su violencia del golfo de México para acabar en el Atlántico, y de paso asolaba Florida. Murieron veintidós personas; los daños ascendieron a 11.000 millones de dólares.[1] Pero tras de sí dejó también un debate acerca de los «precios abusivos».

En una gasolinera de Orlando vendían a diez dólares las bolsas de hielo que antes costaban dos. Como no había energía eléctrica para las neveras o el aire acondicionado, a muchos no les quedó otro remedio que pagar. Los árboles derribados aumentaron la demanda de motosierras y reparaciones de tejados. Por retirar dos árboles del tejado de una casa se pidieron 23.000 dólares. Las tiendas que vendían pequeños generadores domésticos de electricidad por 250 dólares querían ahora 2.000. A una mujer de setenta y siete años que huía del huracán con su anciano marido y una hija discapacitada le cobraron 160 dólares por noche por una habitación de motel, cuando normalmente solo cuesta 40.[2]

Muchos montaron en cólera en Florida por esos precios hinchados. «Tras la tormenta, los buitres», rezaba un titular del periódico *USA Today*. Un vecino, cuando le dijeron que quitar un árbol que había caído sobre su tejado le iba a costar 10.500 dólares, declaró que estaba mal que los haya que «quieran aprovecharse de las penalidades y desgracias de otros». Charlie Crist, el fiscal general de ese estado, pensaba lo mismo: «Estoy asombrado de hasta dónde debe de llegar la codicia en el corazón de algunos para que pretendan aprovecharse de quienes están sufriendo por un huracán».[3]

Florida tiene una ley que prohíbe las subidas especulativas de precios. Tras el huracán, la oficina del fiscal general recibió más de dos mil quejas. Algunas llegaron a los tribunales, y con éxito. Un establecimiento de la cadena hotelera Days Inn, en West Palm Beach, tuvo que abonar 70.000 dólares en multas y en devoluciones a clientes a los que había cobrado de más.[4]

Sin embargo, a la vez que Crist imponía la ley contra los precios abusivos, algunos economistas sostenían que esa ley, y la indignación ciudadana, estaban fuera de lugar. Los filósofos y teólogos medievales creían que el intercambio de productos debía estar regido por el «precio justo», determinado por la tradición o el valor intrínseco de las cosas. En cambio, decían esos economistas, en una economía de mercado los precios vienen dados por la oferta y la demanda. No existe un «precio justo».

Según Thomas Sowell, economista defensor del libre mercado, «precio abusivo» es «una expresión emocionalmente potente pero carente de sentido desde el punto de vista económico, de la que prescinden la mayoría de los economistas porque les parece demasiado confusa para tenerla en cuenta». Sowell pretendió explicar en el *Tampa Tribune* «que los "precios abusivos" le vienen bien a la gente de Florida». Las acusaciones de que los precios son abusivos se producen cuando «son claramente mayores de lo acostumbrado», escribía. Pero «los precios a los que se está acostumbrado» no son moralmente sacrosantos. No son más «especiales o "equitativos" que otros precios» que las circunstancias del mercado —incluidas las creadas por un huracán— puedan propiciar.[5]

Un precio más alto del hielo, el agua embotellada, las reparaciones de los tejados, los generadores y las habitaciones de los moteles tiene la ventaja, sostenía Sowell, de que limita el uso por los consumidores e incentiva a proveedores de lugares distantes a suministrar los bienes y servicios más necesarios tras un huracán. Si el hielo se pone a diez dólares la bolsa cuando Florida sufre cortes de electricidad durante los calores de agosto, los que lo fabrican verán que les merece la pena el esfuerzo de producir y expedir más. No tienen nada de injusto esos precios, explicaba Sowell; solo reflejan el valor que compradores y vendedores deciden darles a las cosas que se intercambian.[6]

Jeff Jacoby, columnista que aboga por el mercado, se basó en razones parecidas para atacar en el *Boston Globe* las leyes que prohíben las subidas especulativas de precios: «No es abusivo cobrar tanto como el mercado pueda soportar. No es codicioso o desaprensivo. Así es como se asignan los bienes y servicios en una sociedad libre». Reconocía que «las subidas bruscas y transitorias de precios despiertan la ira, sobre todo en aquellos a los que una tormenta mortífera ha sumido en una vorágine». Pero la cólera de la gente no justifica que se interfiera en el libre mercado. Al dar incentivos a los proveedores para que produzcan en mayor cantidad los bienes que se requieren, los precios aparentemente exorbitantes «hacen más bien que mal». Su conclusión: «Demonizar a comerciantes y proveedores no acelerará la recuperación de Florida. Déjeseles que procedan según su voluntad empresarial».[7]

El fiscal general Crist (republicano, que luego sería elegido gobernador de Florida) publicó un artículo de opinión en el periódico de Tampa donde defendía la ley que prohibía las subidas especulativas de precios: «Cuando hay una emergencia, el gobierno no puede quedarse a un lado mientras se les están cobrando precios desaforados a quienes huyen para salvar la vida o quieren, tras el huracán, cubrir las necesidades básicas de sus familias».[8] Crist rechazaba que tales «precios desaforados» correspondiesen a un intercambio verdaderamente libre:

> No se trata de la situación normal de libre mercado, en la que los compradores deciden libremente, por su propia voluntad, acudir al mercado para encontrarse allí con quienes venden, por su propia voluntad también, y acordar con ellos un precio basado en la oferta y la demanda. Un comprador sujeto a coerción por una emergencia no tiene libertad. Forzosamente ha de adquirir lo que necesita, por ejemplo un alojamiento seguro.[9]

El debate sobre los precios abusivos que se produjo tras el huracán Charley suscita serias cuestiones concernientes a la moral y a la ley: ¿está mal que los vendedores de bienes y servicios saquen partido de un desastre natural cobrando tanto como el mercado pueda soportar? Si está mal, ¿qué debería hacer la ley al respecto, si es que debe hacer algo? ¿Debe prohibir el Estado las subidas especulativas de precios incluso si, con ello, interfiere en la libertad de compradores y vendedores de cerrar los tratos que deseen?

Bienestar, libertad y virtud

Esas cuestiones no se refieren solo a cómo deberían tratarse los individuos entre sí, sino a qué debería ser la ley y a cómo debería organizarse la sociedad. Se refieren a la justicia. Para responderlas, habremos de indagar el significado de la justicia. La verdad es que ya hemos empezado a hacerlo. Si se presta suficiente atención al debate sobre los precios abusivos, se verá que los argumentos a favor y en contra de las leyes que los prohíben giran alrededor de tres ideas: maximizar el bienestar, respetar la libertad y promover la virtud. Cada una de ellas apunta a una manera diferente de concebir la justicia.

El argumento común en favor de los mercados sin restricciones descansa en dos aseveraciones, una sobre el bienestar, la otra sobre la libertad. Según la primera, los mercados promueven el bienestar de la sociedad en su conjunto al ofrecer a los individuos incentivos para que trabajen mucho y suministren a los demás lo que quieren. (Aunque a menudo equiparamos informalmente el bienestar con la prosperidad económica, el concepto técnico de bienestar es más amplio; en él caben aspectos de la satisfacción social que no son económicos.) La segunda aseveración sostiene que los mercados respetan la libertad individual; en vez de imponer un cierto valor a los bienes y servicios, dejan que las personas escojan por sí mismas el que le dan a lo que se intercambian.

No sorprende que los enemigos de las leyes contra los precios abusivos recurran a estos dos bien conocidos argumentos en favor de los mercados libres. ¿Qué responden los partidarios de esas leyes? En primer lugar, sostienen que el bienestar de la sociedad en su conjunto no gana con que se cobren precios exorbitantes en tiempos difíciles. Aunque los precios elevados incrementen el suministro de bienes, hay que contrapesar tal beneficio con la carga que imponen en quienes menos puedan pagarlos. Para el acomodado, pagar precios inflados por la gasolina o una habitación de motel será irritante; pero para quienes no tienen tanto supondrá una verdadera carga, que podrá hacer que se queden donde hay peligro en vez de ponerse a salvo. Los partidarios de las leyes contra los precios abusivos arguyen que todo cálculo del bienestar general ha de incluir las penalidades y el sufrimiento de quienes, por culpa de los precios demasiado altos, no puedan cubrir sus necesidades básicas durante una emergencia.

En segundo lugar, quienes defienden las leyes que prohíben los precios abusivos mantienen que, en determinadas circunstancias, el libre mercado no es libre de verdad. Como señala Crist, «un comprador sujeto a coerción no tiene libertad. Forzosamente ha de adquirir lo que necesita, por ejemplo un alojamiento seguro». Cuando se huye con la familia de un huracán, el precio exorbitante que se paga por la gasolina o por un refugio no es en realidad un intercambio voluntario. Está más cerca de una extorsión. Por lo tanto, para establecer si las leyes contra los precios abusivos están justificadas habremos de evaluar estas formas enfrentadas de ver el bienestar y la libertad.

Pero habremos también de tener en cuenta un argumento más. Buena parte del apoyo del público a las leyes contra los precios abusivos proceden de algo más visceral que el bienestar o la libertad. La gente se indigna con los «buitres» que medran con la desesperación de otros y quiere que se los castigue, no que se los premie con beneficios extraordinarios. A menudo se tacha a estos sentimientos de emociones atávicas y se cree que no deberían interferir en las políticas públicas o en el derecho. Como escribe Jacoby: «Demonizar a comerciantes y proveedores no acelerará la recuperación de Florida».[10]

Pero la indignación contra quienes cobran precios abusivos no es solo una ira irreflexiva. Remite a un argumento moral que debe tomarse en serio. La indignación es el tipo especial de ira que se siente cuando alguien obtiene lo que no se merece. Tal indignación es ira contra la injusticia.

Crist llegaba al origen moral de la indignación cuando se preguntaba «hasta dónde debe de llegar la codicia en el corazón de algunos para que pretendan aprovecharse de quienes están sufriendo por un huracán». No relacionaba explícitamente este comentario con las leyes contra los precios abusivos. Sin embargo, en él va implícito un argumento del estilo del que se expone a continuación, el que podríamos llamar «argumento de la virtud».

La codicia es un vicio, una mala manera de ser, en especial cuando lleva a que no se tengan en cuenta los sufrimientos de los demás. No es ya que sea un vicio personal; es que choca con la virtud cívica. En tiempos de tribulación, una buena sociedad empuja unida. En vez de empeñarse en obtener el máximo provecho, los unos miran por los otros. Una sociedad donde se explota al prójimo para conseguir una ganancia económica en tiempos de crisis no es una buena sociedad. La codicia excesiva es, pues, un vicio que una buena sociedad debe desalentar, si puede. Las leyes contra los precios abusivos no pueden abolir la codicia, pero sí pueden, al menos, restringir sus expresiones más desaprensivas y demostrar que la sociedad la desaprueba. Al castigar el comportamiento codicioso en vez de recompensarlo, la sociedad expresa su adhesión a la virtud cívica del sacrificio compartido por el bien común.

Reconocer la fuerza moral del argumento de la virtud no equivale a insistir en que prevalezca siempre sobre otras consideraciones que se le enfrenten. En ciertas circunstancias podría concluirse que una región golpeada por un huracán debería hacer un pacto con el diablo: permitir los precios abusivos con la esperanza de atraer de bien lejos a un ejército de techadores y albañiles, aunque haya que incurrir en el coste moral de dar el visto bueno a la codicia. Arréglense los tejados ahora y la fibra de la sociedad después. Pero sobre todo hay que percatarse de que el debate sobre las leyes contra los precios abusivos no se refiere solo al bienestar y la libertad, sino también a la virtud, al cultivo de actitudes y disposiciones, a las cualidades del carácter de las que depende una buena sociedad.

A algunos, entre ellos muchos que son partidarios de las leyes contra los precios abusivos, el argumento de la virtud les incomoda. La razón: parece que depende de juicios de valor más que los argumentos que se fundamentan en el bienestar y la libertad. Preguntarse si una política acelerará la recuperación económica o estimulará el crecimiento económico no entraña un juicio acerca de las preferencias de las personas. Da por sentado que no hay quien no prefiera ganar más a ganar menos, y no juzga cómo se gaste nadie luego su dinero. De modo parecido, preguntarse si las personas son verdaderamente libres de elegir cuando las circunstancias son coercitivas no lleva a evaluar sus preferencias. El problema está en si son libres o si están sujetas a coerción, y si lo son, en qué medida.

El argumento de la virtud, por el contrario, se basa en un juicio, el de que la codicia es un vicio que el Estado debe desalentar. Pero ¿quién juzga qué es una virtud y qué un vicio? Entre los ciudadanos de las sociedades pluralistas, ¿no hay acaso discrepancias por tales cosas? ¿Y no es peligroso imponer juicios relativos a la virtud por medio de leyes? Movidos por esta inquietud, muchos sostienen que el Estado debe ser neutral en lo que se refiere a virtudes y vicios; no debe perseguir el cultivo de las actitudes buenas o desalentar las malas.

Cuando tentamos nuestras reacciones ante los precios abusivos vemos, pues, que nos empujan hacia dos direcciones distintas. Nos indignamos cuando hay quienes reciben lo que no se merecen, habría que castigar, pensamos, la codicia que se nutre de la miseria humana, no recompensarla. Y, sin embargo, nos inquietamos cuando juicios relativos a la virtud llegan a convertirse en ley.

Este dilema apunta a una de las grandes cuestiones de la filosofía política: una sociedad justa, ¿ha de perseguir el fomento de la virtud de sus ciudadanos? ¿O no debería más bien la ley ser neutral entre concepciones contrapuestas de la virtud, de modo que los ciudadanos tengan la libertad de escoger por sí mismos la mejor manera de vivir?

Según cuentan los manuales, esta cuestión separa el pensamiento político antiguo del moderno. En un aspecto importante, los manuales tienen razón. Aristóteles enseña que la justicia consiste en dar a cada uno lo que se merece. Y para determinar quién merece qué, hemos de determinar qué virtudes son dignas de recibir honores y recompensas. Según Aristóteles, no podemos hacernos una idea de cómo es una constitución justa sin haber reflexionado antes sobre la manera más deseable de vivir. Para él, la ley no puede ser neutral en lo que se refiere a las características de una vida buena.

Por el contrario, los filósofos políticos modernos —desde Immanuel Kant en el siglo XVIII a John Rawls en el XX— sostienen que los principios de la justicia que definen nuestros derechos no deberían fundamentarse en ninguna concepción particular de la virtud o de cuál es la forma de vivir más deseable. Muy al contrario, una sociedad justa respeta la libertad de cada uno de escoger su propia concepción de la vida buena.

Podría, pues, decirse que las teorías antiguas de la justicia parten de la virtud, mientras que las modernas parten de la libertad. Y en los capítulos siguientes exploraremos los puntos fuertes y débiles de ambas. Pero conviene tener bien presente que esa oposición puede llevar a error.

Pues si fijamos nuestra atención en las discusiones sobre la justicia que animan la política contemporánea —no entre los filósofos, sino entre los hombres y mujeres corrientes—, veremos un cuadro más complicado. Es verdad que la mayor parte de esos debates trata, al menos en apariencia, de cómo se fomenta la prosperidad y se respeta la libertad individual. Pero bajo los argumentos, y a veces compitiendo con ellos, podemos vislumbrar a menudo otro grupo de convicciones, acerca de qué virtudes son dignas de honores y recompensas, acerca de qué manera de vivir debería promocionarse en una buena sociedad. Somos devotos de la prosperidad y la libertad; sin embargo, no podemos prescindir sin más de la vena enjuiciadora de la justicia. Parece que pensar en la justicia nos arrastra sin remedio a pensar en la mejor manera de vivir.

¿Qué heridas de guerra merecen una condecoración?

Hay asuntos en los que las cuestiones concernientes a la virtud y el honor son demasiado evidentes para que se pueda pasarlas por alto. Pensemos en el reciente debate acerca de quiénes deberían poder optar a un Corazón Púrpura. Desde 1932, las fuerzas armadas de Estados Unidos conceden esta medalla a los soldados que han resultado heridos o que han muerto en combate como consecuencia de una acción del enemigo. Aparte del honor, la medalla otorga a quienes la reciben privilegios en los hospitales de veteranos.

Desde el principio de las actuales guerras de Irak y Afganistán, se ha ido diagnosticando estrés postraumático y aplicando el correspondiente tratamiento a un número cada vez mayor de veteranos. Entre los síntomas se cuentan las pesadillas recurrentes, las depresiones graves y el suicidio. Se ha informado de que al menos trescientos mil veteranos sufren de estrés postraumático o depresión grave. Se ha propuesto que también ellos puedan optar a un Corazón Púrpura. Como las dolencias psicológicas pueden incapacitar tanto o más que las físicas, sostienen quienes lo proponen, los soldados que padecen ese tipo de herida deberían recibir la medalla.[11]

El Pentágono anunció en 2009, después de que un comité asesor estudiase el problema, que se reservaría el Corazón Púrpura para los soldados con lesiones físicas. Los que padezcan dolencias mentales y traumas psicológicos no podrán optar a la medalla aunque cumplan los requisitos para recibir tratamientos médicos y pensiones de invalidez a cargo del Estado. El Pentágono dio dos razones por las que había decidido esto: porque el estrés postraumático no está causado intencionalmente por las acciones del enemigo y porque resulta difícil diagnosticarlo con objetividad.[12]

¿Tomó el Pentágono la decisión correcta? En sí mismas, sus razones no resultan convincentes. En la guerra de Irak, una de las lesiones que con mayor frecuencia ha conducido a la concesión de un Corazón Púrpura es la perforación del tímpano causada por explosiones cercanas.[13] Pero a diferencia de las balas y las bombas, esas explosiones no son una deliberada táctica del enemigo para herir o matar; son, como el estrés postraumático, un dañino efecto secundario de lo que ocurre en el campo de batalla. Y si bien quizá resulte más difícil diagnosticar las dolencias postraumáticas que una pierna rota, la lesión que infligen puede ser más grave y duradera.

Como puso de manifiesto el debate, ya más en general, acerca del Corazón Púrpura, el meollo de la cuestión estriba en el significado de la medalla y de las virtudes que honra. ¿Cuáles, pues, son las virtudes pertinentes? Al contrario que otras medallas militares, el Corazón Púrpura honra el sacrificio, no el valor. No requiere un acto heroico, solo una lesión causada por el enemigo. El problema está en el tipo de lesiones que deban tomarse en consideración.

Un grupo de veteranos, la Orden Militar del Corazón Púrpura, se opuso a que se otorgase la medalla por lesiones psicológicas porque, si se hiciese, se «degradaría» el honor que reporta. Un portavoz del grupo afirmó que «haber derramado sangre» debería ser un requisito esencial.[14] No explicó por qué no debían contar las lesiones sin sangre. Pero Tyler E. Boudreau, antiguo capitán de marines partidario de incluir las lesiones psicológicas, ofrece un convincente análisis de la disputa. Atribuye la oposición a una actitud muy arraigada en el ejército, la de considerar que el estrés postraumático es una especie de debilidad. «La misma cultura que impone el pragmatismo y la dureza de sentimientos alienta también el escepticismo cuando se insinúa que la violencia de la guerra puede herir a la más sana de las mentes [...]. Por desgracia, mientras nuestra cultura militar mantenga su desprecio, al menos tácito, por las heridas de guerra psicológicas, es improbable que esos veteranos vean alguna vez un Corazón Púrpura.»[15]

Por lo tanto, el debate sobre el Corazón Púrpura es más que una disputa médica o clínica sobre cómo se determina que de verdad hay una lesión. En la raíz del disenso se encuentran concepciones opuestas del carácter moral y del valor militar. Quienes insisten en que solo deben tenerse en cuenta las lesiones sangrientas creen que el estrés postraumático refleja una debilidad de carácter que no es merecedora de tal honor. Quienes creen que las lesiones psicológicas deben dar opción a recibir la medalla arguyen que los veteranos que sufren traumas duraderos y depresiones graves se han sacrificado por su país tan indudablemente, y tan honrosamente, como los que han perdido una pierna.

La disputa sobre el Corazón Púrpura ilustra la lógica moral de la teoría aristotélica de la justicia. No podemos determinar quién se merece una medalla militar sin preguntarnos qué virtudes debe honrar la medalla. Y para responder esa pregunta habremos de sopesar concepciones contrapuestas del carácter y del sacrificio.

Puede decirse que las medallas militares son un caso especial, un retroceso a una ética antigua, del honor y el sacrificio. Hoy en día, la mayor parte de nuestras discusiones en lo tocante a la justicia se refieren al reparto de los frutos de la prosperidad, o de las penalidades de tiempos difíciles, y a la definición de los derechos básicos de los ciudadanos. En tales planteamientos predominan las consideraciones relativas al bienestar y a la libertad. Pero los debates acerca de lo bueno y lo malo de la ordenación económica nos conducen con frecuencia al problema aristotélico de qué se merecen las personas y por qué.

Indignación por el rescate bancario

La rabia pública por la crisis financiera de 2008-2009 viene aquí a cuento. Durante años, los precios de las acciones y de la propiedad inmobiliaria habían estado subiendo mucho. El día del juicio llegó cuando reventó la burbuja inmobiliaria. Los bancos e instituciones financieras de Wall Street habían ganado miles de millones de dólares gracias a complejas inversiones respaldadas por hipotecas, pero su valor cayó en picado. Las antes orgullosas firmas de Wall Street se balanceaban ahora al borde del abismo. El mercado bursátil se hundió, y arrastró consigo no solo a los grandes inversores, sino a los estadounidenses corrientes, cuyos planes de pensiones perdieron buena parte de su valor. La riqueza total de las familias estadounidenses disminuyó en 2008 en once billones de dólares, cantidad igual a la producción anual de Alemania, Japón y el Reino Unido juntos.[16]

En octubre de 2008, el presidente George W. Bush pidió al Congreso 700.000 millones de dólares para rescatar a los grandes bancos y entidades financieras de la nación. No parecía equitativo que Wall Street gozase de beneficios enormes en los buenos tiempos y que ahora que las cosas iban mal pidiera a los contribuyentes que pagasen la factura. Pero no parecía haber otra salida. Los bancos y demás entidades financieras habían crecido tanto y habían llegado a influir hasta tal punto en cada aspecto de la economía que su hundimiento habría arrastrado consigo al sistema económico entero. Eran «demasiado grandes para caer».

Nadie defendió que los bancos y las entidades de inversión se mereciesen el dinero. Sus desenfrenadas apuestas (posibles gracias a la inadecuada regulación gubernamental) habían creado la crisis. Pero sí cabía argumentar que la salud de la economía en su conjunto parecía depender de que se pasase por alto la equidad. El Congreso concedió a regañadientes los fondos para el rescate.

Entonces vino lo de las primas. Poco después de que el dinero del rescate empezase a fluir, las noticias hacían saber que algunas de las entidades nutridas ahora por la ubre pública estaban entregando a sus ejecutivos millones de dólares en forma de primas. El caso más escandaloso fue el del American International Group (AIG), gigantesca compañía de seguros arruinada por las inversiones de riesgo de su unidad de productos financieros. Pese a haber sido rescatada por masivas inyecciones de dinero público (en total, 173.000 millones de dólares), la compañía pagó 165 millones de dólares en concepto de primas a los ejecutivos de esa misma división que había precipitado la crisis. Setenta y tres empleados recibieron primas de un millón de dólares o más.[17]

La noticia de las primas desencadenó airadas protestas públicas por todas partes. Esta vez, la indignación no era por bolsas de hielo a diez dólares o por habitaciones de motel demasiado caras. Era por unas recompensas muy sustanciosas, costeadas con el dinero de los contribuyentes y percibidas por los miembros de la misma división que había contribuido a que el sistema financiero casi se desintegrara. Algo estaba mal en una situación así. Aunque el Estado poseía ahora el 80 por ciento de la empresa, el secretario del Tesoro rogó en vano al consejero delegado de AIG, nombrado por el propio gobierno, que rescindiese las primas. «No podemos atraer y retener a los mejores y más brillantes talentos —contestó el consejero delegado— si los empleados creen que su remuneración está sometida a ajustes continuos y arbitrarios por parte del Tesoro de Estados Unidos.» Afirmaba que se necesitaban las aptitudes de los empleados para deshacerse de los activos tóxicos en beneficio de los contribuyentes, quienes, al fin y al cabo, eran los dueños de la mayor parte de la compañía.[18]

El público reaccionó con furia. Un titular a página completa de un periódico sensacionalista, el *New York Post*, expresaba el sentimiento de muchos: «No tan deprisa, bastardos codiciosos».[19] La Cámara de Representantes intentó recuperar esos pagos aprobando una proposición de ley por la que se impondría un gravamen del 90 por ciento a las primas entregadas a empleados de empresas que recibiesen fondos de rescate sustanciosos.[20] Presionados por el fiscal general del estado de Nueva York, Andrew Cuomo, quince de los veinte principales perceptores de primas de AIG aceptaron devolverlas; se recuperaron unos 50 millones de dólares.[21] Este gesto templó en cierta medida la ira pública, y la medida fiscal punitiva no aunó ya suficientes apoyos en el Senado.[22] El episodio, no obstante, hizo que la gente fuese reacia a que se gastara más dinero en arreglar el desbarajuste creado por las entidades financieras.

La indignación por el rescate se fundamentaba en una sensación de injusticia. Aun antes de que surgiese lo de las primas, el apoyo social al rescate estaba plagado de dudas y contradicciones. Los estadounidenses sentían el desgarro de, por una parte, tener que evitar un colapso económico que perjudicaría a todos, pero sin, por la otra, dejar de creer que destinar sumas enormes a unos bancos que habían fracasado era muy injusto. Para evitar el desastre económico, el Congreso y el público accedieron. Pero, desde un punto de vista moral, se tenía la impresión de haber sido víctimas de una forma de extorsión.

Tras la indignación por el rescate había una creencia sobre el merecimiento según el punto de vista de la moral: los ejecutivos que recibieron las primas no se las merecían, como tampoco el rescate las firmas a las que se salvó. Pero ¿por qué no? La razón podría ser menos evidente de lo que parece. Piénsese en dos respuestas posibles, una que se refiere a la codicia y la otra al fracaso.

Una de las causas de la indignación era que las primas parecían recompensar la codicia, tal y como el titular del tabloide indicaba sin ambages. A la gente le parecía inaceptable. No solo las primas, sino el rescate en su conjunto parecían premiar perversamente la conducta codiciosa en vez de castigarla. Los que negociaban con derivados financieros, con sus desenfrenadas inversiones en busca de beneficios cada vez mayores, habían llevado a sus empresas, y al país, a una angustiosa situación de peligro financiero. Tras embolsarse los beneficios en los buenos tiempos, no veían nada malo en cobrar primas de un millón de dólares pese a que sus inversiones habían sido ruinosas.[23]

No solo los acusaron de codicia los periódicos sensacionalistas, sino también, con maneras más decorosas, algunos representantes políticos. El senador Sherrod Brown (demócrata, por Ohio) dijo que la conducta de AIG «apesta a codicia, arrogancia y cosas peores».[24] El presidente Obama afirmó que AIG «se ve en dificultades financieras por culpa de su imprudencia y codicia».[25]

El problema con la acusación de codicia es que no distingue entre las recompensas pagadas por el rescate tras la crisis y las recompensas otorgadas por los mercados en épocas boyantes. La codicia es un vicio, una mala actitud, un deseo excesivo, obsesivo, de ganancias. Es comprensible que no se quiera recompensarla. Pero ¿hay alguna razón para suponer que los perceptores de primas tras el rescate son más codiciosos ahora que hace unos años, cuando estaban en la cresta de la ola y se llevaban recompensas aún mayores?

Los corredores de Wall Street, los banqueros y los directores de los fondos especulativos no se paran en barras. Se ganan la vida persiguiendo ganancias financieras. Deteriore o no esta vocación su carácter, no es probable que sean más o menos virtuosos porque suba o baje la Bolsa. Por lo tanto, si está mal recompensar la codicia con grandes primas tras el rescate, ¿no estará mal también premiarla con la generosidad del mercado? La gente se indignó en 2008 cuando las entidades de Wall Street (algunas de las cuales, si existían todavía, era solo gracias al respaldo económico de los contribuyentes) entregaron 16.000 millones de dólares en primas. Pero esta cifra no era ni la mitad de las pagadas en 2006 (34.000 millones) y 2007 (33.000 millones).[26] Si la codicia es la razón de que no se merezcan ahora el dinero, ¿qué razón puede haber para decir que se lo merecían entonces?

Una diferencia obvia es que las primas posteriores al rescate salen de los contribuyentes, mientras que las pagadas en los buenos tiempos proceden de los beneficios empresariales. Si la indignación se basa en la convicción de que las primas no son merecidas, sin embargo, de dónde proceda la remuneración no será fundamental moralmente. Pero sí dará una pista: la razón de que las primas salgan de los contribuyentes es que las entidades financieras han fallado. Esto nos lleva al origen de las quejas. La verdadera objeción de los estadounidenses a las primas —y al rescate— no es que recompensen la codicia, sino que premian el fracaso.

Los estadounidenses son más duros con el fracaso que con la codicia. En las sociedades movidas por el mercado se espera que los ambiciosos persigan sus intereses con vigor, y la distinción entre el propio interés y la codicia a menudo se difumina. Pero la distinción entre el éxito y el fracaso es más nítida. Y la idea de que quien tiene éxito se merece la recompensa aneja es un pilar del sueño americano.

Pese a que mencionara de paso la codicia, el presidente Obama sabía que premiar el fracaso era la raíz más honda de la discordancia y la indignación. Al anunciar que se impondrían límites a la remuneración de los ejecutivos de las empresas rescatadas con fondos públicos, señaló de dónde procedía de verdad la indignación por el rescate:

> Esa es América. No hablamos con desprecio de la riqueza. No estamos resentidos con quien ha logrado el éxito. Y, ciertamente, creemos que el éxito debe ser recompensado. Pero lo que saca de sus casillas a la gente —y es justo que sea así— es que se recompense a unos

ejecutivos que han fracasado, especialmente cuando esas recompensas las pagan los contribuyentes de Estados Unidos.[27]

Una de las aseveraciones más singulares acerca de la ética del rescate fue la del senador Charles Grassley (republicano, por Iowa), un conservador en materia fiscal de la América profunda. Dijo en una entrevista de radio, en Iowa, cuando mayor era el furor contra las primas, que lo que más le molestaba era que los ejecutivos se negasen a aceptar responsabilidad alguna por sus fallos. Harían que se «sintiese un poco mejor con ellos si siguiesen el ejemplo japonés, se presentasen ante el pueblo americano, se inclinasen profundamente como hacen allí, dijeran "lo siento", y entonces, una de dos: o que dimitiesen o que se suicidaran».[28]

Grassley explicó después que no les estaba pidiendo a los ejecutivos que se suicidasen. Pero sí quería que aceptasen la responsabilidad por su fracaso, mostrasen arrepentimiento y se disculparan públicamente. «No se lo he oído decir a ninguno de ellos, y por eso a los contribuyentes de mi distrito les resulta muy difícil seguir tirando dinero a paletadas por la ventana.»[29]

Los comentarios de Grassley me reafirman en mi corazonada de que la ira contra el rescate no se dirige sobre todo contra la codicia; lo que más ofende al sentido de la justicia de los estadounidenses es que los dólares que pagan en sus impuestos se usen para premiar el fracaso.

En caso de que sea como digo, habrá que preguntarse si tal manera de ver los rescates financieros estaba justificada. ¿Tuvieron los consejeros y altos ejecutivos de los grandes bancos y entidades de inversión realmente la culpa de la crisis financiera? Muchos de ellos piensan que no. En sus testimonios ante los comités del Congreso que investigaron la crisis financiera recalcaron que habían hecho todo lo que pudieron con la información de que disponían. El antiguo consejero delegado de Bear Stearns, banco de inversiones de Wall Street que se vino abajo en 2008, dijo que había estado reflexionando larga y profundamente sobre si no podría haber hecho algo de otra manera. Su conclusión era que había hecho cuanto había podido: «Sencillamente, no he sido capaz de dar con algo [...] que hubiera cambiado lo más mínimo la situación a que nos enfrentábamos».[30]

Otros directores de compañías que fallaron creen lo mismo, e insisten en que fueron víctimas de «un tsunami financiero» que no podían controlar.[31] Los corredores jóvenes adoptan una actitud parecida, y les cuesta entender que sus primas desaten la furia de la gente. «Nadie siente simpatía por nosotros —le dijo un corredor de Wall Street a un periodista de la revista *Vanity Fair*—. Pero no es que no trabajásemos con todas nuestras fuerzas.»[32]

La metáfora del tsunami se convirtió en habitual al hablar del rescate, sobre todo en los círculos financieros. Si los ejecutivos tuviesen razón en que el fracaso de sus empresas se debió a fuerzas económicas a la mayor escala, no a sus propias decisiones, ahí tendríamos el motivo de que no expresasen remordimiento, como quería el senador Grassley. Pero se suscitaría también una cuestión de muy amplio alcance concerniente al fracaso, el éxito y la justicia.

Si son grandes fuerzas económicas, fuerzas sistémicas, las que explican las pérdidas desastrosas de 2008 y 2009, ¿no se podría sostener que explican también las deslumbrantes ganancias de años anteriores? Si de los años malos hay que echarle la culpa al tiempo, ¿cómo es posible que el talento, la sabiduría y el duro trabajo de banqueros, corredores y ejecutivos de Wall Street sean los causantes de las magníficas rentas que se obtienen cuando brilla el sol?

Los directivos de las entidades financieras, enfrentados a la indignación pública creada por que se pagasen primas por fallar, argumentaron que los beneficios financieros no son fruto suyo exclusivamente, sino de fuerzas que escapan a su control. Puede que tengan algo de razón. Pero si es así, hay buenas razones para poner en entredicho su pretensión de cobrar remuneraciones desmesuradas en los buenos tiempos. No cabe duda de que el final de la guerra fría, la globalización del comercio y de los mercados de capitales, y el auge de los ordenadores personales y de internet, entre otros muchos factores, contribuyen a explicar el éxito de las entidades financieras en sus boyantes años noventa y en los primeros años del siglo XXI.

En 2007, la remuneración de los directores generales de las mayores empresas de Estados Unidos fue 344 veces la de un trabajador medio.[33] ¿Cuáles son las razones, si es que hay alguna, de que los ejecutivos se merezcan ganar muchísimo más que sus empleados? La mayoría de esos directivos trabajan con ahínco y aportan aptitudes a lo que hacen. Pero téngase en cuenta lo siguiente: en 1980 ganaban solo 42 veces más que sus trabajadores.[34] Los ejecutivos de 1980, ¿tenían menos aptitudes y se esforzaban menos que los de hoy? ¿O no será que las diferencias en la retribución reflejan contingencias que no tienen nada que ver con la capacidad y la preparación?

O comparemos la remuneración total de los ejecutivos en Estados Unidos y en otros países. Los directores generales de las principales empresas estadounidenses ganan, en promedio, 13,3 millones de dólares al año (según los datos de 2004-2006), mientras que en Europa ganan 6,6 millones y en Japón 1,5.[35] El mérito de los ejecutivos estadounidenses, ¿es el doble que el de sus análogos europeos y nueve veces el de los japoneses? ¿O no será que estas diferencias reflejan factores que no tienen nada que ver con el esfuerzo y la brillantez con que los ejecutivos efectúen su trabajo?

La indignación contra el rescate financiero que cundió en Estados Unidos a principios de 2009 expresaba una opinión compartida por muchos: que quienes arruinan sus empresas con inversiones arriesgadas no merecen que se les recompense con millones de dólares de bonificación. Pero el debate acerca de las primas suscita otras cuestiones relativas a quién se merece qué en los buenos tiempos. Quienes tienen éxito, ¿se merecen lo que les entregan los mercados? Esos beneficios, ¿no dependen de factores que no controlan? ¿Y cuáles son las consecuencias para las obligaciones mutuas entre los ciudadanos, en los tiempos buenos y en los malos? Está por ver que la crisis financiera vaya a poner en marcha un debate público sobre estas cuestiones más generales.

Tres maneras de enfocar la justicia

Preguntar si una sociedad es justa es preguntar por cómo distribuye las cosas que apreciamos: ingresos y patrimonios, deberes y derechos, poderes y oportunidades, oficios y honores. Una sociedad justa distribuye esos bienes como es debido; da a cada uno lo suyo. Lo difícil empieza cuando nos preguntamos qué es lo de cada uno, y por qué lo es.

Ya hemos empezado a lidiar con estas cuestiones. Cuando ponderábamos lo bueno y lo malo de los precios abusivos, las maneras contrapuestas de entender los Corazones Púrpura y los rescates financieros, hemos distinguido tres formas de abordar la distribución de bienes: según el bienestar, según la libertad y según la virtud. Cada uno de estos ideales sugiere una forma diferente de concebir la justicia.

Algunos de nuestros debates reflejan discrepancias acerca de qué significa maximizar el bienestar, respetar la libertad o cultivar la virtud. En otros la discrepancia se refiere a qué debe hacerse cuando esos ideales entran en conflicto. La filosofía política no puede resolver estas discrepancias de una vez por todas, pero sí puede moldear nuestros argumentos y debates, y aportar claridad moral a las alternativas a que hemos de enfrentarnos como ciudadanos democráticos.

Este libro explora los puntos fuertes y los débiles de estas tres formas de concebir la justicia. Empezaré por la idea de maximizar el bienestar. En sociedades de mercado como la nuestra, ofrece un punto de partida natural. Buena parte del debate político contemporáneo gira en torno a cómo se podría aumentar la prosperidad, mejorar nuestro nivel de vida, estimular el crecimiento económico. ¿Por qué nos preocupamos por estas cosas? La respuesta más evidente es que pensamos que la prosperidad nos vuelve mejores de lo que seríamos sin ella, en cuanto individuos y en cuanto sociedad. La prosperidad nos importa, en otras palabras, porque contribuye a nuestro bienestar. Para explorar esta idea prestaremos atención al utilitarismo, la más influyente de las construcciones teóricas que tratan de cómo y por qué debemos maximizar el bienestar, o (como dicen los utilitaristas) de cómo y por qué debemos buscar la mayor felicidad para el mayor número.

Luego tomaremos en consideración diversas teorías que ligan la felicidad a la libertad. En su mayor parte, estas teorías ponen en primer lugar el respeto a los derechos individuales, aunque se diferencian en qué derechos consideran más importantes. La idea de que la justicia consiste en respetar la libertad y los derechos individuales es tan conocida en la política contemporánea, al menos, como la idea utilitarista de maximizar el bienestar. Por ejemplo, la Declaración de Derechos estadounidense establece ciertas libertades —entre ellas la de expresión y la religiosa— que ni siquiera las mayorías pueden violar. Y en el mundo cada vez se extiende más la idea (en la teoría, aunque no siempre en la práctica) de que la justicia consiste en respetar ciertos derechos humanos universales.

En la escuela que concibe la justicia a partir de la libertad caben muchas posturas, hasta el punto de que algunas de las disputas políticas más encendidas de nuestro tiempo tienen lugar entre dos campos rivales integrados en ella: el campo del *laissez-faire* y el campo de la equidad. A la cabeza del campo del *laissez-faire* están los libertarios pro libre mercado, que creen que la justicia consiste en respetar y validar lo que los adultos elijan voluntariamente. Al campo de la equidad pertenecen teóricos de una vena más igualitaria. Mantienen que los mercados sin restricciones ni son justos ni son libres. En su opinión, la justicia requiere de políticas que remedien las desventajas sociales y económicas y den a todos equitativamente oportunidades de triunfar.

Por último, llegamos a las teorías que ven a la justicia asociada a la virtud y a una vida buena. En la política contemporánea, se suelen identificar las teorías de la virtud con los conservadores culturales y la derecha religiosa. Que se legisle sobre la moralidad es anatema para muchos ciudadanos de las sociedades liberales, pues haciéndolo se corre el riesgo de caer en la intolerancia y la coacción. Pero la noción de que una sociedad justa es la que se adhiere a ciertas virtudes y ciertas formas de concebir una vida buena ha inspirado argumentos y movimientos políticos a lo largo de todo el espectro ideológico. No solo los talibanes han conformado su visión de la justicia según ideales morales y religiosos; también los abolicionistas y Martin Luther King Jr.

Antes de intentar una evaluación de estas teorías de la justicia, merece la pena preguntarse de qué modo puede proceder un argumento filosófico, especialmente en disciplinas tan dadas a la polémica como la filosofía política y moral. A menudo se parte de una situación concreta. Como hemos visto con los precios abusivos, los Corazones Púrpura y los rescates financieros, la reflexión moral y política encuentra su ocasión en las discrepancias. Con frecuencia, esas discrepancias enfrentan en la esfera pública a partidarios de tendencias diferentes o a quienes abogan por posturas contrarias ante un determinado problema. A veces, sin embargo, las discrepancias están dentro de nosotros como individuos: cuando un problema moral difícil nos desgarra o crea un conflicto en nuestra propia conciencia.

Pero ¿cómo podremos ir con razones desde los juicios que se hacen en situaciones concretas hasta los principios de la justicia que, creemos, deben aplicarse en todas las situaciones? En pocas palabras, ¿en qué consiste un razonamiento moral?

Para ver cómo puede proceder un razonamiento moral, pensemos en dos situaciones: la primera, una historia hipotética, fantasiosa, muy estudiada por los filósofos; la otra, una historia real en la que se vivió un angustioso dilema moral.

Consideremos primero la situación hipotética de los filósofos.[36] Como todas las historias de esa especie, prescinde de muchas de las complicaciones de la realidad, lo que permitirá que nos centremos en un número limitado de problemas filosóficos.

El tranvía sin frenos

Imagine que conduce un tranvía a cien kilómetros por hora. Ante usted hay cinco trabajadores en medio de la vía, herramientas en mano. Intenta frenar, pero no puede. Los frenos no funcionan. Se desespera porque sabe que, si arrolla a esos cinco trabajadores, morirán. (Supondremos que lo sabe con toda seguridad.)

De pronto, ve que hay una vía lateral, a la derecha. También hay un trabajador ahí, pero solo uno. Ve también que puede desviar el tranvía a ese apartadero, con lo que mataría a un trabajador pero salvaría a cinco.

¿Qué haría usted? La mayoría diría: «¡Desviarme! Por trágico que sea matar a un inocente, peor aún es matar a cinco». Sacrificar una vida para salvar cinco parece que es lo que hay que hacer.

Piense ahora en otra versión de la historia del tranvía. Esta vez, usted no es el conductor, sino un espectador que se encuentra en un puente desde el que se ve la vía (ahora no hay apartaderos). Por la vía viene un tranvía, y al final hay cinco trabajadores. Tampoco ahora funcionan los frenos. El tranvía está a punto de atropellar a los cinco trabajadores. Usted se siente incapaz de impedir el accidente, hasta que se da cuenta de que, cerca, en el puente, hay un hombre muy entrado en carnes. Usted podría empujarlo para que cayese del puente y se precipitase sobre la vía, con lo que interceptaría al tranvía que viene. Ese hombre moriría, pero los cinco trabajadores se salvarían. (Se le ha pasado por la cabeza tirarse usted mismo a la vía, pero es demasiado pequeño para detener el tranvía.)

Empujar al hombre corpulento a las vías, ¿es lo que debe hacerse? La mayoría diría: «Claro que no. Estaría muy, pero que muy mal empujarlo a las vías».

Parece que tirar a alguien de un puente, con lo que sin la menor duda morirá, es un acto terrible, incluso si con ello se salvan vidas inocentes. Pero entonces se nos plantea un problema moral: ¿por qué el principio que parece valer en el primer caso —sacrificar una vida para salvar cinco— parece equivocado en el segundo?

Si, como da a entender nuestra reacción en el primer caso, el número cuenta, ¿por qué no hemos de aplicar ese principio en el segundo caso y empujar al hombre? Parece una crueldad tirar a un hombre a las vías sabiendo que con ello va a morir, incluso si es por una buena causa. Pero ¿es menos cruel matar a un hombre atropellándolo con un tranvía?

Quizá la razón de que esté mal arrojar a las vías al hombre del puente es que así se le utiliza contra su voluntad. Al fin y al cabo, no eligió tener que ver con lo que ocurría. Estaba allí, nada más.

Pero se puede decir lo mismo del trabajador del apartadero. Estaba trabajando, no ofreciéndose voluntario para sacrificar su vida si pasaba por allí un tranvía sin frenos. Se podría argüir que los trabajadores del tranvía se exponen voluntariamente a un riesgo, cosa que no hace cualquiera que ande por ahí. Aceptemos, no obstante, que estar dispuesto a morir en una emergencia para salvar las vidas de otros no figura en las condiciones laborales; aceptemos, pues, que el trabajador no consintió en dar su vida más que el que miraba desde el puente.

La diferencia moral, quizá, no estriba en las consecuencias para las víctimas —ambas mueren—, sino en la intención del que decide. Si usted fuera el conductor del tranvía, para defender su decisión podría decir que no tenía la *intención* de que el trabajador del apartadero muriese, por previsible que fuera esa muerte; usted habría logrado también su propósito si, gracias a un golpe de suerte, los cinco trabajadores hubiesen salido sanos y salvos, y el sexto también hubiera logrado sobrevivir de alguna manera.

Pero lo mismo puede decirse de tirar a las vías al hombre del puente. Su muerte no es esencial para el propósito del que lo empuja. Basta con que le cierre el paso al tranvía; si lo hace y, sin embargo, sobrevive, el que lo empuja se quedará tan feliz.

O quizá, reflexionando un poco más, parecerá que ambos casos deberían regirse por el mismo principio. En los dos se opta deliberadamente por quitarle la vida a un inocente para evitar una mayor pérdida de vidas. Quizá la renuencia a empujar al hombre del puente se debe solo a un remilgo, una vacilación que debemos superar. Matar a una persona empujándola con nuestras propias manos parece más cruel que mover los mandos de un tranvía. Pero hacer lo que es debido no siempre es fácil.

Se puede poner a prueba esta idea cambiando un poco la historia. Suponga que usted, el espectador, puede hacer que ese hombre tan grande que tiene al lado caiga a las vías sin empujarlo; imagínese que está sobre una trampilla que puede abrirse girando una rueda. No le empuja, pero el resultado es el mismo. Lo que hay que hacer, ¿va a ser, porque no hay que tocarle, abrir la trampilla? ¿O sigue siendo moralmente peor que cuando usted era el conductor del tranvía y se desviaba al apartadero?

No es fácil explicar la diferencia moral entre estos casos, por qué desviar el tranvía parece que está bien, mientras que empujar al del puente parece que está mal. Pero obsérvese la presión que impele a nuestra razón a dar con una distinción convincente entre uno y otro caso; y si no lo logramos, a reconsiderar nuestro juicio acerca de qué se debe hacer en cada caso. En ocasiones vemos los razonamientos morales como una manera de convencer a otros. Sin embargo, son también una forma de poner en claro nuestras propias convicciones morales, de descubrir en qué creemos y por qué.

Algunos dilemas morales dimanan de principios morales que entran en conflicto. Por ejemplo, un principio que interviene en la historia del tranvía es el que dice que hay que salvar a tantos como sea posible; pero hay otro que dice que está mal matar a un inocente aun por una buena causa. En una situación en la que salvar varias vidas depende de matar a un inocente, topamos con un dilema moral. Hemos de intentar establecer qué principio tiene mayor peso o es el más apropiado habida cuenta de las circunstancias.

Otros dilemas morales dimanan de la incertidumbre acerca del desarrollo de los acontecimientos. Ejemplos hipotéticos como el del tranvía eliminan la incertidumbre que rodea las decisiones que hemos de tomar en la vida real. Parten de que sabemos con toda seguridad cuántos morirán si no nos desviamos o no empujamos a un hombre. Por ello, tales ejemplos solo pueden ser guías imperfectas para nuestros actos; pero también los convierte en medios útiles para el análisis moral. Al dejar a un lado las contingencias —«¿y si los trabajadores ven venir el tranvía y se apartan a tiempo?»—, los ejemplos hipotéticos nos valen para distinguir los principios morales pertinentes y examinar su fuerza.

Los cabreros afganos

Veamos ahora un dilema moral que se presentó realmente y se parece en algunos aspectos a la historia imaginaria del tranvía sin frenos, aunque con la complicación adicional de la incertidumbre en cómo acabarían las cosas.

En junio de 2005, un comando, compuesto por el suboficial Marcus Luttrell y otros tres miembros de las fuerzas de operaciones especiales de la Marina de Estados Unidos, emprendió una misión secreta de reconocimiento en Afganistán, cerca de la frontera con Pakistán, en busca de un líder talibán muy cercano a Osama bin Laden.[37] Según los informes de inteligencia, mandaba un contingente de entre 140 y 150 hombres muy bien armados y se encontraba en un pueblo de la temible región montañosa.

Poco después de que la patrulla tomase posiciones en los altos de una montaña que miraba sobre el pueblo, dos pastores afganos que guardaban un rebaño de unas cien baladoras cabras se dieron de bruces con los soldados estadounidenses. Con los cabreros iba un chico de unos catorce años. No llevaban armas. Los soldados les apuntaron con los rifles, les obligaron a sentarse en el suelo y debatieron sobre qué debían hacer con ellos. Por una parte, los cabreros parecían civiles desarmados. Por la otra, si les dejaban marchar corrían el riesgo de que informasen a los talibanes de la presencia de soldados estadounidenses.

Al sopesar las opciones, los cuatro soldados cayeron en la cuenta de que no tenían una cuerda, así que no podían dejar allí atados a los pastores mientras ellos buscaban otro escondite. No había más salida que matarlos o dejar que se fueran.

Uno de los camaradas de Luttrell abogó por matarlos: «Estamos de servicio tras las líneas enemigas, nos han enviado nuestros jefes. Tenemos derecho a hacer lo que podamos por salvar la vida. La decisión militar es evidente. Soltarlos sería un error».[38] Luttrell no sabía a qué hacer caso. «Sentía con toda mi alma que él tenía razón —escribiría más tarde—. No podíamos soltarlos. Pero mi problema era que yo tenía otra alma, mi alma cristiana. Y se estaba apoderando de mí. En el fondo de mi conciencia algo no paraba de susurrarme que estaría mal ejecutar a sangre fría a esos hombres desarmados.»[39] Luttrell no explica qué entendía por su alma cristiana, pero al final su conciencia no le dejó matar a los cabreros. Suyo fue el voto decisivo a favor de liberarlos. (Uno de sus tres camaradas se abstuvo.) De ese voto, se iba a arrepentir.

Alrededor de hora y media después de que hubiesen liberado a los cabreros, los cuatro soldados se vieron rodeados por ciento ochenta combatientes talibanes armados con AK-47 y lanzacohetes. En la feroz lucha, los tres compañeros de Luttrell murieron. Los talibanes derribaron además un helicóptero estadounidense que intentaba rescatar a la unidad de las fuerzas especiales; murieron los dieciséis soldados que iban en él.

Luttrell, gravemente herido, sobrevivió dejándose caer por la pendiente de la montaña y arrastrándose once kilómetros hasta una aldea pastún, cuyos habitantes le protegieron de los talibanes hasta que se le rescató.

A toro pasado, Luttrell condenaría su propio voto a favor de no matar a los cabreros. «Fue la decisión más estúpida, más descerebrada, más de sureño cerril que haya tomado en mi vida —escribe en el libro donde contó lo sucedido—. Debía de estar fuera de mis cabales. Realmente voté por algo que sabía que podía ser nuestra sentencia de muerte. [...] Al menos, así es como veo ahora aquellos momentos. [...] El voto decisivo fue el mío, y me perseguirá hasta que me entierren en una tumba del este de Texas.»[40]

Parte de la dificultad del dilema de los soldados se debía a la incertidumbre sobre qué ocurriría si liberaban a los afganos. ¿Se limitarían a seguir su camino o avisarían a los talibanes? Pero supongamos que Luttrell hubiese sabido que soltar a los cabreros acabaría en una batalla devastadora, que en ella morirían sus tres camaradas y dieciséis soldados estadounidenses más, y él mismo quedaría gravemente herido, y que la misión fracasaría. ¿Habría sido otra su decisión?

Para Luttrell, mirando hacia atrás, estaba claro: debería haber matado a los cabreros. Dado el desastre final, cuesta no estar de acuerdo. Por lo que se refiere al número, la decisión de Luttrell se parece a las que había que tomar en el caso del tranvía. Si hubiese matado a los tres afganos, habría salvado las vidas de sus tres camaradas y de los dieciséis soldados estadounidenses que intentaron rescatarlos. Pero ¿a qué versión de la historia del tranvía se parece? Matar a los cabreros, ¿se parecería más a desviar el tranvía o a tirar al hombre del puente? Que Luttrell se viera venir el peligro y, pese a ello, no pudiera convencerse de que había que matar a sangre fría a civiles desarmados lleva a pensar que se parece más a la versión del empujón.

Y, sin embargo, da la impresión de que, en cierta forma, es más defendible matar a los cabreros que tirar al hombre del puente. Quizá sea porque sospechamos que, dado el resultado, no eran unos inocentes al margen del conflicto, sino simpatizantes de los talibanes. Piense en esta analogía: si tuviésemos alguna razón para creer que el hombre del puente había estropeado los frenos del tranvía esperando que así mataría a los trabajadores de las vías (digamos que eran enemigos suyos), el argumento moral a favor de empujarlo a las vías iría pareciendo más fuerte. Tendríamos todavía que saber quiénes eran sus enemigos y por qué quería matarlos. Si nos enterásemos de que los trabajadores de las vías eran miembros de la Resistencia francesa y el hombre corpulento del puente un nazi que quería matarlos estropeando el tranvía, defender que se le empujase para salvarlos pasaría a ser moralmente convincente.

Es posible, claro está, que los cabreros afganos no fuesen simpatizantes talibanes, sino que permanecieran neutrales en el conflicto o incluso que estuviesen en contra de los talibanes, pero que estos los hubiesen forzado a revelar la presencia de los soldados estadounidenses. Supongamos que Luttrell y sus camaradas supiesen con certeza que los cabreros no les deseaban mal alguno, pero que los talibanes los iban a torturar para que les dijeran dónde se encontraban. Los estadounidenses podrían en tal caso haber matado a los pastores de cabras para proteger su misión y protegerse a sí mismos, pero tal decisión habría sido más angustiosa (y más discutible moralmente) que si hubiesen sabido que eran espías de los talibanes.

Dilemas morales

Pocos habremos de tomar decisiones que puedan tener consecuencias tan graves como las que hubieron de tomar los soldados en la montaña o al que veía venir el tranvía sin frenos. Pero ejercitarse con dilemas de esa especie arroja luz sobre la manera en que procede un argumento moral, sea en nuestra vida privada, sea en la esfera pública.

En las sociedades democráticas la vida está llena de desacuerdos acerca de lo que está bien y de lo que está mal, de la justicia y la injusticia. Algunos están a favor del derecho a abortar y otros consideran que el aborto es un asesinato. Algunos creen que es equitativo cobrar impuestos a los ricos para ayudar a los pobres, mientras que otros creen que es injusto obtener mediante un impuesto dinero de quienes se lo han ganado con su esfuerzo. Algunos defienden la «acción afirmativa» —la discriminación positiva a favor de alguna minoría— en la admisión a las universidades como modo de enmendar errores del pasado, mientras que otros creen que es una forma injusta de discriminación inversa que perjudica a personas que se merecen el ingreso por sus propios méritos. Algunos rechazan que se torture a los sospechosos de ser terroristas porque creen que se trata de un acto moralmente abominable indigno de una sociedad libre, mientras que otros lo defienden como una última defensa contra un ataque terrorista.

Las elecciones se ganan y pierden por esos desacuerdos. En las llamadas guerras culturales se lucha por ellos. Con la pasión y la intensidad con que debatimos las cuestiones morales en la vida pública, podría tentarnos el pensar que nuestras convicciones morales están fijadas de una vez por todas, sea por nuestra crianza, sea por la fe, más allá del alcance de la razón.

Pero si eso fuera cierto, la persuasión moral resultaría inconcebible, y lo que consideramos un debate público sobre la justicia y los derechos no sería más que un intercambio de aserciones dogmáticas, una guerra de tartas ideológica.

Nuestra política, en sus peores aspectos, se acerca a esa descripción. Pero no tiene por qué ser así. A veces, un argumento puede cambiar nuestras ideas.

¿Cómo podremos, pues, abrirnos paso mediante razonamientos en el disputado territorio de la justicia y la injusticia, la igualdad y la desigualdad, los derechos individuales y el bien común? Este libro intenta responder tal pregunta.

Una manera de empezar es percibir el modo en que la reflexión moral emerge de forma natural al toparse con un problema moral difícil. Al principio tenemos una opinión, o una convicción, acerca de lo que se debe hacer: «Hay que desviar el tranvía al apartadero». Reflexionamos entonces sobre la razón de ese convencimiento y buscamos el principio en que se basa: «Es mejor sacrificar una vida que dejar que mueran muchos». Al encontrarnos con una situación donde el principio en sí resulta confuso, la confusión nos invade a nosotros mismos: «Pensaba que lo que había que hacer era siempre salvar tantas vidas como se pudiese, y sin embargo parece que está mal tirar del puente al hombre (o matar a los cabreros desarmados)». Sentir la fuerza de esa confusión, y la presión por despejarla, es el impulso que nos lleva a la filosofía.

Sometidos a una tensión así, revisaremos nuestro juicio sobre lo que debe hacerse o reconsideraremos el principio del que partimos. Cuando nos encontramos con nuevas situaciones, vamos y venimos entre los juicios que adoptamos y los principios a que nos atenemos, y revisamos juicios y principios unos a la luz de los otros. La reflexión moral consiste en este ir cambiando de punto de vista, del propio del mundo de la acción al del reino de las razones, y de este, de nuevo a aquel.

Esta forma de concebir los argumentos morales, como una dialéctica entre nuestros juicios sobre las situaciones particulares y los principios a los que nos adherimos al reflexionar, viene de lejos. Se remonta a los diálogos de Sócrates y a la filosofía moral de Aristóteles. Pese a la antigüedad de su linaje, sin embargo, está sujeta a la siguiente crítica: si la reflexión moral consiste en perseguir la concordancia entre los juicios que hacemos y los principios a que nos adherimos, ¿cómo puede una reflexión de esa naturaleza conducirnos a la justicia o a la verdad moral? Aunque lográsemos, en el curso de una vida, que nuestras intuiciones morales concordasen con los principios con los que nos comprometemos, ¿qué confianza podríamos tener en que el resultado no fuese más que una madeja de prejuicios congruentes?

La respuesta es que la reflexión moral no es una empresa solitaria, sino un empeño público. Requiere un interlocutor: un amigo, un vecino, un compañero, otro ciudadano. A veces el interlocutor puede no ser real, puede ser imaginario, como cuando debatimos con nosotros mismos. Pero no podremos descubrir el significado de la justicia o la mejor manera de vivir por medio solo de la introspección.

En *La república* de Platón, Sócrates compara los ciudadanos comunes a unos prisioneros encerrados en una cueva. Solo ven sombras cambiantes en la pared, reflejos de objetos que nunca les serán perceptibles. Solo el filósofo, según esta concepción, puede ascender desde la cueva hasta la brillante luz del día, donde ve las cosas como son en realidad. Según Sócrates, solamente el filósofo, por haber vislumbrado el sol, es el adecuado para gobernar a los moradores de la cueva, si es que se le puede convencer de que retorne a la oscuridad en que viven.

Lo que Platón quiere expresar con esto es que, para captar el significado de la justicia y la naturaleza de la vida buena, hemos de elevarnos sobre los prejuicios y rutinas de la vida diaria. Tiene razón, creo, pero solo en parte. A la cueva debe reconocérsele lo suyo. Si la reflexión moral es dialéctica —si va y viene entre los juicios que hacemos en situaciones concretas y los principios que los informan—, necesitará de opiniones y convicciones, por parciales que sean y poco documentadas, como del aire que se respira. Una filosofía a la que no rocen las sombras sobre la pared no será sino una utopía estéril.

Cuando la reflexión moral se vuelve política, cuando se pregunta qué leyes deben gobernar nuestra vida colectiva, le es imprescindible entremezclarse en alguna medida con el tumulto de la ciudad, con las disputas e incidentes que agitan el espíritu público. Los debates acerca de los rescates financieros y de los precios abusivos, de la acción afirmativa y de la desigualdad entre los ingresos de unos y otros, del servicio militar y del matrimonio entre personas del mismo sexo, son los materiales de la filosofía política. Nos incitan a expresar y justificar nuestras convicciones morales y políticas, no solo ante familiares y amigos, sino también en la exigente compañía de los conciudadanos.

Más exigente aún es la compañía de los filósofos políticos, antiguos y modernos, que escudriñaron con su pensamiento, a veces de modo radical y sorprendente, las ideas que animan la vida cívica: la justicia y los derechos, las obligaciones y el consentimiento, el honor y la virtud, la moral y la ley. Aristóteles, Immanuel Kant, John Stuart Mill y John Rawls figuran en estas páginas, pero no por orden cronológico. Este libro no es una historia de las ideas, sino un viaje por la reflexión moral y política. Su meta no consiste en mostrar quién ha influido en quién en la historia del pensamiento político, sino invitar a los lectores a que sometan sus propios puntos de vista sobre la justicia a examen crítico, a que determinen qué piensan y por qué lo piensan.

2

El principio de la máxima felicidad. El utilitarismo

En el verano de 1884, cuatro marinos ingleses quedaron a la deriva en medio del mar, a miles de millas de tierra firme, a bordo de un pequeño bote salvavidas. Su barco, el *Mignonette*, se había ido a pique en una tormenta. Se habían puesto a salvo en el bote con solo dos latas de nabos en conserva y sin agua dulce. Thomas Dudley era el capitán, Edwin Stephens su primer oficial y Edmund Brooks un marinero, «todos ellos hombres de excelente carácter», según los periódicos.[1]

El cuarto hombre del bote era el grumete Richard Parker, de diecisiete años de edad. Era huérfano, y ese era su primer viaje largo por el mar. Se había enrolado, pese a que sus amigos le aconsejaron que no lo hiciese, «por las esperanzas que alberga la ambición de un joven», creyendo que el viaje haría de él un hombre. Por desgracia, no fue así.

Desde el bote, los cuatro marinos en apuros avizoraban el horizonte con la esperanza de que pasase un barco y los rescatara. Durante los tres primeros días comieron pequeñas raciones de nabos. Al cuarto día cogieron una tortuga. Durante unos cuantos días subsistieron gracias a la tortuga y los nabos que les quedaban. Pero luego, durante ocho días, no comieron nada.

Para entonces, Parker, el grumete, yacía en la proa del bote. Había bebido agua salada, pese a las admoniciones de los otros, y enfermado. Parecía que se estaba muriendo. En el decimonoveno día de tormento, el capitán Dudley sugirió que se echase a suertes quién tenía que morir para que los otros viviesen. Pero Brooks se negó, y no se echó a suertes.

Pasó un día más, y seguía sin haber un barco a la vista. Dudley le pidió a Brooks que mirase a otra parte y a Stephens le indicó por señas que había que matar a Parker. Dudley ofreció una plegaria, le dijo al chico que había llegado su hora y lo mató con una pequeña navaja cortándole la yugular. Brooks abandonó su objeción de conciencia y participó del siniestro festín. Durante cuatro días, los tres hombres se alimentaron con el cuerpo y la sangre del grumete.

Y en esas les llegó la salvación. Dudley describió el rescate en su diario con un eufemismo que deja de una pieza: «En el vigesimocuarto día, mientras desayunábamos», apareció por fin un barco, que recogió a los tres supervivientes. A su vuelta a Inglaterra fueron arrestados y procesados. Brooks se convirtió en testigo de la acusación pública. Dudley y Stephens fueron juzgados. Confesaron libremente que habían matado a Parker y se lo habían comido. Sostuvieron que lo habían hecho por necesidad.

Suponga que usted hubiese sido el juez. ¿Qué habría sentenciado? Para simplificar las cosas, deje aparte las cuestiones jurídicas y suponga que habría tenido que dictaminar acerca de si matar al grumete era moralmente aceptable.

El mejor argumento de que dispondría la defensa sería el de que, dado lo desesperado de las circunstancias, no quedaba más remedio que matar a uno para salvar a tres. Si no hubiesen matado a uno para comérselo, es probable que hubieran muerto los cuatro. Parker, debilitado y enfermo, era el candidato lógico, puesto que habría muerto pronto de todas formas. Y al contrario que Dudley y Stephens, nadie dependía de él. Su muerte no dejaba a nadie sin sustento, no dejaba a una esposa y unos hijos apenados.

Este argumento está sujeto al menos a dos objeciones. La primera, que cabe preguntarse si los beneficios de matar al grumete, tomados en su conjunto, realmente superan a los costes. Incluso contando el número de vidas salvadas y la felicidad de los supervivientes y sus familias, permitir que se mate a alguien de esa forma podría tener malas consecuencias para la sociedad en su conjunto: debilitar la norma que prohíbe el asesinato, por ejemplo, o aumentar la tendencia de la gente a tomarse la justicia por su mano, o hacer que a los capitanes les resulte más difícil reclutar grumetes.

En segundo lugar, aunque una vez tenidos en cuenta todos los aspectos los beneficios superen a los costes, ¿no nos invade acaso la acuciante sensación de que matar a un grumete indefenso y comérselo está mal por razones que van más allá del cálculo de los costes y beneficios sociales? ¿No está mal utilizar a un ser humano de ese modo, explotar su vulnerabilidad, quitarle la vida sin su consentimiento, aun cuando beneficie a otros?

A quienes lo que hicieron Dudley y Stephens les resulte espantoso les parecerá que la primera objeción es demasiado floja: acepta la premisa utilitaria de que la moral consiste en ver si los beneficios superan a los costes, y se limita a desear que se eche mejor la cuenta de las consecuencias sociales.

Si matar al grumete merece que se despierte la indignación, la segunda objeción resultará más pertinente: rechaza que lo que debe hacerse consista simplemente en calcular consecuencias, los costes y los beneficios. Apunta a que la moral significa algo más, algo que tiene que ver con la manera en que los seres humanos deben tratarse entre sí.

Estas dos formas de abordar el caso del bote ilustran dos modos contrapuestos de enfocar la justicia. Según el primero, la moralidad de un acto depende solo de sus consecuencias; deberá hacerse aquello que produzca el mejor estado de cosas, una vez considerados todos los factores. Según el segundo, no solo debemos preocuparnos, en lo que se refiere a la moral, por las consecuencias; hay deberes y derechos que debemos respetar por razones independientes de las consecuencias sociales.

Para resolver el caso del bote, así como muchos dilemas menos extremos con los que nos encontramos a menudo, habremos de explorar algunas de las grandes cuestiones de la filosofía moral y política: ¿se reduce la moral a contar vidas y echar el balance de costes y beneficios, o hay deberes morales y derechos humanos tan fundamentales que sobrepujan tales cálculos? Y si hay derechos así de fundamentales —sean naturales, sagrados, inalienables o categóricos—, ¿cómo sabremos cuáles son y qué les hace ser fundamentales?

El utilitarismo de Jeremy Bentham

Jeremy Bentham (1748-1832) no dejaba lugar a dudas acerca de dónde se situaba él en esta cuestión. Se burlaba de la idea de los derechos naturales; los llamaba «un sinsentido con zancos». La filosofía que promovió tendría una gran influencia a lo largo del tiempo. Todavía hoy sigue teniendo mucho poder sobre el pensamiento de economistas, ejecutivos de empresas, gestores públicos y ciudadanos comunes.

Bentham, filósofo moral y reformista legal inglés, fundó la doctrina del utilitarismo. Su idea principal se formula fácilmente y resulta intuitivamente convincente: el principio mayor de la moral consiste en maximizar la felicidad, en maximizar la medida en que, una vez sumado todo, el placer sobrepuja al dolor. Según Bentham, debe hacerse aquello que maximice la utilidad. Por «utilidad» entendía cualquier cosa que produjese placer o felicidad y cualquiera que evitase el dolor o sufrimiento.

Llegó a ese principio siguiendo este razonamiento: a todos nos gobiernan las sensaciones de dolor y placer; son nuestros «amos soberanos»; nos gobiernan en todo lo que hacemos y determinan además qué debemos hacer; el patrón de lo que está bien y de lo que está mal «se ata a su trono».[2]

A todos nos gusta el placer y nos disgusta el dolor. La filosofía utilitaria reconoce este hecho y lo convierte en la base de la vida moral y política. El de maximizar la utilidad es un principio válido no solo para los individuos, sino también para los legisladores. Cuando decide qué leyes o políticas deben instaurarse, un Estado debería hacer cuanto maximizase la utilidad de la comunidad en su conjunto. ¿Qué es, al fin y al cabo, una comunidad? Según Bentham, «un cuerpo ficticio» compuesto por la suma de los individuos que comprende. Los ciudadanos y los legisladores, pues, deberían preguntarse lo siguiente: si sumamos todos los beneficios de esta política y restamos los costes, ¿producirá más felicidad que la alternativa?

El argumento con que Bentham defendía el principio de que debemos maximizar la utilidad toma la forma de una aseveración osada: no puede haber fundamento alguno para rechazarlo. Todo argumento moral, sostiene, ha de fundarse implícitamente en la idea de maximizar la felicidad. Puede que la gente diga que cree en ciertos deberes o derechos absolutos, categóricos. Pero no tendrá base alguna para defender esos deberes o derechos a no ser que crea que respetarlos maximiza la felicidad humana, al menos a largo plazo.

«Cuando un hombre intenta combatir el principio de utilidad —escribió Bentham— lo hace con razones, sin que sea consciente de ello, que derivan de ese mismo principio.» Todas las disputas morales, bien entendidas, son en realidad desacuerdos acerca de cómo se aplica el principio utilitario de la maximización del placer y la minimización del dolor, no acerca del principio en sí. «¿Le es posible a un hombre mover la Tierra? —se pregunta Bentham—. Sí, pero antes ha de encontrar otra Tierra que pisar.» Y la única Tierra, la única premisa de la argumentación moral, según Bentham, es el principio de utilidad.[3]

Bentham pensaba que su principio de utilidad ofrecía una ciencia de la moral que podría servir de fundamento a la reforma política. Propuso una serie de proyectos encaminados a que la política penal fuese más eficaz y humana. Uno era el Panóptico, una prisión con una torre central de inspección que permitía al vigilante observar a los reclusos sin que ellos lo viesen a él. Sugirió que del Panóptico se encargase una contrata privada (lo ideal sería que se le encargase al propio Bentham), que dirigiría la prisión a cambio de los beneficios que se extrajesen del trabajo de los reclusos, que cumplirían jornadas de dieciséis horas. Aunque el plan de Bentham fue rechazado, podría decirse que iba por delante de su tiempo. En los últimos años se ha visto un resurgimiento, al menos en Estados Unidos y Gran Bretaña, de la idea de encargar la gestión de las cárceles a empresas privadas.

Redadas de mendigos

Otra de las propuestas de Bentham consistía en un plan para mejorar «la gestión de la mendicidad» mediante la apertura de *workhouses*, o casas de trabajo, que se autofinanciasen. El plan, que perseguía la reducción de la presencia de mendigos en las calles, ofrece un vivo ejemplo de la lógica utilitaria. Bentham empezaba por señalar que toparse con mendigos en las calles reduce la felicidad de los viandantes de dos formas. A los de corazón blando, ver un mendigo les produce dolor por simpatía; a los más duros, les causa el dolor del desagrado. De una forma o de la otra, toparse con mendigos reduce la utilidad que le corresponde al público en general. Bentham propuso por ello que se los retirase de la calle y se los encerrase en las casas de trabajo.[4]

A algunos esto les parecerá injusto para los mendigos. Pero Bentham no desprecia la utilidad que les corresponde a los propios mendigos. Reconoce que algunos se sentirían más felices mendigando que en un asilo de pobres. Pero observa que por cada pordiosero feliz y próspero hay muchos miserables. Concluye que la suma de las penalidades sufridas por el público en general es mayor que la infelicidad que puedan sentir los mendigos obligados a permanecer en la casa de trabajo.[5]

A algunos podría inquietarles que los gastos de construcción y mantenimiento de esos asilos de pobres recayesen en los contribuyentes, lo que reduciría su felicidad y, por lo tanto, la utilidad que les correspondiese. Pero Bentham propuso una manera de que su plan de gestión de la mendicidad se autofinanciara por completo. Cualquier ciudadano que se encontrase con un mendigo estaría autorizado a prenderlo y llevarlo a la casa de trabajo más cercano. Una vez encerrado allí, el mendigo tendría que trabajar para pagar su manutención, que se apuntaría en una «cuenta de autoliberación». En la cuenta se incluirían la comida, el vestido, la cama, la atención médica y una póliza de un seguro de vida, por si el mendigo moría antes de que la cuenta estuviese pagada. Para incentivar a los ciudadanos a prender mendigos y entregarlos a la casa de trabajo, Bentham propuso que se les recompensase con veinte chelines por prendimiento, que se sumarían, claro está, a la cuenta pendiente del mendigo.[6]

Bentham aplicó también la lógica utilitaria al alojamiento dentro del asilo, con la intención de minimizar las incomodidades que sufriesen los internos por culpa de sus vecinos: «Al lado de cada clase que pueda causar algún inconveniente, instálese una clase que no esté en condiciones de percibir ese inconveniente». Así, por ejemplo, «junto a los lunáticos furiosos o las personas de conversación torrencial se instalará a los sordos y mudos. [...] Junto a las prostitutas y mujeres de costumbres licenciosas, se instalará a mujeres entradas en años». En cuanto a «quienes padezcan deformidades que horroricen», proponía que se los alojase con los ciegos.[7]

Por cruel que pueda parecer la propuesta de Bentham, su finalidad no era punitiva. Solo se perseguía fomentar el bienestar general resolviendo un problema que disminuía la utilidad social. No se adoptó nunca el plan de gestión de la mendicidad, pero el espíritu utilitario que lo informaba sigue vivo y bien activo hoy en día. Antes de exponer algunos ejemplos actuales de pensamiento utilitario, cabe preguntarse si la filosofía de Bentham es criticable, y si lo es, basándose en qué.

Primera objeción: Los derechos individuales

El punto débil más clamoroso del utilitarismo, sostienen muchos, es su falta de respeto a los derechos individuales. Como solo le preocupa la suma de la satisfacción, puede no tener miramientos con los individuos. Para el utilitarista, los individuos son importantes, pero solo en el sentido de que las preferencias de cada uno deben contar junto con las de todos los demás. Pero esto significa que la lógica utilitaria, si se aplica coherentemente, refrenda maneras de tratar a las personas que violan normas de decencia y respeto que creemos fundamentales, como ilustran los casos siguientes.

Echar cristianos a los leones

En la antigua Roma echaban cristianos a los leones en el Coliseo para divertir a la muchedumbre. Imagine el correspondiente cálculo utilitario: sí, los cristianos sienten un dolor espantoso cuando los leones los muerden y devoran; pero tenga en cuenta el éxtasis colectivo de los vociferantes espectadores que abarrotan el Coliseo. Si hay suficientes romanos que sacan suficiente placer del violento espectáculo, ¿hay alguna razón por la que un utilitarista pueda condenarlo?

Al utilitarista quizá le preocupe que semejantes juegos endurezcan las costumbres y alimenten más violencia en las calles de Roma; o que creen pavor entre quienes alguna vez pudieran ser víctimas a que también se los arroje a los leones. Si estas consecuencias fuesen lo bastante malas, sería concebible que sobrepujasen el placer que proporcionan los juegos y le diesen al utilitarista una razón para prohibirlos. Pero si esos cálculos son la única razón para impedir que se someta a los cristianos a una muerte violenta que sirva de espectáculo, ¿no se pierde algo moralmente importante?

¿Está justificada la tortura en alguna ocasión?

Una cuestión parecida surge en los debates actuales acerca de si la tortura está justificada en los interrogatorios de presuntos terroristas. Piense en una bomba que va a estallar a cierta hora. Imagine que usted es el jefe de la rama local de la CIA. Captura a un presunto terrorista; usted cree que tiene información acerca de un dispositivo nuclear que estallará en Manhattan ese mismo día. Usted sospecha incluso que es él quien ha puesto la bomba. El reloj corre, y se niega a admitir que es un terrorista o a decir dónde está la bomba. ¿Estaría bien torturarlo hasta que diga dónde está la bomba y cómo se la desactiva?

El argumento a favor de que se le torture parte de un cálculo utilitario. La tortura causa dolor en el sospechoso, lo que reduce mucho su felicidad o la utilidad de que disfruta. Pero miles de vidas inocentes se perderán si estalla la bomba. Por lo tanto, con un fundamento utilitario, podría argumentarse que está moralmente justificado infligir un dolor intenso a una persona si con ello se evitan muertes y sufrimientos de una magnitud gigantesca. El argumento del ex vicepresidente Richard Cheney de que las severas técnicas de interrogatorio a que se sometió a presuntos terroristas de al-Qaeda sirvieron para que no hubiese otro ataque terrorista en Estados Unidos se basa en esa lógica utilitaria.

No quiere decir que los utilitaristas hayan de ser necesariamente partidarios de la tortura. Algunos utilitaristas se oponen a la tortura por razones prácticas. Sostienen que rara vez funciona, pues la información sonsacada coactivamente no suele ser de fiar. Por lo tanto, se causa dolor, pero la comunidad no está más segura por ello: no aumenta la utilidad colectiva de que disfruta. O les inquieta que, si el país practica la tortura, se trate peor a sus soldados cuando caigan prisioneros. Esta consecuencia podría reducir la utilidad total asociada a nuestro uso de la tortura, una vez tenidas en cuenta todas las circunstancias.

Estas consideraciones prácticas pueden estar o no estar en lo cierto, pero como razones para oponerse a la tortura son del todo compatibles con el pensamiento utilitario. No aseveran que torturar a un ser humano esté intrínsecamente mal, sino solo que practicar la tortura tendrá consecuencias indeseadas que, en conjunto, harán más mal que bien.

Algunos rechazan la tortura por principio. Creen que viola los derechos humanos y no respeta la dignidad intrínseca de los seres humanos. Su argumento en contra de la tortura no depende de consideraciones utilitarias. Sostienen que el fundamento moral de los derechos humanos y la dignidad humana va más allá de la utilidad. Si tienen razón, la filosofía de Bentham es errónea.

En apariencia, la historia de la bomba con temporizador apoya la postura de Bentham. El número parece marcar una diferencia moral. Una cosa es aceptar la muerte de tres hombres en un bote por no matar a un inocente grumete a sangre fría. Pero ¿y si están en peligro miles de vidas inocentes, como en la historia de la bomba con temporizador? ¿Y si fuesen cientos de miles? El utilitarista argumentaría que, llegadas las cosas a cierto punto, hasta al más ardiente defensor de los derechos humanos le costaría mucho insistir en que es preferible moralmente dejar que muera un gran número de inocentes a torturar a un solo sospechoso de ser terrorista, aunque quizá sepa dónde han puesto la bomba.

Sin embargo, como puesta a prueba de la manera utilitaria de razonar moralmente, el caso de la bomba con temporizador conduce a error. Su intención es mostrar que el número cuenta: si el de vidas que está en peligro es suficientemente grande, deberíamos estar dispuestos a dejar a un lado nuestros escrúpulos relativos a la dignidad y a los derechos. Y si eso es verdad, la moralidad consiste, después de todo, en calcular costes y beneficios.

Pero el ejemplo de la tortura no muestra que la perspectiva de salvar muchas vidas justifique infligir un gran dolor a un solo inocente. Recuérdese que la persona a la que se tortura para salvar todas esas vidas es un presunto terrorista, incluso el que creemos que ha puesto la bomba. La fuerza moral del argumento a favor de que se le torture depende en muy buena medida de que se suponga que es, de una forma u otra, responsable de la situación peligrosa con la que queremos acabar. O si no es responsable de esa bomba, supongamos que ha cometido otros actos terribles por los que se merezca que se le trate con severidad. Las intuiciones morales pertinentes en el caso de la bomba con temporizador no solo se refieren a los costes y beneficios, sino también a la idea no utilitaria de que los terroristas son malignos y merecen que se los castigue.

Lo veremos más claramente si modificamos el ejemplo para eliminar toda traza de presunta culpabilidad. Supongamos que la única forma de inducir al terrorista a hablar es torturar a una hija de corta edad, que no sabe nada de las funestas actividades de su padre. ¿Sería moralmente permisible? Sospecho que ni siquiera un endurecido utilitarista permanecería impasible ante una idea así. Pero esta versión del ejemplo de la tortura pone a prueba de forma más fidedigna el principio utilitario. Deja aparte la intuición de que el terrorista merece ser castigado en cualquier caso (sea cual sea la valiosa información que esperamos obtener) y nos fuerza a evaluar el cálculo utilitario en sí mismo.

La ciudad de la felicidad

La segunda versión del ejemplo de la tortura (la que incluye a la hija inocente) trae a la mente un cuento de Ursula K. Le Guin, «Los que andando se marchaban de Omelas», que habla de una ciudad, Omelas, donde imperan la felicidad y las celebraciones públicas, un lugar sin reyes ni esclavos, sin publicidad ni Bolsa de Valores, sin bombas atómicas. Por si este lugar nos parece demasiado irreal para que siquiera podamos imaginarlo, la autora añade algo más: «En un sótano de alguno de los bellos edificios públicos de Omelas, o quizá en los bajos de una de sus espaciosas viviendas, hay una habitación. La puerta está cerrada a cal y canto. No tiene ventanas». Y en esa habitación hay un niño que padece una deficiencia mental, que está desnutrido, abandonado. Vive sus días en la miseria más penosa.

> Todos saben que existe, todos en Omelas lo saben. [...] Todos saben que tiene que existir. [...] Todos saben que su felicidad, la belleza de su ciudad, la ternura de sus amistades, la salud de sus hijos, [...] hasta la abundancia de sus cosechas y el amable clima de sus cielos, dependen por completo de la abominable miseria del niño. [...] Qué bueno sería, realmente, que se sacase al niño del abyecto lugar donde vive y se le llevase a la luz del día y se le lavase y alimentase y confortase; pero si se hiciese, a esa misma hora de ese mismo día, toda la prosperidad y belleza y delicia de Omelas se ajaría y destruiría. La condición es esa.[8]

¿Es moralmente aceptable tal condición? La primera objeción al utilitarismo de Bentham, la que apela a los derechos humanos fundamentales, dice que no, incluso si gracias a ella existe una ciudad feliz. Estaría mal violar los derechos del niño inocente, aunque fuese por la felicidad de la multitud.

Segunda objeción: Una unidad común de valor

El utilitarismo dice ofrecer una ciencia de la moral basada en medir, agregar y calcular la felicidad. Sopesa las preferencias sin juzgarlas. Las preferencias de todos cuentan por igual. En este espíritu reacio a enjuiciar reside gran parte de su atractivo. Y su promesa de hacer de la elección moral una ciencia informa en buena medida los razonamientos económicos de hoy. Pero para agregar preferencias hay que medirlas con una misma escala. La utilidad, tal y como la enunció Bentham, ofrece tal unidad común de valor.

Sin embargo, ¿es posible traducir todos los bienes morales a una sola unidad de valor sin perder algo en la traducción? La segunda objeción al utilitarismo duda de tal posibilidad. Según esta objeción, con una unidad común de valor no se captan todos los valores.

Para explorarla pensemos en cómo se aplica la lógica utilitaria en el análisis de costes y beneficios, una forma de tomar decisiones a la que recurren a menudo los gobiernos y las grandes empresas. El análisis de costes y beneficios intenta aportar racionalidad y rigor cuando hay que tomar decisiones sociales complejas; para ello traduce todos los costes y beneficios a un valor monetario, y entonces los compara.

Los beneficios del cáncer de pulmón

La tabaquera Philip Morris hace un buen negocio en la República Checa, donde fumar cigarrillos sigue siendo popular y aún resulta socialmente aceptable. Preocupado por los crecientes costes sanitarios del tabaquismo, el gobierno checo pensó no hace mucho en subir los impuestos a los cigarrillos. Con la esperanza de librarse de la subida de impuestos, Philip Morris encargó un análisis de los costes y beneficios del tabaco en los presupuestos del Estado checo. El estudio concluyó que el Estado ingresaba gracias al tabaquismo más de lo que gasta por él. La razón: aunque el gasto médico de los fumadores a cargo del presupuesto es mayor mientras viven, se mueren antes, y así le ahorran al Estado una suma considerable en atención sanitaria, pensiones y residencias de ancianos. Según el estudio, en cuanto se tenían en cuenta los «efectos positivos» del tabaquismo, incluidos los impuestos sobre los cigarrillos y el ahorro gracias a las muertes prematuras de fumadores, resultaba que el Tesoro ganaba 147 millones de dólares netos al año.[9]

El análisis de costes y beneficios resultó ser un desastre para las relaciones públicas de Philip Morris. «Las tabaqueras negaban antes que los cigarrillos matasen —escribió un comentarista—. Ahora alardean de que lo hacen.»[10] Un grupo contrario al tabaco publicó un anuncio en los periódicos donde se veía el pie de un cadáver en el depósito de cadáveres con una etiqueta atada al dedo gordo que marcaba un precio de 1.227 dólares, la cantidad que se ahorraba el Estado checo con cada muerte relacionada con el tabaco. Ante la indignación despertada y el ridículo público, el director ejecutivo de Philip Morris se disculpó diciendo que el estudio exhibía «un absoluto e inaceptable desprecio por los valores humanos básicos».[11]

Habrá quienes digan que el estudio de Philip Morris sobre el tabaquismo ilustra la insensatez moral del análisis de costes y beneficios y del modo utilitarista de pensar implícito en él. Considerar las muertes por cáncer de pulmón un chollo para la línea de resultados exhibe un insensible desprecio por la vida humana. Cualquier política relativa al tabaquismo que pueda defenderse moralmente ha de tener en cuenta no solo las repercusiones fiscales, sino también las consecuencias para la salud pública y el bienestar humano.

Sin embargo, un utilitarista no negaría la pertinencia de consecuencias más amplias: el dolor y el sufrimiento, la pena de las familias, la pérdida de vidas. Bentham inventó la noción de utilidad precisamente para captar en una sola escala la disparidad de las cosas que nos interesan, entre ellas el valor de la vida humana. A un benthamista no le parecerá que el estudio sobre el tabaquismo sirva para poner en entredicho los principios utilitaristas; dirá solamente que los aplicó mal. Un análisis más completo de costes y beneficios añadiría al cálculo moral una cantidad que representase el coste de una muerte prematura para el fumador y su familia, y lo compararía con el ahorro que esa muerte antes de hora supondría para el Estado.

Esto nos devuelve a la cuestión de si todos los valores se pueden traducir a un valor monetario. Algunas versiones del análisis de costes y beneficios intentan una traducción así, hasta el punto de que le ponen un valor en dólares a la vida humana. Veamos dos usos del análisis de costes y beneficios que causaron indignación, no porque no calculasen el valor de la vida humana, sino porque lo hicieron.

Los depósitos de gasolina explosivos

En los años setenta, el Ford Pinto fue uno de los coches pequeños más vendidos en Estados Unidos. Por desgracia, su depósito de gasolina tendía a explotar cuando otro coche chocaba con él por atrás. Murieron más de quinientas personas al estallar sus coches en llamas, y muchos más sufrieron quemaduras graves. Cuando uno de estos se querelló contra la Ford Motor Company por ese diseño deficiente, se supo que a los ingenieros de la Ford no se les había escapado que el depósito de gasolina suponía un peligro. Sin embargo, los ejecutivos de la compañía habían realizado un análisis de costes y beneficios, y con él determinaron que los beneficios de arreglar el problema (en vidas salvadas y quemaduras evitadas) no llegaba a los once dólares por coche que costaba equiparlos con un dispositivo que hacía que el depósito fuese seguro.

Para calcular los beneficios que se obtendrían de un depósito de gasolina más seguro, Ford estimó que habría 180 muertos y 180 quemados si no se hacían las modificaciones. Puso entonces un valor monetario a cada vida perdida y quemadura sufrida: 200.000 dólares por vida y 67.000 por las quemaduras. Sumó a estas cantidades el número y el valor de los Pinto que probablemente arderían, y calculó que el beneficio total de la mejora de la seguridad sería de 49,5 millones de dólares. Pero el coste de instalar un aparato de once dólares a doce millones y medio de vehículos ascendía a 137,5 millones de dólares. El fabricante, pues, llegó a la conclusión de que el coste de arreglar los depósitos de gasolina no estaba compensado por el beneficio que reportaban unos coches más seguros.[12]

El jurado se indignó cuando supo del estudio. Concedió al querellante dos millones y medio de dólares de indemnización compensatoria y 125 millones adicionales por lo reprensible de la infracción (la cantidad se redujo después a tres millones y medio).[13] Puede que el jurado creyese que no estaba bien que una gran empresa asignase un valor monetario a la vida humana, o quizá pensó que los 200.000 dólares se quedaban muy, muy cortos. Ford no había llegado a esta cifra por sí misma. La había sacado de un organismo del Estado. A principios de los años setenta, la Administración Nacional de Seguridad del Tráfico en Carretera de Estados Unidos había calculado el coste de una muerte en accidente de tráfico. Contando las futuras pérdidas de productividad, los costes médicos, el coste del entierro y los sufrimientos de la víctima, llegó a esa cifra de 200.000 dólares por fallecimiento.

Si la objeción del jurado hubiera sido al monto de dinero pero no al principio, un utilitarista podría haber coincidido con él. Pocos escogerían morir en un accidente de tráfico por 200.000 dólares. A la mayoría le gusta vivir. Para medir el efecto completo que tiene en la utilidad una muerte en accidente de tráfico habría que incluir la pérdida de la felicidad futura de la víctima, no solo los ingresos que no se percibirán y el coste del funeral. ¿Cuál, pues, sería una valoración de una vida humana en dólares más fidedigna?

Rebajas por vejez

Cuando la Agencia de Protección Medioambiental de Estados Unidos, la EPA, intentó responder esa pregunta también se suscitó la indignación, pero por otro motivo. En 2003 presentó un análisis de costes y beneficios de las nuevas normas contra la contaminación del aire. Asignó un valor más generoso a la vida humana que la Ford, pero con un matiz relativo a la edad: 3,7 millones de dólares por vida salvada gracias a un aire más limpio, salvo para los que tenían más de setenta años, cuyas vidas se valoraban en 2,3 millones. Tras esas valoraciones diferentes se escondía una noción utilitarista: salvar la vida de una persona de edad produce menos utilidad que salvar la de alguien más joven (al joven le queda más por vivir y, por tanto, más felicidad que disfrutar). Quienes se ponían de parte de los ancianos no lo veían así. Criticaron el «descuento que se hacía a los ciudadanos mayores» y sostuvieron que la Administración no debía asignar más valor a las vidas de los jóvenes que a las de los viejos. Ante las protestas, la EPA renunció enseguida al descuento y retiró el informe.[14]

Los críticos del utilitarismo presentan estos casos como prueba de que el análisis de costes y beneficios va mal encaminado y de que asignar un valor monetario a la vida humana es obtuso. Los que defienden el análisis de costes y beneficios discrepan. Arguyen que muchas decisiones sociales implícitamente intercambian algún número de vidas humanas por otros bienes y ventajas. La vida humana tiene su precio, remachan, se quiera admitirlo o no.

Por ejemplo, el uso del automóvil se cobra un predecible tributo en vidas humanas, más de cuarenta mil muertes al año en Estados Unidos, pero ello no hace que prescindamos, como sociedad, de los coches. En realidad, ni siquiera nos lleva a reducir el límite de velocidad. Durante la crisis del petróleo de 1974, el Congreso de Estados Unidos impuso un límite nacional de velocidad de 55 millas por hora, unos 90 kilómetros por hora. Aunque el objetivo era ahorrar energía, una consecuencia de esa reducción de la velocidad máxima fue un número menor de fallecidos en accidentes de tráfico.

En la década de 1980 el Congreso eliminó la restricción; la mayoría de los estados subió el límite hasta las 65 millas por hora. Los conductores ganaron tiempo, pero hubo más fallecidos en accidentes de tráfico. Por entonces no se hizo un análisis de costes y beneficios para determinar si los beneficios de conducir más deprisa compensaban el coste en vidas, pero años más tarde dos economistas hicieron los números. Tomaron en cuenta un beneficio de un límite de velocidad más alto, el traslado más rápido de casa al trabajo y del trabajo a casa, calcularon el beneficio que suponía ese tiempo que se ganaba (valorado conforme a un salario medio de 20 dólares la hora) y lo dividieron por el número adicional de muertes. Descubrieron que, por el provecho de conducir más deprisa, los estadounidenses estaban valorando de hecho la vida humana en 1,54 millones de dólares por vida. Eso era lo que se ganaba económicamente, por fallecido, al conducir diez millas por hora más deprisa.[15]

Los partidarios del análisis de costes y beneficios señalan que al conducir a 65 millas por hora en vez de a 55 valoramos implícitamente la vida humana en 1,54 millones de dólares, mucho menos que los seis millones por vida que los organismos gubernamentales de Estados Unidos suelen usar cuando dictan normas sobre la polución y reglas sanitarias o de seguridad. Entonces, ¿por qué no se dice explícitamente? Si prescindir de ciertos niveles de seguridad a cambio de ciertos beneficios y ventajas es inevitable, mantienen, deberíamos hacerlo con los ojos bien abiertos y comparar los costes y beneficios de manera tan sistemática como sea posible, incluso si así se le pone un precio a la vida humana.

Los utilitaristas ven nuestra renuencia a darle un valor monetario a la vida humana como un impulso que hay que vencer, un tabú que no deja pensar con claridad y estorba la toma racional de decisiones en la esfera pública. Para quienes critican el utilitarismo, en cambio, la renuencia indica algo de mayor importancia: que no es posible medir y comparar todos los valores y bienes con una sola escala.

Pagar para que sufras

No salta a la vista cómo pueda resolverse esta disputa, pero hay científicos sociales con mentalidad empírica que lo han intentado. Edward Thorndike, psicólogo social, intentó probar en los años treinta la premisa utilitarista: que es posible traducir nuestros deseos y aversiones, en apariencia dispares, a una sola unidad de placer y dolor. Realizó una encuesta con perceptores jóvenes de subsidios públicos en la que les preguntaba cuánto habría que pagarles para que pasasen por ciertas experiencias. Por ejemplo: «¿Cuánto habría que pagarle para que dejase que le extrajeran una de las paletas de arriba?». «¿Y para que dejara que le cortasen el dedo pequeño de un pie?» «¿Y para que se comiese una lombriz viva de quince centímetros de largo?» «¿Y para que matase con sus propias manos a un gato callejero?» «¿Y para que viviese el resto de su vida en una granja de Kansas, a diez millas de la población más cercana?»[16]

¿Por cuál de estas experiencias cree que habría que pagar más y por cuál menos? Esta es la lista de precios según la encuesta (en dólares de 1937):

El diente	4.500 dólares
El dedo	57.000 dólares
La lombriz	100.000 dólares
El gato	10.000 dólares
Kansas	300.000 dólares

Thorndike creía que estos resultados respaldaban la idea de que todos los bienes se pueden medir y comparar con una sola escala. «Cualquier carencia o satisfacción que pueda existir, existe en alguna cantidad y es, por lo tanto, mensurable —escribió—. La vida de un perro, de un gato, de una gallina [...] en muy buena medida consiste en, y viene determinada por, apetitos, ansias y deseos, y su gratificación. [...] Lo mismo ocurre con la vida del hombre, solo que sus apetitos y deseos son más numerosos, sutiles y complicados.»[17]

Pero lo estrafalaria que resulta la lista de precios de Thorndike da a entender que tales comparaciones son absurdas. ¿Podemos realmente concluir que los encuestados consideraban la perspectiva de pasarse toda la vida en una granja de Kansas tres veces más desagradable que comerse una lombriz, o difieren ambas experiencias de modo tal que no es posible una comparación que tenga sentido? Thorndike reconocía que un tercio de los encuestados afirmó que por ninguna suma querrían vivir esas experiencias, lo que hacía pensar que las consideraban «inmensurablemente repugnantes».[18]

Las chicas de St. Anne

Quizá no haya un argumento que, de una vez por todas, establezca o refute que todos los bienes morales se pueden traducir, sin que se pierda nada, a una sola medida de valor. Pero un nuevo ejemplo redunda en lo dudoso de tal posibilidad.

En los años setenta, cuando hacía mi doctorado en Oxford, había colegios mayores para hombres y colegios mayores para mujeres. Los de mujeres tenían reglas de conducta interna que prohibían que un hombre pasase la noche en las habitaciones de ellas. Rara vez se hacían cumplir estas reglas, que eran fáciles de saltar, o eso me decían. A la mayor parte de los encargados de los colegios no les parecía que fuera una obligación suya hacer que se respetasen las ideas tradicionales en lo concerniente a la moral sexual. Cada vez había más presiones para que se relajasen las normas. El asunto se debatió en el St. Anne's College, uno de los colegios solo femeninos.

Algunas de las mujeres del claustro más entradas en años eran tradicionalistas. Se oponían a permitir invitados masculinos por las razones morales que cabría esperar; era inmoral, pensaban, que las jóvenes solteras pasasen la noche con hombres. Pero los tiempos habían cambiado, y a las tradicionalistas les daba reparo confesar las verdaderas razones de su oposición, así que las tradujeron a motivos utilitarios. «Si los hombres pasan la noche en el colegio —argüían—, los costes crecerán para este.» ¿Por qué?, se preguntará. «Pues porque querrán bañarse, así que se usará más agua caliente.» Además, razonaban, «tendremos que cambiar los colchones más a menudo».

Los reformistas contrarrestaron los argumentos de las tradicionalistas con un compromiso: cada mujer solo podía tener por semana tres invitados que pasasen allí la noche, con tal, eso sí, de que cada uno pagase cincuenta peniques por noche para cubrir el coste que ello supondría para el colegio. Al día siguiente, el *Guardian* titulaba:

«Las chicas de St. Anne, por cincuenta peniques la noche». El lenguaje de la virtud no se había dejado traducir muy bien que se diga al lenguaje de la utilidad. Poco después se suprimirían por completo las reglas de conducta interna, y con ellas la tasa.

John Stuart Mill

Hemos visto dos objeciones al principio de Bentham de la «mayor felicidad»: que no da importancia suficiente a la dignidad humana y a los derechos individuales, y que se equivoca al reducir cualquier aspecto que tenga importancia moral a una sola escala de placer y dolor. ¿Son convincentes?

John Stuart Mill (1806-1873) creía que tenían réplica. De una generación posterior a la de Bentham, intentó salvar el utilitarismo reformulándolo de modo que resultara más humano, menos calculador. Era hijo de James Mill, amigo y discípulo de Bentham. James Mill educó en casa a su hijo, que se convirtió en un niño prodigio. Estudió griego a los tres años y latín a los ocho. A los once escribió una historia del derecho romano. A los veinte sufrió una crisis nerviosa que le dejaría con depresión durante años. Poco después conoció a Harriet Taylor; aunque por entonces era una mujer casada y con dos hijos, se hicieron amigos íntimos. Cuando el marido murió veinte años después, se casaron. Mill decía que, en la revisión de la doctrina de Bentham, no tuvo mejor compañero intelectual y colaborador que ella.

El argumento a favor de la libertad

Cabe leer las obras de Mill como un esforzado intento de reconciliar los derechos individuales con la filosofía utilitaria que heredó de su padre y adoptó de Bentham. Su libro *Sobre la libertad* (1859) ofrece la defensa por excelencia en el mundo anglófono de la libertad individual. Su principio esencial reza que las personas deberían ser libres de hacer lo que quieran con tal de que no perjudiquen a otros. El Estado no debe interferir en la libertad individual para proteger a una persona de sí misma o para imponer la que la mayoría crea que es la mejor manera de vivir. Los únicos actos por los que una persona ha de rendir cuentas a la sociedad, sostiene Mill, son los que afectan a otros. Mientras no perjudique a nadie más, mi «independencia es, de derecho, absoluta. Sobre sí mismo, sobre su cuerpo y su mente, el individuo es soberano».[19]

Esta formulación sin reserva alguna de los derechos individuales parece que requiere para su justificación algo más fuerte que la utilidad. Piénsese en lo que sigue: supongamos que una gran mayoría desprecia a una pequeña religión y quiere que sea prohibida. ¿No es posible, probable incluso, que prohibir esa religión produzca la mayor felicidad para el mayor número de personas? Es cierto que la minoría víctima de la prohibición caerá en la infelicidad y la frustración; pero si la mayoría es suficientemente grande y suficientemente apasionada en su aversión a los herejes, su felicidad colectiva sobrepujará el sufrimiento de estos. Si puede darse una situación así, parecerá que la utilidad es un fundamento de la libertad religiosa movedizo y poco de fiar. Da la impresión de que el principio de libertad de Mill necesita una base moral más recia que el principio de utilidad de Bentham.

Mill no lo creía. Recalca que la defensa de la libertad individual depende por completo de consideraciones utilitarias: «Es apropiado que se diga que prescindo de toda ventaja para mi argumento que pudiera derivarse de la idea de derecho abstracto, concebido como independiente de la utilidad. Considero que la utilidad es la instancia decisiva en todas las cuestiones éticas; pero ha de ser utilidad en el sentido más vasto, fundamentado en los intereses permanentes del hombre en cuanto ser capaz de progresar».[20]

Mill piensa que debemos maximizar la utilidad, no caso a caso, sino a largo plazo. Y con el tiempo, sostiene, respetar la libertad individual conducirá a la mayor felicidad humana. Permitir que la mayoría acalle a los disidentes o censure a los librepensadores quizá maximizaría la utilidad hoy, pero haría que la sociedad estuviese peor —fuese menos feliz— a largo plazo.

¿Por qué debemos suponer que respetar la libertad individual y el derecho a disentir promoverán el bienestar de la sociedad a largo plazo? Mill da varias razones: puede que resulte que el punto de vista disidente corresponda a la verdad, o a media verdad, y que de ese modo le sirva a la opinión prevaleciente de correctivo. Y aunque no sea así, someter la opinión prevaleciente a un enfrentamiento vigoroso de ideas evitará que se petrifique en dogmas y prejuicios. Por último, es probable que una sociedad que fuerza a sus miembros a abrazar costumbres y convenciones caiga en un conformismo sofocante y se prive de la energía y la vitalidad que inducen la mejora social.

Las conjeturas de Mill acerca de los saludables efectos sociales de la libertad son bastante verosímiles, pero no ofrecen una base moral convincente a los derechos individuales por al menos dos razones. La primera es que respetar los derechos individuales con la finalidad de fomentar el progreso social deja a los derechos sujetos a la contingencia. Supongamos que encontramos una sociedad que logra una especie de felicidad a largo plazo por medios despóticos. ¿No tendría que concluir el utilitarista que en una sociedad tal no se requieren moralmente derechos individuales? La segunda es que basar los derechos en consideraciones utilitarias pasa por alto el sentido en que violar los derechos de un individuo supone infligirle un mal, sea cual sea el efecto en el bienestar general. Si la mayoría persigue a los adeptos de una fe impopular, ¿no comete una injusticia con ellos, en cuanto individuos, con independencia de las malas consecuencias que tal intolerancia pudiese tener para la sociedad en su conjunto a lo largo del tiempo?

Mill tiene una respuesta para estas dificultades, pero le lleva más allá de los confines de la moral utilitaria. Forzar a una persona a vivir según las costumbres o las convenciones o la opinión prevaleciente está mal, explica Mill, porque le impide alcanzar el más elevado fin de la vida humana, el completo y libre desarrollo de sus facultades humanas. La conformidad, según Mill, es enemiga de la mejor manera de vivir.

> Las facultades humanas de percepción, juicio, capacidad de discriminación y actividad mental, e incluso las preferencias morales, se ejercitan solo cuando se elige. Quien hace algo porque es costumbre no elige. No gana práctica ni en discernir ni en desear lo mejor. Lo mental y moral, como la fuerza muscular, mejora solo con el uso. [...] Quien deja que el mundo, o su parte de mundo, elija su plan de vida por él, no necesita de otra facultad que la simiesca de imitar. Quien elige su plan, emplea todas sus facultades.[21]

Mill reconoce que atenerse a las convenciones puede conducir a una persona a una vida satisfactoria y a mantenerse alejada de comportamientos perjudiciales. «Pero ¿cuál será su valor comparativo como ser humano?», pregunta. «Realmente importa, no solo los que los hombres hacen, sino qué tipo de hombres son para que hagan lo que hacen.»[22]

Por lo tanto, a fin de cuentas, los actos y sus consecuencias no son lo único que importa. También importa el carácter. Para Mill, la individualidad importa menos por el placer que reporta que por el carácter que refleja. «Aquel cuyos deseos e impulsos no son suyos no tiene carácter, no más que una máquina de vapor.»[23]

La contundente celebración de la individualidad que hace Mill es la contribución más característica de *Sobre la libertad*. Pero es también una forma de herejía. Puesto que apela a ideales morales que van más allá de la utilidad —ideales relativos al carácter y al florecimiento humano—, no es realmente una elaboración del principio de Bentham, sino un renunciar a él, aunque Mill diga lo contrario.

Placeres más elevados

La réplica de Mill a la segunda objeción contra el utilitarismo —que reduce todos los valores a una sola escala— también descansa en ideales morales independientes de la utilidad. En *El utilitarismo* (1861), un largo ensayo que escribió poco después de *Sobre la libertad*, intenta mostrar que los utilitaristas pueden distinguir los placeres más elevados de los que lo son menos.

Para Bentham, el placer es placer y el dolor, dolor. El único fundamento para juzgar que una experiencia es mejor o peor que otra es la intensidad y duración del placer o el dolor que produce. Los llamados placeres elevados, o las llamadas virtudes nobles, son, simplemente, los que producen un placer más fuerte, más prolongado. Bentham no reconoce una distinción cualitativa entre los placeres. «Si la cantidad de placer es igual —escribe—, el *push-pin* es tan bueno como la poesía.»[24] (El *push-pin* era un juego de niños que se jugaba con agujas.)

Parte del atractivo del utilitarismo de Bentham es que no enjuicie. Toma las preferencias de las personas como son, sin juzgarlas por su valor moral. Todas las preferencias cuentan por igual. Bentham piensa que es presuntuoso juzgar que algunos placeres son intrínsecamente mejores que otros. A unos les gusta Mozart, a otros Madonna. A unos les gusta el ballet, a otros los bolos. Unos leen a Platón, otros *Penthouse*. ¿Quién va a decir, podría preguntar Bentham, qué placeres son más elevados, o más valiosos, o más nobles, que otros?

El negarse a distinguir unos placeres superiores de otros inferiores está ligado a la creencia de Bentham de que todos los valores se pueden medir y comparar con una sola escala. Si las experiencias difieren solo en la cantidad de placer o de dolor que producen, y no lo hacen cualitativamente, tendrá sentido compararlas con una sola escala. Pero algunos critican al utilitarismo precisamente por eso: creen que algunos placeres son realmente «más elevados» que otros. Si hay placeres dignos y placeres viles, dicen, ¿por qué tendría la sociedad que dar a todas las preferencias el mismo peso, y no digamos ya considerar la suma de tales preferencias el mayor bien?

Pensemos de nuevo en los romanos arrojando cristianos a los leones en el Coliseo. Contra el sangriento espectáculo se puede objetar que viola los derechos de las víctimas. Pero cabe objetar también que no son placeres nobles los que alimenta, sino perversos. ¿No sería mejor cambiar esas preferencias que satisfacerlas?

Se dice que los puritanos prohibieron las peleas de perros contra osos no por el dolor que causaban a los osos, sino por el placer que daban a los espectadores. Echarles perros a los osos ya no es un pasatiempo popular, pero las peleas de perros y las de gallos siguen conservando un persistente atractivo, y en algunos sitios las prohíben. Una justificación de esas prohibiciones es que evitan que se sea cruel con los animales. Pero quizá reflejen también un juicio moral: que obtener placer de las peleas de perros es repulsivo, así que una sociedad civilizada debe desalentarlo. No hace falta ser puritano para sentir alguna simpatía por ese juicio.

Bentham tendría en cuenta todas las preferencias, fuese cual fuese su valor, al determinar cuál debería ser la ley. Pero si hubiese más gente que asistiese a las peleas de perros que a ver cuadros de Rembrandt, ¿debería la sociedad costear recintos para las peleas de perros en vez de museos? Si algunos placeres son viles y degradantes, ¿por qué han de tener el menor peso al decidir qué leyes deben adoptarse?

Mill intenta poner el utilitarismo a salvo de tales objeciones. A diferencia de Bentham, Mill sí cree que es posible distinguir entre placeres más y menos elevados; es decir, que es posible evaluar, no ya la cantidad o intensidad, sino la calidad de nuestros deseos. Y cree que puede distinguirlos sin basarse en ninguna otra idea moral que la de utilidad misma.

Mill empieza por manifestar su adhesión al credo utilitario: «Un acto está bien en la medida en que tienda a promover la felicidad y está mal en la medida en que tienda a producir lo contrario de la felicidad. Por felicidad se entiende placer y ausencia de dolor; por infelicidad, dolor y la privación de placer». Se reafirma además en «la teoría de la vida en que esta teoría de la moral se fundamenta, a saber, que solo el placer y el estar libre de dolor son deseables en cuanto fines; y que todo lo que es deseable [...] es deseable, bien por el placer que le es inherente, bien por ser un medio para la promoción del placer y la prevención del dolor».[25]

Aunque recalque que solo importan el placer y el dolor, Mill reconoce que «algunos tipos de placer son más deseables y valiosos que otros». ¿Cómo podemos saber qué placeres son cualitativamente superiores? Mill propone un criterio simple: «De dos placeres, si hay uno que es el preferido por todos o casi todos los que han experimentado los dos, sin que medie sentimiento alguno de que se tiene la obligación moral de preferirlo, ese será el más deseable».[26]

Este criterio tiene una clara ventaja: no se aparta de la idea utilitaria de que la moralidad descansa por completo y simplemente en nuestros verdaderos deseos. «El único indicio que puede haber de que algo es deseable es que realmente sea deseado por la gente», escribe Mill.[27] Pero como forma de distinguir cualitativamente entre los placeres, este criterio parece vulnerable ante una objeción evidente: ¿acaso no ocurre a menudo que preferimos los placeres cualitativamente inferiores a los superiores? ¿No preferimos a veces tumbarnos en el sofá y ver series de televisión a leer a Platón o ir a la ópera? ¿Y no es posible preferir esas experiencias poco exigentes sin tener que considerarlas particularmente valiosas?

Shakespeare contra Los Simpson

Cuando hablo de las ideas de Mill sobre los placeres elevados con mis alumnos pongo a prueba una aplicación de su criterio. Les presento tres ejemplos de formas populares de espectáculo: un combate de lucha libre de los organizados por World Wrestling Entertainment (un estridente espectáculo en el que unos supuestos luchadores se atacan con sillas plegables), un soliloquio de *Hamlet* interpretado por un actor shakespeareano y unos fragmentos de *Los Simpson*. Hago a continuación dos preguntas: ¿con cuál de estas representaciones os lo habéis pasado mejor (es decir, cuál os ha parecido más placentera) y cuál creéis que es la más elevada o valiosa?

Una y otra vez, *Los Simpson* son los que obtienen más votos como los que más hacen disfrutar, seguidos por Shakespeare (pocos valientes confiesan que les guste la lucha libre). Pero a la pregunta de cuál de esas experiencias les parece cualitativamente superior, una mayoría abrumadora de los alumnos responde que Shakespeare.

El resultado de este experimento pone en aprietos al criterio de Mill. Aunque muchos alumnos prefieren ver *Los Simpson*, no dejan por ello de pensar que un soliloquio de *Hamlet* ofrece un placer más elevado. Es verdad que algunos dicen que Shakespeare es mejor porque están en un aula y no quieren parecer unos filisteos. Y otros sostienen que *Los Simpson*, con su sutil mezcla de ironía, humor y comentario social, rivalizan con el arte de Shakespeare. Pero si la mayoría de quienes han experimentado a los unos y al otro prefieren *Los Simpson*, a Mill le habría costado concluir que Shakespeare es cualitativamente superior.

Y, sin embargo, Mill no quiere abandonar la idea de que algunas formas de vida son más nobles que otras aunque quienes las viven se satisfagan menos fácilmente. «Un ser con facultades superiores necesita más para ser feliz, es capaz probablemente de un sufrimiento más agudo [...] que alguien de un tipo inferior; pero pese a ese lastre, nunca quiere de verdad hundirse en lo que para él es un grado inferior de existencia.» ¿Por qué no estamos dispuestos a cambiar una vida que involucra nuestras facultades superiores por una vida de contento vulgar? Mill cree que la razón tiene que ver con «el amor a la libertad y la independencia personal», y concluye que «el nombre más apropiado que cabe darle es el de sentido de la dignidad, que todos los seres humanos poseen de una forma u otra».[28]

Mill reconoce que «en ocasiones, bajo la influencia de las tentaciones», hasta los mejores posponen placeres más elevados por otros que lo son menos. Quién no cede de vez en cuando al impulso de apoltronarse en el sofá para ver la tele. Pero ello no quiere decir que no conozcamos la diferencia entre Rembrandt y la reposición de una serie de televisión. Mill expone la idea en un pasaje memorable: «Es mejor ser un humano insatisfecho que un cerdo satisfecho, es mejor ser Sócrates insatisfecho que un idiota satisfecho. Y si el idiota o el cerdo son de otra opinión, es porque solo conocen su propio lado de las cosas».[29]

Esta expresión de fe en el atractivo de las facultades humanas superiores resulta convincente. Pero al basarse en ella, Mill se aparta de las premisas utilitarias. El único fundamento para juzgar qué es noble y qué vil ya no son los deseos *de facto*. El patrón deriva ahora de un ideal de la dignidad humana independiente de nuestras necesidades y deseos. Los placeres más elevados no lo son *porque* los prefiramos; los preferimos porque los reconocemos como más elevados. Juzgamos que *Hamlet* es una gran obra de arte no porque nos guste más que diversiones menores, sino porque activa nuestras facultades superiores y nos vuelve más plenamente humanos.

Lo que hace Mill con los derechos individuales, vuelve a hacerlo con los placeres más elevados: salva el utilitarismo de la acusación de que lo reduce todo a un crudo cálculo de placeres y dolores, pero solo a costa de echar mano de un ideal moral de la dignidad humana y de la personalidad que no guarda relación con la utilidad misma.

De los dos grandes propugnadores del utilitarismo, Mill fue el filósofo más humano; Bentham, el más coherente. Bentham murió en 1832, a los ochenta y cuatro años. Pero si viaja a Londres, podrá visitarle todavía. Estipuló en su testamento que se conservase, embalsamase y exhibiese su cuerpo. Y, en efecto, podrá verlo en el University College de Londres, pensativamente sentado en una urna de cristal y vestido con un traje que realmente usó en vida.

Poco antes de morir, Bentham se hizo una pregunta acorde con su filosofía: ¿de qué podría servirle un muerto a los que aún viven? Llegó a la conclusión de que, si bien un uso útil sería entregar el cadáver para que se estudiase con él anatomía, en el caso de los grandes filósofos todavía sería mejor preservar la presencia física, para que inspirase a las generaciones futuras de pensadores.[30] Bentham se incluyó en esta segunda categoría.

La verdad es que la modestia no era uno de los rasgos del carácter de Bentham que más saltase a la vista. No solo dejó instrucciones estrictas para la conservación y exhibición de su cadáver; sugirió además a sus amigos y discípulos que se reuniesen todos los años «con el propósito de conmemorar al fundador del mayor sistema moral y legislativo basado en la felicidad», y que, cuando lo hiciesen, sacasen a Bentham para la ocasión.[31]

Sus admiradores cumplieron con sus deseos. El «autoicono» de Bentham, como él mismo lo llamó, estuvo presente en la fundación de la Sociedad Internacional Bentham, allá por la década de 1980. Y se dice que llevan al embalsamado Bentham sobre ruedas a las reuniones del consejo de gobierno del colegio, en cuyas actas figura como «presente pero no vota».[32]

Pese a la meticulosa planificación de Bentham, la cabeza no quedó bien embalsamada, así que ahora mantiene su vigilia con una cabeza de cera en lugar de la verdadera. Esta, guardada ahora en un sótano, se exhibió durante un tiempo sobre una bandeja colocada entre sus pies, pero unos estudiantes la robaron y la devolvieron al colegio a cambio de una donación caritativa.[33]

Aun muerto, Jeremy Bentham promueve el mayor bien para el mayor número.

3

¿Somos nuestros propios dueños? El libertarismo

La revista *Forbes* publica todos los otoños la lista de los cuatrocientos estadounidenses más ricos. Más de diez años ha encabezado la lista el fundador de Microsoft, Bill Gates III; así lo hizo en 2008, año en el que *Forbes* calculó su patrimonio neto en 57.000 millones de dólares. Otros miembros del club eran el inversor Warren Buffett (el segundo, con 50.000 millones), los propietarios de los almacenes Wal-Mart, los fundadores de Google y Amazon, varios petroleros, directores de fondos especulativos, los reyes de los medios de comunicación y los magnates inmobiliarios, la presentadora de televisión Oprah Winfrey (en el puesto 155, con 2.700 millones) y George Steinbrenner, el dueño de los New York Yankees, el equipo de béisbol (empatado en el último lugar, con 1.300 millones).[1]

Es tanta la riqueza en esas cumbres de la economía estadounidense, incluso debilitada, que tener mil millones de dólares apenas si basta para meterse entre los cuatrocientos de Forbes. El 1 por ciento más rico de los estadounidenses posee más de un tercio de la riqueza del país, más que toda la riqueza del 90 por ciento menos acomodado de las familias estadounidenses. El 10 por ciento más rico de los hogares de Estados Unidos se lleva un 42 por ciento del total de los ingresos y posee el 71 por ciento de la riqueza.[2]

La desigualdad económica es mayor en Estados Unidos que en otras democracias. Hay quienes piensan que semejante desigualdad es injusta y apoyan que se grave a los ricos para ayudar a los pobres. Otros discrepan. Dicen que no hay nada de injusto en la desigualdad económica, con tal de que no se cree por la fuerza o fraudulentamente, sino por las decisiones que unos y otros toman en una economía de mercado.

¿Quién tiene razón? Si se cree que la justicia significa maximizar la felicidad, se optará por la redistribución de la riqueza, según el siguiente razonamiento: supóngase que tomamos un millón de dólares de Bill Gates y lo repartimos entre cien necesitados, a cada uno de los cuales se les darán diez mil dólares. Lo más probable es que la felicidad total aumentase. Gates apenas si se enteraría, mientras que los receptores obtendrían una gran felicidad con los diez mil dólares de paga extra. Su utilidad colectiva crecería más que disminuiría la individual de Gates.

Esta lógica utilitarista podría extenderse hasta justificar una redistribución bien radical de la riqueza. Nos diría que transfiriéramos dinero del rico al pobre hasta que el último dólar que le quitásemos a Gates le doliera tanto como ayudase al receptor.

Tal proceder, al estilo de Robin Hood, está sujeto al menos a dos objeciones, una desde dentro del pensamiento utilitarista, la otra desde fuera. La primera objeción teme que un tipo impositivo alto, especialmente sobre la renta, reduzca los incentivos para trabajar e invertir y conduzca a un declive de la productividad. Si el pastel económico se reduce y hay menos que redistribuir, el nivel general de la utilidad quizá disminuya. Así que antes de gravar demasiado a Bill Gates y Oprah Winfrey, el utilitarista tendría que enterarse de si proceder de esa manera no haría que trabajasen menos y, por ello, no ganasen tanto, con lo que al final se reduciría la cantidad de dinero que se podría redistribuir entre los necesitados.

La segunda objeción considera que esos cálculos están fuera de lugar. Sostiene que gravar a los ricos para ayudar a los pobres es injusto porque viola un derecho fundamental. Según esta objeción, tomar dinero de Gates y Winfrey sin su consentimiento, aunque sea por una buena causa, es coercitivo. Viola la libertad de que hagan con su dinero lo que les apetezca. A quienes se oponen a la redistribución por esta razón se les llama a menudo en Estados Unidos «libertarios».

Los libertarios, en este sentido de la palabra, el que se empleará en adelante, son partidarios de que los mercados estén libres de toda atadura, se oponen a que los regule el Estado. Pero el motivo de esta actitud suya no es la eficiencia económica, sino la libertad humana. Su doctrina central afirma que cada uno tiene un derecho fundamental a la libertad: el derecho a hacer lo que se quiera con las cosas que se posea con tal de que se respeten los derechos de otros a hacer lo mismo.

El Estado mínimo

Si la teoría libertaria de los derechos es correcta, muchas actividades del Estado moderno son ilegítimas y violan la libertad. Solo un Estado mínimo, uno que obligue a cumplir los contratos, proteja del robo a la propiedad privada y mantenga la paz, es compatible con la teoría libertaria de los derechos. Cualquier Estado que haga más carecerá de justificación moral.

El libertario rechaza tres tipos de políticas y de leyes que los estados modernos ejecutan de ordinario:

1. No al paternalismo. Los libertarios se oponen a las leyes que protegen a las personas del daño que puedan hacerse a sí mismas. Las normas concernientes al cinturón de seguridad son un buen ejemplo, o las de los cascos de los motoristas. Aunque ir en moto sin casco sea insensato, y aunque las normas que imponen su uso salven vidas y eviten lesiones gravísimas, el libertario argumenta que las leyes de ese estilo violan el derecho del individuo a decidir los riesgos que quiere correr. Mientras no haya terceros que salgan perjudicados y los motoristas se hagan responsables de sus propias facturas médicas, el Estado no tiene derecho a dictar qué riesgos pueden correr con sus cuerpos y vidas.

2. No a legislar sobre la moral. Los libertarios se oponen a que se use la fuerza coercitiva de la ley para promover alguna concepción determinada de la virtud o expresar las convicciones morales de la

mayoría. Puede que para muchos la prostitución sea moralmente reprochable, pero eso no justifica las leyes que impiden que la practiquen adultos que consientan en ello. En algunas sociedades las mayorías quizá desaprueben la homosexualidad, pero eso no justifica que haya leyes que priven a gays y lesbianas del derecho a escoger sus compañeros sexuales.

3. No a la redistribución de la renta o del patrimonio. La teoría libertaria de los derechos descarta toda ley que requiera que unas personas ayuden a otras, incluidas las leyes que impongan impuestos para la redistribución de la riqueza. Por deseable que pueda ser que los más acomodados ayuden a los menos afortunados, subsidiando su asistencia sanitaria, sus viviendas o su educación, tal ayuda debería dejarse en manos de los individuos, no ordenarla el Estado. Según los libertarios, los impuestos redistributivos son una forma de coerción, incluso de robo. El Estado no tiene más derecho a forzar a los contribuyentes acomodados a costear programas sociales que favorezcan a los pobres que un ladrón benévolo lo tendría a robar a un rico para dar el botín a los que duermen en la calle.

La filosofía libertaria no se proyecta inequívocamente sobre el espectro político. Los conservadores que apoyan el *laissez-faire* en política económica se separan a menudo de los libertarios en cuestiones culturales, como la oración en las escuelas, el aborto y poner restricciones a la pornografía. Y muchos partidarios del Estado del bienestar tienen puntos de vista libertarios en asuntos como los derechos de los gays, los derechos reproductivos, la libertad de expresión y la separación de la Iglesia y el Estado.

En la década de 1980, las ideas libertarias encontraron muy pública expresión en la retórica pro mercado y antigobierno de Ronald Reagan y Margaret Thatcher. En cuanto doctrina intelectual, el libertarismo nació antes, para oponerse al Estado del bienestar. En *Los fundamentos de la libertad* (1960), el economista-filósofo Friedrich A. Hayek (1899-1992), austríaco de nacimiento, defendió que todo intento de que haya mayor igualdad económica no podrá ser sino coercitivo y destructivo para una sociedad libre.[3] En *Capitalismo y libertad* (1962), el economista estadounidense Milton Friedman (1912-2006) defendió que muchas actividades del Estado que gozaban de una gran aceptación iban ilegítimamente contra la libertad individual. La Seguridad Social, o cualquier programa de pensiones obligatorio dirigido por el Estado, es uno de sus principales ejemplos: «Si un hombre prefiere conscientemente vivir al día y gastar lo que tiene para disfrutar ahora, si escoge deliberadamente una vejez en la penuria, ¿qué derecho tenemos a impedirle que lo haga?», se preguntaba Friedman. Podemos insistirle a una persona así en que ahorre para su jubilación, «pero ¿tenemos derecho a valernos de la coerción para impedir que haga lo que quiere?».[4]

Friedman criticaba las leyes del salario mínimo por razones parecidas. El Estado no tienen ningún derecho a impedir a los empresarios pagar el jornal que quieran, por bajo que sea, si los trabajadores están dispuestos a aceptarlo. El Estado viola también la libertad individual cuando promulga leyes contra la discriminación en el empleo. Si los empresarios quieren discriminar por razones de raza, de religión o de lo que sea, el Estado no tiene derecho a impedírselo. Según Friedman, «leyes así suponen claramente una interferencia en la libertad de los individuos de cerrar contratos voluntariamente entre sí».[5]

Que se requiera una licencia para desempeñar ciertas profesiones también interfiere con la libertad de elección. Si un peluquero sin formación profesional quiere ofrecer sus servicios, no precisamente expertos, al público y encuentra clientes dispuestos a arriesgarse a un corte de pelo barato, no le corresponde al Estado prohibir tal transacción. Friedman extendía esta lógica hasta los médicos. Si quiero una apendicectomía a precio de saldo, debería tener la libertad de pagar a quien me parezca, con título o no, para que la haga. Es verdad que casi todo el mundo quiere estar seguro de que su médico es competente, pero el mercado puede ofrecer esa información. En vez de recurrir a que el Estado expida títulos de médico, sugería Friedman, los pacientes podrían valerse de servicios de calificación privados, como los de publicaciones del estilo de *Consumer Reports* y *Good Housekeeping*.[6]

La filosofía del libre mercado

En *Anarquía, Estado y utopía* (1974) Robert Nozick ofrece una defensa filosófica de los principios libertarios y ataca las ideas ordinarias de la justicia distributiva. Parte de aseverar que los individuos tienen derechos «tan fuertes y de tan largo alcance» que «hay que preguntarse qué debe hacer el Estado, si es que debe hacer algo». Llega a la conclusión de que «solo se justifica un Estado mínimo, que se limite a hacer cumplir los contratos y a proteger a las personas de la fuerza, el robo y el fraude. Cualquier Estado que vaya más allá violará el derecho de las personas a que no se les fuerce a hacer ciertas cosas, y no estará justificado».[7]

Entre las cosas que no se debería forzar a hacer destaca el ayudar a otros. Cobrar impuestos a los ricos para ayudar a los pobres es coercitivo para los ricos. Viola su derecho a hacer lo que quieran con lo que poseen.

Según Nozick, no hay nada de malo en la desigualdad económica en cuanto tal. El mero hecho de saber que los cuatrocientos de *Forbes* tienen miles de millones mientras los hay que no tienen ni un duro no permite concluir nada acerca de que sea justo o injusto. Nozick rechaza que una distribución justa haya de atenerse a una cierta pauta, se trate de unos ingresos iguales, de una utilidad igual o de una provisión igual de las necesidades básicas. Lo que importa es cómo se ha llegado a esa distribución.

Nozick rechaza las teorías de la justicia basadas en pautas y se inclina por las que bendicen lo que quiera que se elija en un mercado libre. Sostiene que la justicia distributiva depende de dos requisitos: la justicia en lo que inicialmente se tiene y la justicia en las transferencias.[8]

El primer requisito quiere saber si los recursos con los que ha hecho dinero son legítimamente suyos (si usted ganó una fortuna vendiendo bienes robados, no tendrá derecho a disfrutar de ella). El segundo quiere saber si ha hecho dinero gracias a libres intercambios en el mercado o gracias a donaciones que otros han concedido voluntariamente. Si la respuesta a ambas preguntas es que sí, tendrá derecho a poseer lo que posee y el Estado no podrá quitárselo sin su consentimiento. Con tal de que no se empiece con ganancias conseguidas con malas artes, cualquier distribución que resulte de un mercado libre será justa, por igual o desigual que sea.

Nozick reconoce que no es fácil determinar si las posesiones iniciales de las que derivan las posiciones económicas actuales se obtuvieron con buenas o malas artes. ¿Cómo podremos saber si la distribución actual de rentas y patrimonios no refleja apropiaciones ilegítimas de tierras o de otros activos mediante violencia, robos o fraudes que se produjeron hace generaciones? Si se puede demostrar que quienes hoy se encuentran en lo más alto son los beneficiarios de injusticias del pasado —como la reducción de los afroamericanos a la esclavitud o la expropiación de los americanos nativos—, habrá razones, según Nozick, para remediar la injusticia por medio de los impuestos, de reparaciones o de otras maneras. Pero hay que tener en cuenta que esas medidas estarían encaminadas a enmendar errores del pasado, no a que haya una mayor igualdad en sí.

Nozick ilustra lo insensata que es la redistribución (según su punto de vista) con un ejemplo hipotético acerca del gran jugador de baloncesto Wilt Chamberlain, cuyo salario llegó a principios de los años setenta a la friolera de 200.000 dólares por temporada. Como Michael Jordan es la estrella del baloncesto por antonomasia en tiempos más recientes, actualicemos el ejemplo de Nozick con Jordan, a quien los Chicago Bulls pagaron 31 millones de dólares en su última temporada: más por partido que a Chamberlain por temporada.

El dinero de Michael Jordan

Para descartar cualquier duda acerca de las posesiones iniciales, imaginemos, propone Nozick, que se establece la distribución inicial de rentas y patrimonios según la pauta que se considere justa, una distribución perfectamente igualitaria, si se quiere. Empieza la temporada de baloncesto. Quienes desean ver jugar a Michael Jordan depositan cinco dólares en una caja cada vez que compran una entrada. Lo que haya en la caja será para Jordan. (En la vida real, claro está, el salario de Jordan lo pagaban los propietarios del equipo y procedía de lo que ingresaba este. La premisa simplificadora de Nozick —que son los aficionados los que le pagan directamente— es una manera de centrarse en la cuestión filosófica que se quiere abordar, el intercambio voluntario.)

Como hay mucha gente ansiosa por ver jugar a Jordan, la asistencia es alta y la caja se llena. Al final de la temporada, Jordan tiene 31 millones de dólares, mucho más que cualquier otro. A resultas de ello, la distribución inicial —la que usted considerase justa— ya no está vigente. Jordan tiene más y otros menos. Pero la nueva distribución la han creado decisiones totalmente voluntarias. ¿Quién podría quejarse? No los que pagaron por ver jugar a Jordan; escogieron libremente comprar las entradas. No aquellos a los que no les gusta el baloncesto y se quedaron en casa; no se gastaron ni un céntimo en Jordan, y no están peor que antes. Sin duda, tampoco Jordan; decidió jugar al baloncesto a cambio de una generosa paga.[9]

Nozick cree que el ejemplo ilustra dos problemas de las teorías de la justicia distributiva basadas en pautas. El primero, que la libertad subvierte las pautas. Quien crea que la desigualdad económica es injusta tendrá que intervenir repetida y continuamente en el mercado libre para deshacer las consecuencias de lo que la gente va eligiendo. El segundo, que intervenir de esa manera —cobrar impuestos a Jordan para costear programas que ayuden a los desfavorecidos— no solo socava los resultados de las transacciones voluntarias; viola además los derechos de Jordan al quitarle lo que ha ganado. Le fuerza, a todos los efectos, a hacer una contribución caritativa en contra de su voluntad.

¿Y qué hay de malo en gravar las ganancias de Jordan? Según Nozick, lo que moralmente está en juego va más allá del dinero. Está en juego nada más y nada menos que la libertad humana. Su razonamiento es el siguiente: «Gravar las rentas del trabajo es equiparable a los trabajos forzados».[10] Si el Estado tiene derecho a reclamar una parte de lo que gano, tendrá también el derecho de reclamar parte de mi tiempo. En vez de tomar, digamos, el 30 por ciento de mis ingresos, podría obligarme a dedicar el 30 por ciento de mi tiempo a trabajar para el Estado. Pero si el Estado puede forzarme a trabajar para él, está, en esencia, afirmando que tiene un derecho de propiedad sobre mí.

> Requisar el fruto del trabajo de alguien es equivalente a requisarle horas y obligarle a realizar actividades diversas. Si otros le fuerzan a usted a hacer cierto trabajo, o un trabajo no remunerado, durante cierto período de tiempo, serán ellos, aparte de las decisiones que usted pudiese tomar, quienes decidirán qué deberá hacer usted y cuál será el propósito del trabajo que usted haga. Esto [...] los convierte, parcialmente, en sus amos; les da un derecho de propiedad sobre usted.[11]

Esta forma de razonar nos conduce al meollo moral de la doctrina libertaria básica: que se es el dueño de uno mismo. Si soy mi dueño, debo ser el dueño de mi trabajo (si otro pudiera ordenarme que trabajase, ese sería mi amo, y yo, un esclavo). Pero si soy el dueño de mi trabajo, debo tener derecho a quedarme con los frutos de mi trabajo (si otro tuviese derecho a quedarse con lo que gano, ese sería el dueño de mi trabajo y, por lo tanto, sería mi dueño). Esta es la razón, según Nozick, de que quitarle a Jordan parte de sus 31 millones de dólares con un impuesto para ayudar a los pobres viole sus derechos: establece, a todos los efectos, que el Estado —o la sociedad— es, parcialmente, su dueño.

El libertario ve una continuidad moral entre la imposición fiscal (que me quiten lo que gano), los trabajos forzados (que se queden con mi trabajo) y la esclavitud (negar que yo sea mi propio dueño).

Ser dueño de uno mismo	*Exacción*
de su propia persona	esclavitud
de su trabajo	trabajos forzados
de los frutos de su trabajo	impuestos

Claro está, ni el impuesto de la renta más progresivo se queda con el cien por cien de los ingresos de nadie. El Estado, pues, no pretende poseer a sus contribuyentes por completo. Nozick, sin embargo, mantiene que sí pretende poseer parte de nosotros: la parte que corresponda a la fracción de nuestros ingresos que hemos de pagar para sostener causas que exceden de las potestades de un Estado mínimo.

¿Somos nuestros propios dueños?

Cuando Michael Jordan anunció en 1993 que se retiraba del baloncesto, los seguidores de los Chicago Bulls se quedaron desolados. Volvería a jugar y llevaría a los Bulls a ganar tres campeonatos más. Pero supongamos que en 1993 el ayuntamiento de Chicago, o, ya puestos, el Congreso, hubiese querido aliviar esa desolación y hubiera votado a favor de obligar a Jordan a jugar al baloncesto durante un tercio de la temporada siguiente. La mayor parte de la gente habría considerado que se trataba de una ley injusta, una violación de la libertad de Jordan. Pero si el Congreso no puede obligar a Jordan a que vuelva a las pistas de baloncesto (ni siquiera durante un tercio de la temporada), ¿cómo puede tener derecho a forzarle a que dé un tercio del dinero que gana jugando al baloncesto?

Los partidarios de la redistribución de la renta por medio de impuestos formulan varias objeciones a la lógica libertaria. La mayoría de ellas, sin embargo, tiene réplica.

Primera objeción: Los impuestos no son tan malos como los trabajos forzados

Si le cobran un impuesto, siempre podrá trabajar menos y pagar menos impuestos; pero si se le fuerza a trabajar, no podrá elegir.

Réplica libertaria: Es cierto, pero ¿por qué debería el Estado obligar a tener que elegir? Hay personas a las que les gusta ver las puestas de sol; otros prefieren actividades que cuestan dinero: ir al cine, salir a comer, navegar en yate, etcétera. ¿Por qué se cobran menos impuestos a quienes prefieren holgar que a quienes se dedican a actividades que cuestan dinero?

Piénsese en esta analogía: un ladrón entra en su casa y le da tiempo a llevarse, bien un televisor de pantalla plana que cuesta mil dólares, bien mil dólares en metálico que usted guardaba debajo del colchón. Quizá preferiría que se llevase el televisor, porque entonces usted podría decidir si gastarse o no los mil dólares en comprar otro. Si el ladrón roba el dinero, a usted no le queda esa posibilidad de elegir (suponiendo que no se está ya a tiempo de devolver el televisor y que le repongan el dinero que pagó por él). Pero la cuestión no es que se prefiera que roben el televisor (o trabajar menos); el ladrón (o el Estado) hace mal en ambos casos, sea cual sea el arreglo al que recurran las víctimas para mitigar la pérdida.

Segunda objeción: Los pobres necesitan más el dinero

Réplica libertaria: Puede. Pero esa es una razón para convencer a los adinerados de que, porque así lo decidan ellos, ayuden a los pobres. No justifica que se obligue a Jordan y a Gates a hacer caridad. Robar al rico para dárselo a los pobres sigue siendo robar, lo haga Robin Hood o el Estado.

Piénsese en esta analogía: que un paciente en diálisis *necesite* uno de mis riñones más que yo (en el supuesto de que yo tenga dos riñones sanos) no significa que tenga derecho a quedarse con él. Tampoco puede el Estado quitarme uno de mis riñones para ayudar al paciente en diálisis, por urgente y acuciante que sea su necesidad. ¿Por qué no? Porque es mío. Las necesidades no pueden con mi derecho fundamental a hacer lo que quiera con lo mío.

Tercera objeción: Michael Jordan no juega solo. Está, pues, en deuda con aquellos que contribuyen a sus triunfos

Réplica libertaria: Es verdad que los triunfos de Jordan dependen de otras personas. El baloncesto es un deporte de equipo. Nadie pagaría 31 millones de dólares por verle lanzar tiros libres a solas en una pista vacía. Nunca habría ganado tanto dinero sin compañeros de equipo, entrenadores, preparadores físicos, árbitros, locutores, el personal de mantenimiento de los pabellones, etcétera.

Pero a todas esas personas ya se les paga el valor de mercado de sus servicios. Aunque saquen menos que Jordan, son ellas las que aceptan voluntariamente la compensación que reciben por los trabajos que realizan. No hay razón, pues, para suponer que Jordan les debe una parte de lo que gana. Y aunque Jordan les debiese algo a sus compañeros de equipo y entrenadores, cuesta entender cómo podría justificar esa deuda que se grave con un impuesto sus ganancias para proporcionar cupones de alimentos a los hambrientos o vivienda pública a los que no tienen techo.

Cuarta objeción: En realidad, a Jordan no se le están cobrando impuestos contra su voluntad. Como ciudadano de una democracia, tiene voz en la creación de las leyes fiscales a que está sujeto

Réplica libertaria: No basta con el consenso democrático. Supóngase que Jordan votó contra las leyes fiscales, pero que estas se aprobaron de todas formas. ¿Iba Hacienda a dejar de pedirle que pagase? Claro que no. Podría argüirse que Jordan, al vivir en esta sociedad, da su consentimiento (al menos implícitamente) a lo que la voluntad de la mayoría quiera y a obedecer sus leyes. Pero ¿no significaría esto que por el mero hecho de vivir en Estados Unidos como ciudadanos le extenderíamos a la mayoría un cheque en blanco y consentiríamos de antemano cualquier ley que se aprobase, por injusta que fuese?

En tal caso, la mayoría puede cobrar impuestos a la minoría, incluso confiscar su riqueza y propiedades, contra su voluntad. ¿Qué queda entonces de los derechos individuales? Si el consenso democrático justifica que se confisque la propiedad, ¿no justificará también que se confisque la libertad? ¿Puede la mayoría privarme de mi libertad de expresión y de culto diciendo que, como soy un ciudadano democrático, ya he dado mi consentimiento a lo que la mayoría decida?

El libertario tiene una respuesta a punto para cada una de las cuatro primeras objeciones. Pero hay otra para la que no se encuentra tan fácilmente una réplica.

Quinta objeción: Jordan tiene suerte

Tiene suerte de poseer las facultades necesarias para destacar tanto en el baloncesto y de vivir en una sociedad que valora la capacidad de elevarse por el aire y meter una pelota por un aro. Por mucho que haya trabajado para desarrollar su destreza, Jordan no puede reclamar ningún mérito por sus dotes naturales o por vivir en una época en la que el baloncesto es popular y le llueve el dinero. Ni lo uno ni lo otro es obra suya. No se puede decir, pues, que tiene algún derecho moral a quedarse con todo el dinero que gana con sus facultades. La comunidad no es injusta con él si grava sus ingresos por el bien público.

Réplica libertaria: Esta objeción pone en tela de juicio que las aptitudes de Jordan sean realmente suyas. Pero esta manera de razonar es potencialmente peligrosa. Si Jordan no tiene derecho a los beneficios que resultan del ejercicio de sus aptitudes, es que no las posee realmente. Y si no posee sus aptitudes y destrezas, es que no es su propio dueño. Pero si Jordan no es su propio dueño, ¿quién lo es? ¿Estamos seguros de que queremos atribuir a la comunidad política el derecho de propiedad de sus ciudadanos?

La idea de ser propietario de uno mismo resulta atractiva, especialmente para quienes buscan un fundamento sólido para los derechos individuales. La idea de que me pertenezco a mí mismo, y no al Estado o a la comunidad política, es una manera de explicar por qué está mal que se sacrifiquen mis derechos por el bienestar de otros. Recordemos lo reacios que éramos a tirar al hombre entrado en kilos para no dejar pasar el tranvía. Si vacilamos antes de empujarle, ¿no fue acaso porque éramos conscientes de que su vida le pertenecía? Pocos habrían puesto objeciones a que ese hombre hubiera saltado para salvar a los trabajadores de la vía y muriese por ellos. Al fin y al cabo, era su vida. Pero nosotros no podemos tomar y usar su vida ni siquiera por una buena causa. Lo mismo cabe decir del infortunado grumete. Si Parker hubiese decidido que sacrificaba su vida para salvar a sus hambrientos camaradas de barco, pocos habrían dicho que no estaba en su derecho de hacerlo. Pero sus camaradas no tenían derecho a ayudarse a sí mismos a costa de una vida que no les pertenecía.

Muchos que se oponen a la economía del *laissez-faire* recurren en otros campos a la idea de ser el dueño de uno mismo. Quizá explique esto el persistente atractivo de las ideas libertarias incluso entre quienes simpatizan con el Estado del bienestar. Piénsese en cómo figura el ser el dueño de uno mismo en los argumentos relativos a la libertad reproductiva, la moralidad sexual y el derecho de privacidad. El Estado no debe prohibir los anticonceptivos o el aborto, se dice a menudo, porque las mujeres han de ser libres de decidir lo que hacen con sus propios cuerpos. La ley no debe castigar el adulterio, la prostitución o la homosexualidad, sostienen muchos, porque los adultos deben ser libres de escoger a sus compañeros sexuales. Algunos son partidarios de los mercados de riñones para trasplantes basándose en que cada uno es el dueño de su propio cuerpo y debería, por lo tanto, tener la libertad de vender sus órganos. Otros extienden el principio para defender el derecho al suicidio asistido. Puesto que soy el dueño de mi vida, debería ser libre de ponerle fin cuando lo desee y de que un médico (o cualquier otro) que se preste a ello me ayude a hacerlo. El Estado no tiene derecho a impedirme que use mi cuerpo o disponga de mi vida como o cuando me apetezca.

La idea de que somos nuestros propios dueños aparece en muchos argumentos a favor de la libertad de elección. Si soy el dueño de mi cuerpo, de mi vida y de mi persona, debería ser libre de hacer lo que quiera con ellos (con tal de que no perjudique a otros). Pese al atractivo de esta idea, cuesta abrazarla con todas sus consecuencias.

Si le tientan los principios libertarios y quiere ver lo lejos que debería llevarlos, tenga en cuenta los casos que se exponen a continuación.

La venta de riñones

La mayor parte de los países prohíbe la compraventa de órganos para trasplantes. En Estados Unidos hay donaciones de riñones, pero no se venden en el mercado abierto. Sin embargo, los hay que sostienen que habría que cambiar esas leyes. Recuerdan que cada año mueren miles de personas mientras esperan un trasplante de riñón; el suministro, argumentan, crecería si hubiese un libre mercado de riñones. Sostienen además que los pobres que necesiten dinero deberían tener la libertad de vender un riñón si quisieran.

Un argumento a favor de que se permita la compraventa de riñones se basa en la noción libertaria de ser el dueño de uno mismo: si soy el dueño de mi cuerpo, debería tener la libertad de vender mis órganos cuando me apetezca. Como escribe Nozick: «El núcleo mismo del concepto de tener el derecho de propiedad de X [...] es el derecho de determinar qué se haga con X».[12] Pero pocos partidarios de la venta de órganos adoptan en realidad la lógica libertaria al completo.

Esta es la razón: la mayor parte de quienes abogan por los mercados de riñones resaltan la importancia moral de salvar vidas y el hecho de que la mayoría de quienes donan uno de sus riñones pueden apañárselas con el otro. Pero si se cree que uno es el propietario de su cuerpo y de su vida, ninguna de esas consideraciones importa en realidad. Si uno es su propio dueño, el derecho que tendrá a usar su propio cuerpo como le apetezca es razón suficiente para que se le deje vender sus órganos. Las vidas que se salven así o el bien que se haga no vienen a cuento.

Para ver el porqué, imagine dos casos atípicos.

Suponga primero que el posible comprador del riñón que le sobra está perfectamente sano. Le ofrece a usted (o, más probablemente, a un campesino del mundo en desarrollo) 8.000 dólares por un riñón, no porque necesite desesperadamente un trasplante, sino porque es un excéntrico marchante de arte que vende órganos humanos a clientes acomodados para que los pongan en la mesilla de la sala de estar y sus invitados hablen de ello. ¿Debería permitirse que se comprasen y vendiesen órganos con ese propósito? Si usted cree que somos nuestros propios dueños, le será difícil decir que no. Lo que importa no es el propósito, sino el derecho de disponer de nuestra propiedad como nos apetezca. Claro está, a usted puede repugnarle el uso frívolo de órganos humanos y al mismo tiempo estar a favor de las ventas de órganos solo para salvar vidas. Pero si ese es su punto de vista, no podrá defender el mercado de órganos basándose en las premisas libertarias. Tendrá que reconocer que no tenemos un derecho de propiedad ilimitado sobre nuestro cuerpo.

Piense en un segundo caso. Suponga que un campesino que apenas si subsiste con su trabajo en una aldea de la India quiere, por encima de cualquier otra cosa, mandar a su hijo a la universidad. Para conseguir el dinero, vende un riñón a un estadounidense rico que necesita un trasplante. Unos años después, cuando el segundo hijo del campesino se acerca a la edad de ir a la universidad, otro comprador acude a la aldea y ofrece al campesino una buena suma por su segundo riñón. ¿Debería tener la libertad de vender también ese segundo riñón aunque, al quedarse sin riñones, morirá? Si el argumento moral a favor de la venta de órganos se basa en que somos nuestros propios dueños, la respuesta debería ser que sí. Resultaría raro pensar que el campesino posee uno de sus riñones pero no el otro. Algunos objetarían que a nadie se le debería inducir a dar la vida por dinero, pero si somos los dueños de nuestro cuerpo y de nuestra vida, el campesino tiene todo el derecho del mundo a vender su segundo riñón aunque eso equivalga a vender la propia vida. (Este ejemplo no es del todo hipotético. En los años noventa, un preso de una cárcel de California quiso donar a su hija un segundo riñón. El comité de ética del hospital no lo aceptó.)

Es posible, por supuesto, permitir solo las ventas de órganos que salven vidas y no pongan en peligro la vida del vendedor. Pero proceder así no se basaría en el principio de que somos nuestros propios dueños. Si de verdad poseyésemos nuestros cuerpos y vidas, a nosotros nos tocaría decidir si vendemos nuestros órganos, con qué propósito y con qué riesgo.

El suicidio asistido

El doctor Jack Kevorkian salió en 2007 de una cárcel de Michigan tras haber pasado allí ocho años por haber administrado sustancias letales a pacientes enfermos que querían morir; tenía por entonces setenta y nueve años de edad. Como condición de que se le concediese la libertad condicional, se comprometió a no ayudar a ningún paciente más a morir. Durante los años noventa, el doctor Kevorkian (al que se llamaba «doctor muerte») abogó por que se promulgasen leyes que permitiesen el suicidio asistido y practicó lo que predicaba: ayudó a ciento treinta personas a morir. Se le acusó, procesó y condenó por asesinato en segundo grado solo después de que él mismo entregase al programa de televisión *60 minutos* de la cadena CBS un vídeo donde se le veía en acción, aplicando una inyección letal a un hombre que sufría la enfermedad de Lou Gehrig.[13]

El suicidio asistido es ilegal en Michigan, el estado del doctor Kevorkian, y en cualquier otro estado salvo Oregón y Washington. Muchos países prohíben el suicidio asistido, y solo unos cuantos (Holanda es el caso más famoso) lo permiten expresamente.

A primera vista, el argumento a favor del suicidio asistido parece un ejemplo de manual de la filosofía libertaria. Para el libertario, las leyes que prohíben el suicidio asistido son injustas por lo siguiente: si mi vida me pertenece, debería tener la libertad de abandonarla; y si cierro voluntariamente un acuerdo con alguien para que me ayude a morir, el Estado no tiene derecho a interferir.

Pero la defensa de que se permita el suicidio asistido no depende necesariamente de que seamos nuestros propios dueños o de que nuestras vidas nos pertenezcan. Muchos partidarios del suicidio asistido no sacan a colación los derechos de propiedad, sino que razonan en nombre de la dignidad y la compasión. Dicen que los pacientes terminales que están sufriendo mucho deberían poder apresurar su muerte para no seguir padeciendo dolores inaguantables. Incluso quienes creen que tenemos en general el deber de preservar la vida humana pueden llegar a la conclusión de que, llegado cierto punto, la compasión puede más que el deber de aguantar.

Con pacientes terminales cuesta desenredar la justificación libertaria del suicidio asistido de la basada en la compasión. Para evaluar la fuerza moral de la idea de ser el dueño de uno mismo, piénsese en un caso de suicidio asistido donde no participa un enfermo terminal. Es, qué duda cabe, un caso muy singular. Pero su singularidad nos permite aquilatar la lógica libertaria en sí misma, sin que la velen consideraciones relativas a la dignidad y la compasión.

Canibalismo pactado

En 2001 tuvo lugar una extraña cita en un pueblo alemán, Rotenburg. Bernd-Jurgen Brandes, ingeniero informático de cuarenta y tres años de edad, respondió a un anuncio de internet que buscaba a alguien dispuesto a que lo matasen y comiesen. Había puesto el anuncio Armin Meiwes, de cuarenta y dos, técnico de ordenadores. Meiwes no ofrecía ninguna compensación económica; solo la experiencia en sí. Unas doscientas personas contestaron al anuncio. Cuatro viajaron hasta la casa de campo de Meiwes para una entrevista, pero decidieron que no les interesaba. Brandes, en cambio, tras reunirse con Meiwes y sopesar la propuesta mientras tomaban café, dio su consentimiento. Meiwes mató al invitado, troceó el cadáver y lo guardó en bolsas de plástico dentro de la nevera. Para cuando lo arrestaron, el «caníbal de Rotenburg» se había comido casi veinte kilos de su víctima, una parte de los cuales cocinó con aceite y ajo.[14]

Cuando Meiwes fue llevado a juicio, un caso tan llamativo fascinó al público y confundió al tribunal. Alemania no tiene leyes contra el canibalismo. El perpetrador no podía ser condenado por asesinato, arguyó la defensa, ya que la víctima participó voluntariamente en su propia muerte. El abogado de Meiwes sostuvo que su cliente solo podía ser culpable de haber matado a quien le pidió que lo matase, una forma de suicidio asistido que se castiga como mucho con cinco años de cárcel. El tribunal intentó solventar el enredo condenando a Meiwes por homicidio y sentenciándolo a ocho años y medio de cárcel.[15] Pero dos años después un tribunal de apelaciones consideró que esa sentencia era demasiado leve y condenó a Meiwes a cadena perpetua.[16] Esta sórdida historia tiene un desenlace también peculiar: se dice que el asesino caníbal se ha convertido en la cárcel en vegetariano porque las granjas industriales son inhumanas.[17]

El canibalismo entre adultos que consienten en practicarlo y padecerlo somete a la más rigurosa de las pruebas el principio libertario de ser el dueño de uno mismo y la idea de justicia que se deriva de él. Es una forma extrema de suicidio asistido. Puesto que no tiene nada que ver con librar del dolor a un paciente terminal, solo se puede justificar diciendo que somos dueños de nuestros cuerpos y vidas y podemos hacer con ellos lo que nos plazca. Si este principio libertario es correcto, prohibir el canibalismo pactado es injusto, una violación del derecho a la libertad. El Estado no tendría más potestad de castigar a Armin Meiwes que de cobrar impuestos a Bill Gates y a Michael Jordan para ayudar a los pobres.

4

Ayuda de pago. Mercado y moral

Buena parte de los debates más acalorados acerca de la justicia tienen que ver con el papel de los mercados: el libre mercado, ¿es equitativo? ¿Hay bienes que el dinero no pueda, o no deba, comprar? Si los hay, ¿cuáles son, y por qué está mal comprarlos y venderlos?

La defensa del libre mercado suele basarse en dos aseveraciones, una relativa a la libertad, la otra sobre el bienestar. La primera coincide con la defensa libertaria del mercado. Dice que permitir a las personas que acuerden intercambios voluntariamente respeta su libertad; las leyes que interfieren con el libre mercado violan la libertad individual. La segunda es el argumento utilitarista a favor de los mercados. Dice que el libre mercado promueve el bienestar general; cuando dos acuerdan un trato, ambos ganan. Mientras el trato beneficie a los dos sin perjudicar a nadie, incrementará la utilidad general.

Los escépticos en lo que se refiere a las bondades del mercado ponen en duda esas aseveraciones. Sostienen que las decisiones que se toman en un mercado no son siempre tan libres como pudiera parecer. Y sostienen también que ciertos bienes y prácticas sociales se corrompen o degradan si se los compra o vende por dinero.

En este capítulo examinaremos la moralidad de que se pague a personas para que efectúen dos tareas muy diferentes: ir a la guerra y tener hijos. Reflexionar sobre lo bueno y lo malo del mercado en estos casos polémicos nos servirá para aclarar las diferencias entre algunas de las teorías de la justicia más importantes.

¿Qué es justo: el servicio militar obligatorio o pagar a soldados profesionales?

En los primeros meses de la guerra civil norteamericana, festivos mítines y el sentimiento patriótico hicieron que decenas de miles de hombres se presentaran en los estados del norte como voluntarios para el ejército de la Unión. Pero con la derrota de la Unión en Bull Run, seguida en la primavera siguiente del fracaso del general George B. McClellan en su intento de tomar Richmond, los nordistas empezaron a tener sus dudas de que el conflicto fuese a terminar pronto. Había que reclutar más soldados. En julio de 1862 Abraham Lincoln firmó la primera ley de reclutamiento forzoso de la Unión. La Confederación ya lo estaba practicando.

El servicio militar obligatorio no se compadece con la esencia misma del individualismo americano, así que la Unión hizo una llamativa concesión a esa tradición: un recluta que no quisiese servir en el ejército podía pagar a otro para que fuese en su lugar.[1]

Los reclutas que buscaban sustitutos publicaban anuncios en los periódicos; pagaban hasta 1.500 dólares, una suma considerable en aquella época. La ley del servicio militar obligatorio de la Confederación permitía también que se pagase a un sustituto, lo que dio lugar a la frase «la guerra de los ricos en la que pelean los pobres», queja que se repetiría en el Norte. En marzo de 1863 el Congreso aprobó una nueva ley de reclutamiento que respondía a esa queja. Aunque no eliminaba el derecho a pagar a un sustituto, establecía que los reclutas podían abonar al Estado 300 dólares en vez de ingresar en filas. Esa penalización económica representaba casi la paga de un año de un trabajador no cualificado; sin embargo, lo que se pretendía era que el precio de la exención estuviera al alcance de un trabajador común. Algunas ciudades y condados les subvencionaban la tasa de exención a sus reclutas. Y los seguros cobraban una prima mensual por una póliza que la cubría en caso de que el suscriptor fuese llamado a filas.[2]

Aunque la intención era ofrecer la exención a un precio asequible, la tasa fue políticamente más impopular que la sustitución, quizá porque parecía que ponía precio a la vida humana (o al riesgo de morir) y que daba a ese precio la sanción del Estado. Los titulares de los periódicos rezaban: «300 dólares por tu vida». La ira por la leva y por los 300 dólares de la exención provocaron actos violentos contra los encargados de la recluta, sobre todo los motines de Nueva York contra la de julio de 1863, que duraron varios días y en los que perdieron la vida más de cien personas. Al año siguiente, el Congreso aprobó una nueva ley del servicio militar obligatorio que eliminaba la tasa de exención. El derecho de pagar a un sustituto, sin embargo, se mantuvo en el Norte (pero no en el Sur) a lo largo de la guerra.[3]

Al final, no serían muchos los reclutas forzosos en el ejército de la Unión. (Incluso una vez establecido el servicio militar obligatorio, el grueso del ejército estaba formado por voluntarios, que se enrolaban por los incentivos económicos y la amenaza de que al final se les reclutase a la fuerza.) Entre quienes veían que su número salía en el sorteo, muchos huyeron o quedaron eximidos por incapacidad. De los alrededor de 207.000 hombres elegidos en el sorteo, 87.000 pagaron la tasa de exención, 74.000 pagaron a sustitutos y solo 46.000 ingresaron en filas.[4] Entre los que pagaron a un sustituto para que luchase en su lugar estuvieron Andrew Carnegie y J.P. Morgan, los padres de Theodore y Franklin Roosevelt, y los futuros presidentes Chester A. Arthur y Grover Cleveland.[5]

¿Era el sistema de la guerra civil una forma justa de repartir el servicio militar? Cuando hago esta pregunta a mis alumnos, casi todos dicen que no. Dicen que no es equitativo que la gente de posibles pague a un sustituto para que luche en su lugar. Como muchos de los americanos que protestaron en aquella década de 1860, creen que el sistema era una forma de discriminación clasista.

Les pregunto entonces si son partidarios del servicio militar obligatorio o del ejército que tenemos hoy, exclusivamente formado por personas que se enrolan voluntariamente. Casi todos son partidarios del segundo (como la mayoría de los estadounidenses). Pero esto suscita un arduo problema: si el sistema de la guerra civil no era equitativo porque dejaba que la gente de posibles pagase a otros para que fuesen a la guerra en su lugar, ¿no valdría la misma objeción referida al ejército de enrolamiento voluntario?

La forma de pagar es diferente, claro. Andrew Carnegie tuvo que encontrar a su sustituto y pagarle directamente; hoy, el ejército recluta a los soldados que luchan en Irak o Afganistán, y nosotros, los contribuyentes, les pagamos colectivamente. Pero sigue siendo cierto que quienes preferiríamos no enrolarnos pagamos a otros para que luchen en nuestras guerras y arriesguen su vida. Entonces, ¿cuál es la diferencia, moralmente hablando? Si el sistema de la guerra civil de pagar a sustitutos era injusto, ¿no lo es también el ejército profesional?

Para examinar el problema, olvidémonos del sistema de la guerra civil y pensemos en las dos formas corrientes de reclutar soldados: el servicio militar obligatorio y el mercado.

En su forma más simple, el servicio militar obligatorio cubre las necesidades de las fuerzas armadas al obligar a todos los ciudadanos que cumplan ciertas condiciones a servir en ellas o, si no hacen falta tantos, a los elegidos por un sorteo. Ese era el sistema que empleó Estados Unidos en las dos guerras mundiales. Se empleó también en la guerra de Vietnam, pero de modo complicado, plagado de prórrogas para estudiantes y determinadas profesiones, por lo que muchos se libraban de que se les llamase.

El servicio militar obligatorio alimentó la oposición a la guerra de Vietnam, sobre todo en las universidades. Esa fue la razón, en parte, de que el presidente Richard Nixon propusiese la abolición del servicio militar obligatorio; en 1973, cuando Estados Unidos se retiraba de Vietnam, el ejército de enrolamiento voluntario sustituyó al de recluta forzosa. Como el servicio militar ya no era obligatorio, el ejército subió la paga y mejoró otros beneficios para atraer a los soldados que necesitaba.

Un ejército de enrolamiento voluntario, tal y como lo entendemos hoy, recluta a sus miembros por medio del mercado de trabajo, del mismo modo que los restaurantes, los bancos, las tiendas y demás negocios. Hablar en este caso de voluntarios no es muy apropiado. No son voluntarios como en un servicio de bomberos voluntarios, donde sirven sin remuneración, o en un comedor social, donde donan su tiempo. Es un ejército profesional en el que los soldados trabajan porque les pagan. Los soldados son «voluntarios» solo en el mismo sentido en que los asalariados de cualquier oficio lo son. No hay alistamiento forzoso y el trabajo lo llevan a cabo personas que aceptan hacerlo a cambio de dinero y otros beneficios.

El debate acerca de cómo debería enrolar a los soldados una sociedad democrática es más intenso cuando hay una guerra, según demuestran los motines contra las levas en la guerra civil y las protestas contra la guerra de Vietnam. Cuando Estados Unidos adoptó el ejército estrictamente profesional, la cuestión de si era justa la manera en que se estaba efectuando la recluta perdió interés para el público. Pero las guerras estadounidenses en Irak y Afganistán han revivido la discusión pública sobre si está bien que una sociedad democrática aliste a sus soldados por medio del mercado.

La mayoría de los estadounidenses están a favor del ejército profesional; pocos quieren volver al servicio militar obligatorio. (En septiembre de 2007, en medio de la guerra de Irak, un 80 por ciento de los estadounidenses se oponía al servicio militar obligatorio, por un 18 por ciento a favor, según una encuesta de Gallup.)[6] Pero el renovado debate sobre el ejército de profesionales y el servicio militar obligatorio nos enfrenta a algunas de las grandes cuestiones de la filosofía política, las relativas a la libertad individual y las obligaciones cívicas.

Para explorarlas, comparemos las tres formas de asignar el servicio militar que hemos visto: el servicio militar obligatorio, el servicio militar obligatorio con la posibilidad de pagar a sustitutos (el sistema de la guerra civil norteamericana) y el mercado. ¿Cuál es el más justo?:

1. el servicio militar obligatorio;
2. el servicio militar obligatorio con la posibilidad de pagar a sustitutos (el sistema de la guerra civil norteamericana);
3. el mercado (el ejército profesional).

El argumento a favor del ejército profesional

Si usted es libertario, su respuesta será evidente. El servicio militar obligatorio (la primera opción) es injusto porque es coercitivo, una forma de esclavitud. Le es inherente la idea de que el Estado es el dueño de sus ciudadanos y puede hacer con ellos lo que le apetezca, incluso obligarles a ir a la guerra y poner en ella en peligro su vida. Ron Paul, miembro republicano del Congreso y destacado libertario, dijo no hace mucho en contra de quienes quieren reinstaurar el servicio militar obligatorio: «Es una forma de esclavitud, pura y simplemente. Y la Decimotercera Enmienda, que prohíbe la servidumbre involuntaria, la ilegalizó. Es muy posible que un recluta muera, lo cual hace del servicio militar obligatorio una forma de esclavitud muy peligrosa».[7]

Pero aunque no crea que el servicio militar obligatorio equivale a la esclavitud, usted podría oponerse a su existencia porque limita la posibilidad de elegir de los individuos y, por lo tanto, reduce la felicidad general. Este es un argumento utilitarista contra el alistamiento forzoso. Sostiene que, en comparación con un sistema que permita que se pague a sustitutos, reduce el bienestar de las personas al impedir que acuerden entre sí tratos mutuamente beneficiosos. Si Andrew Carnegie y su sustituto querían hacer un trato, ¿por qué había que impedírselo? La libertad de participar en ese intercambio parece que incrementa la utilidad de las partes sin reducir la de nadie más. Por lo tanto, por razones utilitarias, el sistema de la guerra civil (la segunda política) es mejor que el servicio militar obligatorio (la primera política).

No cuesta ver que las premisas utilitaristas apuntalan el razonamiento de mercado. Si se parte de que un intercambio voluntario hace que las dos partes estén mejor sin perjudicar a otros, se tendrá un buen argumento utilitarista a favor de que imperen los mercados.

Podemos verlo al comparar el sistema de la guerra civil (la segunda política) con el ejército de enrolamiento voluntario (la tercera política). La misma lógica que lleva a defender que se pueda pagar a sustitutos lleva también a defender una solución completamente de mercado: si se deja que se pague a sustitutos, ¿por qué se recluta forzosamente a nadie, para empezar? ¿Por qué no se reclutan las tropas mediante el mercado de trabajo, simplemente? Pónganse el salario y los beneficios que se crean necesarios para atraer soldados en el número y de la calidad que se requieran, y déjese que los individuos elijan si se enrolan o no. A nadie se le obligaría a servir con las armas en contra de su voluntad, y los que sí estén dispuestos a hacerlo podrán decidir si el servicio militar es preferible a las demás posibilidades una vez se tienen en cuenta todos los factores.

Así pues, el ejército de enrolamiento voluntario parece la mejor de las tres opciones. Dejar que los individuos escojan libremente alistarse por la compensación que se les ofrece hará que solo se alisten si con ello maximizan la utilidad de que disfrutan; y quienes no quieran servir no sufrirán la pérdida en la utilidad que les corresponde que se derivaría de que se les forzase a ingresar en las fuerzas armadas en contra de su voluntad.

Es concebible que un utilitarista objetase que el ejército de enrolamiento voluntario es más caro que el de recluta obligatoria. Para atraer a soldados en el número y de la calidad que se requieran, la paga y los beneficios deberán ser mayores que cuando los soldados están obligados a servir. A un utilitarista, pues, quizá le preocupe que la felicidad incrementada de unos soldados mejor retribuidos no compense la infelicidad de unos contribuyentes que tienen que pagar más por el servicio militar.

Pero esta objeción no es muy convincente, especialmente si la alternativa es el servicio militar obligatorio (con o sin sustitutos). Resultaría extraño que, por razones utilitarias, se dijese que el coste que para los contribuyentes tienen otros servicios ofrecidos por las administraciones públicas, como la policía y los bomberos, se reduciría forzando a individuos elegidos al azar a realizar esas tareas por un sueldo inferior al de mercado; o que el coste del mantenimiento de las autopistas se reduciría si se obligase a una parte de los contribuyentes, elegida por sorteo, bien a encargarse de ese trabajo, bien a pagar a otros para que se encargasen. La infelicidad que se derivaría de medidas tan coercitivas sobrepasaría, probablemente, el beneficio que los contribuyentes obtendrían de unos servicios más baratos.

Así que, tanto según el razonamiento libertario como según el utilitarista, el ejército profesional parece la mejor solución, el sistema híbrido de la guerra civil norteamericana viene en segundo lugar y el servicio militar obligatorio es la forma de asignar el servicio militar menos deseable. Pero cabe hacer al menos dos objeciones a esas maneras de argumentar. Una se refiere a la equidad y la libertad; la otra, a las virtudes cívicas y el bien común.

Primera objeción: Equidad y libertad

Según la primera de esas objeciones, el libre mercado, para quienes no tienen mucho donde elegir, no es tan libre. Piénsese en este caso extremo: una persona sin casa que duerme bajo un puente quizá haya elegido, en cierto sentido, hacerlo así; pero no por ello vamos a considerar necesariamente que su elección es libre. Tampoco estaría justificado que supusiésemos que prefiere dormir bajo un puente a dormir en un piso. Para saber si su elección refleja una preferencia por dormir al aire libre o la incapacidad de pagar un piso, habremos de saber algo acerca de sus circunstancias. ¿Hace lo que está haciendo libremente o por necesidad?

Cabe preguntarse lo mismo de cualquier elección que se haga en el mercado, y en concreto de las que se hacen cuando se adoptan ciertas profesiones. ¿Cómo se aplica esto al servicio militar? No podemos determinar la justicia o injusticia del ejército profesional sin saber más de las circunstancias de fondo que prevalecen en la sociedad: ¿hay un grado razonable de igualdad de oportunidades o hay quienes tienen muy pocas opciones en la vida? ¿Tiene todo el mundo la oportunidad de cursar estudios superiores o hay quienes no tienen otra forma de costeárselos que alistarse en el ejército?

Desde el punto de vista de los razonamientos basados en el mercado, el ejército profesional es atractivo porque evita la coerción del servicio militar obligatorio; con él, solo se enrola a alguien en el servicio militar si ha dado su consentimiento. Pero entre quienes acaban alistándose en un ejército profesional algunos habrá tan poco afectos al servicio militar como los que no se alistan. Si la pobreza, si la desventaja económica son muy comunes, que alguien se aliste quizá solo refleje que carece de alternativas.

Según esta objeción, el ejército de enrolamiento voluntario no lo es tanto como parece. Podría incluso tener lo suyo de coercitivo. Si en la sociedad algunos no cuentan con otra buena salida, podrá ocurrir que quienes elijan alistarse hayan sido reclutados a la fuerza a todos los efectos, por la necesidad económica. En tal caso, la diferencia entre el servicio militar obligatorio y el ejército profesional no es que aquel obligue a servir y este sea libre, sino que cada uno recurre a una forma diferente de obligación: la fuerza de la ley en el primer caso y la presión de la necesidad económica en el segundo. Solo si los individuos disponen de una serie de posibilidades laborales decentes se podrá decir que cuando eligen servir en las fuerzas armadas a cambio de un salario es porque realmente esa es su preferencia y no por lo limitado de las posibilidades a su alcance.

La composición por clases sociales del actual ejército profesional da la razón a esta objeción, al menos hasta cierto punto. Los jóvenes de barrios donde los ingresos familiares son bajos o medios (barrios donde la mediana de ingresos de los hogares oscila entre los 30.850 dólares y los 57.836) están representados de manera desproporcionada entre los reclutas del ejército en servicio activo.[8] Está menos representado el 10 por ciento más pobre de la población (muchos de los ahí incluidos no cumplen el grado de educación y de capacidad que se requiere) y el 20 por ciento más rico (los de barrios con una mediana de ingresos por hogar de 66.329 dólares o más).[9] En los últimos años, más del 25 por ciento de los reclutas del ejército carecía de un título oficial de enseñanza media.[10] Y mientras el 46 por ciento de la población civil tiene alguna educación superior, solo el 6,5 por ciento de los alistados en el ejército con edades entre los dieciocho y los veinticuatro años ha estudiado alguna vez en una universidad.[11]

En años recientes, los jóvenes más privilegiados de la sociedad estadounidense no han optado por servir en las fuerzas armadas. El título de un libro reciente sobre la composición por clases sociales de las fuerzas armadas lo expresa bien: *AWOL: The Unexcused Absence of America's Upper Classes from Military Service*.[12] De los 750 estudiantes de la promoción de 1956 de Princeton, la mayoría —450— se incorporaron a las fuerzas armadas tras la graduación. De los 1.108 miembros de la promoción de 2006, solo se alistaron 9.[13] Una pauta semejante se ve en otras universidades de élite, y en la capital de la nación: solo el 2 por ciento de los miembros del Congreso tienen un hijo o una hija que sirvan en las fuerzas armadas.[14]

El congresista Charles Rangel, demócrata por Harlem, condecorado en la guerra de Corea, cree que no es equitativo, y ha pedido que se reinstaure el servicio militar obligatorio. «Mientras siga habiendo americanos a los que se lleve a la guerra —escribió— todos deberían ser susceptibles de que se les lleve, no solo los que, por circunstancias económicas, se ven atraídos por los incentivos educativos y por las lucrativas bonificaciones que se dan para que se enrolen.» Señala que, en la ciudad de Nueva York, «la desproporción entre quienes pechan con el servicio militar es tremenda. En 2004, el 70 por ciento de los voluntarios de la ciudad eran negros o hispanos, y se los reclutaba en grupos sociales con ingresos bajos».[15]

Rangel se opuso a la guerra de Irak y cree que nunca habría empezado si los hijos de los políticos hubiesen tenido que sufrir las penalidades correspondientes. Sostiene también que, dada la desigualdad de oportunidades en la sociedad estadounidense, asignar el servicio militar por medio del mercado no es equitativo para quienes cuentan con menos alternativas:

> La gran mayoría de los que han luchado con las armas por este país en Irak pertenecen a zonas rurales pobres y a los barrios más modestos de nuestras ciudades, lugares donde las primas por alistarse de hasta 40.000 dólares y los miles de dólares en ayudas a la educación son muy tentadores. Para aquellos que tienen la opción de ir a la universidad, estos incentivos —a cambio de arriesgar la propia vida— no significan nada.[16]

Así pues, la primera objeción a que se justifique el ejército profesional mediante razones basadas en el mercado tiene que ver con la equidad y la coerción: la falta de equidad de la discriminación clasista y la coerción que puede darse si la desventaja económica impele a los jóvenes a poner en peligro su vida a cambio de una educación superior y de otros beneficios.

Obsérvese que la objeción relativa a la coerción no lo es al ejército profesional en cuanto tal. Solo se dirige contra el ejército profesional cuando este existe en una sociedad con desigualdades considerables. En cuanto la desigualdad se moderase, la objeción desaparecería. Imagínese, por ejemplo, una sociedad perfectamente igual, en la que todos tuviesen las mismas oportunidades educativas. En una sociedad así, nadie podría deplorar que la decisión de enrolarse en el ejército, a causa de la presión sin equidad de la necesidad económica, no sea libre del todo.

Por supuesto, no hay sociedades perfectamente igualitarias. Por lo tanto, el peligro de la coerción siempre se cierne sobre lo que los individuos eligen en el mercado de trabajo. ¿Cuánta igualdad habría que tener para que se elija en el mercado con libertad, para que no se esté sujeto a coerción? ¿A qué punto han de llegar las desigualdades en las condiciones sociales de fondo para que socaven la equidad de las instituciones sociales basadas en la elección individual (el ejército profesional, por ejemplo)? ¿En qué condiciones es el libre mercado realmente libre? Para responder estas cuestiones, tendremos que examinar las filosofías morales y políticas que ponen la libertad —en vez de la utilidad— en el centro mismo de la justicia. Pospondré, pues, estas cuestiones hasta que aborde en capítulos posteriores el pensamiento de Immanuel Kant y de John Rawls.

Segunda objeción: Las virtudes cívicas y el bien común

Mientras, veamos una segunda objeción a la asignación del servicio militar por medio del mercado, la objeción en nombre de las virtudes cívicas y del bien común.

Esta objeción dice que el servicio militar no es un trabajo más: es una obligación cívica. Según este argumento, todos los ciudadanos tienen el deber de servir a su país. Entre quienes proponen este punto de vista, algunos creen que tal obligación solo se satisface cumpliendo el servicio militar; otros, en cambio, dicen que basta con otras formas de servicio nacional, como el Peace Corps, el AmeriCorps o Teach for America. Pero si el servicio militar (o el servicio nacional) es un deber cívico, no se debería ponerlo a la venta en el mercado.

Piénsese en otra responsabilidad cívica: el deber de formar parte de un jurado. Nadie muere por ser miembro de un jurado, pero puede resultar oneroso, sobre todo si interfiere con el trabajo o con otros compromisos urgentes. Y, sin embargo, no se permite a nadie que pague a otro para que le sustituya en el jurado. Tampoco se recurre al mercado de trabajo para crear un sistema de jurados pagados, profesionales, «totalmente voluntario». ¿Por qué no? Desde el punto de vista del razonamiento de mercado, cabría argumentar a favor de hacerlo así. Los mismos argumentos utilitaristas que se esgrimen contra la recluta forzosa de soldados podrían aplicarse a la recluta forzosa de jurados: permitir que alguien muy ocupado pague a un sustituto haría que ambas partes mejorasen su situación. Prescindir del deber de formar parte obligatoriamente de un jurado sería todavía mejor; dejar que el mercado de trabajo reclutase al número que se necesite de jurados cualificados permitiría que quienes quisiesen ejercer ese trabajo se pudieran dedicar a él y que aquellos a los que les desagrada se librasen de él.

Entonces, ¿por qué pasamos por alto el incremento de la utilidad social que produciría un mercado de jurados? Quizá porque nos preocupa que los jurados pagados procediesen de modo desproporcionado de entornos desfavorecidos y la calidad de la justicia se resintiese. Pero no hay ninguna razón para suponer que los acomodados sean mejores jurados que las personas de entornos modestos. En cualquier caso, la paga y los beneficios siempre se podrían ajustar (como ha hecho el ejército) para atraer a personas con la educación y la capacidad necesarias.

La razón de que se reclute forzosamente a los jurados en vez de que se les contrate reside en que nos parece que hacer justicia en los tribunales es una responsabilidad de la que deben participar todos los ciudadanos. Los miembros del jurado no se limitan a votar: deliberan unos con otros sobre las pruebas y la ley. Y las deliberaciones se basan en las dispares experiencias vitales de los jurados, con sus distintas trayectorias en la vida. El deber de formar parte de un jurado no solo es una forma de resolver los juicios. Es además una forma de educación cívica y una expresión de la ciudadanía democrática. Aunque el deber de formar parte de un jurado no resulta siempre edificante, la idea de que todos los ciudadanos están obligados a hacerlo preserva un nexo entre los tribunales y la gente.

Algo parecido podría decirse del servicio militar. El argumento cívico a favor del servicio militar obligatorio sostiene que el servicio militar, como el deber de formar parte de un jurado, es una responsabilidad cívica; expresa y ahonda la ciudadanía democrática. Desde este punto de vista, convertir el servicio militar en una mercancía —una tarea para cuya realización se paga a otros— corrompe los ideales cívicos por los que debería regirse. Según esta objeción, pagar a los soldados para que hagan nuestras guerras está mal, no porque no sea equitativo para los pobres, sino porque de esa manera nos quitamos de encima un deber cívico.

El historiador David M. Kennedy ha ofrecido una versión de este argumento. Sostiene que «las fuerzas armadas de Estados Unidos tienen hoy muchas de las características de un ejército mercenario», y por este entiende un ejército pagado, profesional, que esté en buena medida separado de la sociedad en cuyo nombre lucha.[17] No es su intención despreciar los motivos de quienes se enrolan. Lo que le inquieta es que pagar a un número hasta cierto punto pequeño de nuestros conciudadanos para que luchen en nuestras guerras nos deja a los demás fuera de lo que está sucediendo. Corta el lazo entre la mayoría de los ciudadanos democráticos y los soldados que luchan en su nombre.

Kennedy observa que, «en proporción a la población, el número de militares en servicio activo es hoy alrededor de un 4 por ciento del que ganó la Segunda Guerra Mundial». Esto hace que a los políticos no les sea demasiado difícil llevar el país a la guerra sin tener que ganarse un consentimiento generalizado y profundo de la sociedad en su conjunto. «Se puede ahora mandar a la batalla a la fuerza militar más poderosa de la historia en nombre de una sociedad que apenas si se inmuta cuando así se hace.»[18] El ejército de enrolamiento voluntario libra a la mayoría de los estadounidenses de la responsabilidad de luchar y morir por su país. Aunque algunos ven en esto una ventaja, esa exención del sacrificio compartido tiene el precio de que se erosione la necesidad de rendir cuentas políticamente:

> Una mayoría enorme de los americanos, que no corre el menor riesgo de tener que servir militarmente, ha contratado, a todos los efectos, a algunos de sus conciudadanos más desfavorecidos para que hagan uno de los trabajos más peligrosos mientras la mayoría sigue con sus propios asuntos sin mancharse de sangre ni inquietarse.[19]

Una de las formulaciones más famosas de la defensa cívica del servicio militar obligatorio es la del ginebrino Jean-Jacques Rousseau (1712-1778), el teórico de la política ilustrado. En *El contrato social* (1762) mantiene que convertir un deber cívico en un bien de mercado no aumenta la libertad, sino que la socava:

> En cuanto el servicio público deja de ser el asunto principal de los ciudadanos y prefieren servir a su bolsa antes que a su persona, el Estado está ya cerca de su ruina. ¿Hay que marchar al combate? Pagan a unas tropas y se quedan en casa. [...] En un Estado verdaderamente libre, los ciudadanos lo hacen todo con sus propias manos y nada con el dinero. Lejos de pagar para quedar eximidos de sus deberes, pagarían por cumplirlos ellos mismos. Estoy bien lejos de las ideas comunes; creo que las corveas son menos contrarias a la libertad que los impuestos.[20]

La robusta noción de ciudadanía de Rousseau y su desconfianza hacia los mercados quizá parezcan alejadas de las premisas actuales. Nos inclinamos a ver el Estado, con sus leyes y regulaciones de obligado cumplimiento, como el reino de la fuerza, y al mercado, con sus intercambios voluntarios, como el reino de la libertad. Rousseau diría que así se ve el mundo al revés, al menos en lo que se refiere a los bienes cívicos.

Los partidarios del mercado podrían defender el ejército profesional, bien rechazando la ardua noción de ciudadanía de Rousseau, bien negando que resulte pertinente para el servicio militar. Pero los ideales cívicos a que se refería no han perdido del todo su resonancia incluso en una sociedad movida por el mercado como Estados Unidos. La mayoría de los partidarios del ejército profesional niegan con vehemencia que equivalga a un ejército de mercenarios. Señalan, correctamente, que a muchos de los que se enrolan les mueve el patriotismo, no solo la paga y los beneficios. Pero ¿por qué creen que eso tiene importancia? Con tal de que los soldados hagan bien su trabajo, ¿por qué ha de importarnos qué les mueve? Hasta cuando encargamos de la recluta al mercado nos cuesta separar el servicio militar de las viejas ideas de patriotismo y virtud cívica.

Pues piense en lo siguiente: ¿cuál es, en realidad, la diferencia entre el ejército profesional de hoy y un ejército de mercenarios? Ambos pagan a los soldados por luchar. Ambos seducen a la gente para que se aliste con la promesa de un salario y de otros beneficios. Si el mercado es la forma apropiada de reclutar un ejército, ¿qué tienen de malo los mercenarios?

Cabría replicar que los mercenarios son extranjeros que luchan solo por la paga, mientras que el ejército estadounidense de enrolamiento voluntario solo recluta a estadounidenses. Pero si el mercado de trabajo es una forma apropiada de enrolar tropas, no está claro por qué las fuerzas armadas de Estados Unidos han de discriminar a alguien por su nacionalidad a la hora de contratarlo. ¿Por qué no recluta soldados entre los ciudadanos de otros países que quieran el trabajo y posean la cualificación pertinente? ¿Por qué no se crea una legión extranjera con soldados del mundo en desarrollo, donde los jornales son bajos y los buenos trabajos escasean?

A veces se arguye que los soldados extranjeros serían menos leales que los estadounidenses. Pero ser nacional no garantiza la lealtad en el campo de batalla, y los reclutadores podrían examinar a los solicitantes extranjeros para determinar si son de fiar. Una vez se acepta que el ejército debe valerse del mercado de trabajo para nutrir sus filas, no hay ninguna razón en principio para restringir la elegibilidad a los ciudadanos de Estados Unidos, ninguna, es decir, a no ser que se crea que el servicio militar es, después de todo, una responsabilidad cívica, una expresión de ciudadanía. Pero si se cree eso, entonces cabe también cuestionar que se recurra al mercado.

Dos generaciones después de que se aboliese el servicio militar obligatorio, los estadounidenses vacilan a la hora de aplicar la lógica del mercado en su plenitud al servicio militar. La legión extranjera francesa tiene una larga tradición de reclutar soldados extranjeros para que luchen por Francia. Aunque las leyes francesas prohíben a la legión que reclute fuera de Francia, internet ha hecho que tal restricción resulte caduca. Un sistema de enrolamiento en línea, en trece idiomas, atrae ahora a reclutas de todo el mundo. Alrededor de una cuarta parte de los miembros de la legión es de origen latinoamericano y una proporción cada vez mayor procede de China y otros países asiáticos.[21]

Estados Unidos no ha establecido una legión extranjera, pero ha dado pasos en esa dirección. A medida que las guerras de Irak y Afganistán se han ido prolongando, cada vez resulta más difícil reclutar el número de efectivos que se desea; por eso, sus fuerzas armadas están empezando ya a enrolar a inmigrantes extranjeros que viven actualmente en Estados Unidos con visados temporales. Entre los incentivos se encuentra un buen sueldo y una vía rápida para conseguir la nacionalidad estadounidense. Alrededor de treinta mil personas que no son ciudadanos de Estados Unidos sirven en estos momentos en sus fuerzas armadas. El nuevo programa ya no otorgará la posibilidad de enrolarse solo a quienes dispongan de la tarjeta verde, el permiso permanente de residencia; la extiende a los inmigrantes temporales, los estudiantes extranjeros y los refugiados.[22]

Que se recluten tropas extranjeras no es la única consecuencia de adoptar la lógica del mercado. Una vez se considera que el servicio militar es un trabajo como cualquier otro, no hay razón para suponer que la contratación deba efectuarla solo el Estado. De hecho, Estados Unidos encarga ahora algunas funciones militares a empresas privadas, y lo hace a gran escala. Las contratas militares privadas desempeñan un papel cada vez mayor en conflictos en distintas partes del mundo y forman una parte sustancial de la presencia militar de Estados Unidos en Irak.

En julio de 2007, el periódico *Los Angeles Times* informaba de que el número en Irak de empleados de contratas privadas pagados por Estados Unidos (180.000) era mayor que el de militares estacionados allí (160.000).[23] Muchos de esos empleados privados realizan tareas de apoyo logístico y no entran en combate: construyen bases, reparan vehículos, entregan suministros y se encargan de los servicios alimentarios. Pero alrededor de 50.000 son agentes de seguridad armados cuyo trabajo de vigilar bases, convoyes y diplomáticos a menudo les lleva a entrar en combate.[24] Más de 1.200 empleados de las contratas privadas han muerto en Irak, si bien no vuelven en ataúdes cubiertos con la bandera y el número de bajas que sufren no se incluye en el cómputo de las fuerzas armadas estadounidenses.[25]

Una de las mayores empresas militares privadas es Blackwater Worldwide. Erik Prince, el director general de la empresa, antiguo miembro de las fuerzas de operaciones especiales de la Marina, tiene una ardiente fe en el libre mercado. Rechaza la insinuación de que sus soldados son «mercenarios», palabra que considera «difamatoria».[26] Prince se explica: «Estamos intentando hacer por el aparato de seguridad nacional lo que Federal Express hizo por el servicio postal».[27] Blackwater, que ha recibido más de mil millones de dólares en contratos del gobierno por sus servicios en Irak, a menudo ha dado lugar a polémicas.[28] Sus actividades llamaron por primera vez la atención pública cuando cuatro de sus empleados sufrieron en 2004 una emboscada en Faluya y los mataron; se colgó a dos de los cadáveres de un puente. El incidente llevó al presidente George W. Bush a ordenar a los marines que entrasen en Faluya, donde se libró una batalla costosa, a gran escala, contra los insurgentes.

En 2007, seis guardas de Blackwater abrieron fuego contra una multitud en una plaza de Bagdad y mataron a diecisiete civiles. Los guardas, que alegaron que les habían disparado a ellos primero, no podían ser procesados conforme a la ley iraquí; así lo establecían unas normas dictadas tras la invasión por la autoridad gobernante estadounidense. Al final, el Departamento de Justicia de Estados Unidos los acusaría de homicidio involuntario; el incidente llevó al gobierno iraquí a pedir la retirada de Blackwater del país.[29]

Muchos, en el Congreso y entre el público en general, criticaron que el Estado descargase tareas bélicas en empresas con ánimo de lucro como Blackwater. Buena parte de las críticas se dirigen contra su inmunidad y participación en excesos. Varios años antes de que los empleados de Blackwater disparasen a civiles en la plaza de Bagdad, empleados de otras empresas habían estado entre los que abusaron de los presos de la cárcel de Abu Ghraib. Los soldados del ejército implicados comparecieron ante un tribunal marcial; los empleados privados no fueron castigados.[30]

Pero supongamos que el Congreso crease unas regulaciones más estrictas para las empresas militares privadas de modo que fuera más fácil pedirles cuentas de sus actos y de modo que sus empleados estuvieran sometidos a las mismas normas de conducta que los soldados estadounidenses. ¿Dejaría de ser criticable el empleo de empresas privadas para que luchen en nuestras guerras? ¿O es que hay alguna diferencia moral entre pagar a Federal Express para que reparta el correo y contratar a Blackwater para que reparta una fuerza letal en el campo de batalla?

Para responder esta pregunta hemos de resolver una que le es previa: el servicio militar (y quizá el servicio nacional en general), ¿es una obligación cívica que todos los ciudadanos tienen el deber de cumplir, o es un trabajo duro y arriesgado como otros (trabajar en la mina, por ejemplo, o la pesca de altura) que se rigen apropiadamente por el mercado de trabajo? Y para responder esta pregunta hemos de plantearnos una más amplia: ¿qué obligaciones se tienen los ciudadanos de una sociedad democrática entre sí y de dónde nacen esas obligaciones? Diferentes teorías de la justicia ofrecen diferentes respuestas a esa cuestión. Estaremos en mejor disposición de decidir qué preferimos, el servicio militar obligatorio o el profesional, una vez hayamos explorado, más adelante, el fundamento y el alcance de las obligaciones cívicas. Mientras, veamos otro uso controvertido del mercado laboral.

Embarazos de pago

William y Elizabeth Stern eran una pareja de profesionales que vivía en Tenafly, estado de New Jersey; él era bioquímico, ella, pediatra. Querían tener un hijo, pero por sí mismos no podían, al menos no sin que la salud de Elizabeth corriese peligro: padecía de esclerosis múltiple. Por lo tanto, acudieron a un centro de infertilidad que «subrogaba» embarazos. El centro publicaba anuncios en busca de «madres sustitutas», mujeres dispuestas a quedarse embarazadas y dar a luz en lugar de otra mujer a cambio de una retribución en dinero.[31]

Una de las mujeres que respondió al anuncio fue Mary Beth Whitehead, de veintinueve años, que tenía dos hijos; era esposa de un trabajador de la recogida de basuras. En febrero de 1985, William Stern y Mary Beth Whitehead firmaron un contrato. Mary Beth aceptaba que se la inseminase artificialmente con el esperma de William, proseguir el embarazo y entregar el niño a William una vez hubiese nacido. Aceptaba además ceder sus derechos maternos para que Elizabeth Stern pudiese adoptar el niño. Por su parte, William aceptaba pagar a Mary Beth 10.000 dólares en el momento de la entrega del niño y correr con los gastos médicos (pagó además 7.500 dólares al centro de infertilidad por haber mediado en el trato).

Tras varias inseminaciones artificiales, Mary Beth se quedó embarazada, y en marzo de 1986 dio a luz a una niña. Los Stern, anticipándose a la inminente adopción de la que iba a ser su hija, la llamaron Melissa. Sin embargo, Mary Beth Whitehead vio que era incapaz de separarse de la niña y quiso quedársela. Huyó a Florida con ella, pero los Stern consiguieron que se emitiese una orden judicial que la obligaba a entregar a la niña. La policía de Florida encontró a Mary Beth, se dio la niña a los Stern y la disputa por la custodia acabó en los juzgados de New Jersey.

El juez tuvo que decidir si el contrato debía cumplirse. ¿Qué cree usted que era lo debido? Para simplificar las cosas, centrémonos en la cuestión moral más que en la legal (New Jersey no tenía una ley que permitiese o prohibiese los contratos de subrogación de la maternidad). William Stern y Mary Beth Whitehead habían firmado un contrato. Desde el punto de vista moral, ¿había que obligar a que se cumpliese?

El argumento más fuerte a favor de mantener en vigor el contrato es el de que un trato es un trato. Dos adultos habían firmado voluntariamente un acuerdo que beneficiaba a ambas partes: William Stern tendría un hijo de su propia sangre y Mary Beth Whitehead ganaría 10.000 dólares por nueve meses de trabajo.

Hay que reconocer que no se trataba de un trato comercial corriente, así que puede que le entren las dudas de su validez, por una u otra de estas dos razones. La primera es que puede que no esté seguro de que la mujer que acuerda tener un hijo y entregarlo por dinero esté plenamente informada. ¿Puede de verdad saber de antemano cómo se sentirá cuando llegue el momento de entregar el niño? Si no puede saberlo de verdad, cabría sostener que su consentimiento inicial estuvo condicionado por la necesidad de dinero y una falta del conocimiento adecuado acerca de lo que experimentaría cuando se separase de su hijo. En segundo lugar, puede que usted encuentre reprochable la compraventa de niños, o alquilar la capacidad reproductiva de una mujer, incluso si ambas partes acuerdan libremente hacerlo. Se podría argumentar que esta manera de proceder convierte a los niños en mercancías y explota a las mujeres al tratar el embarazo como un negocio lucrativo.

A Harvey R. Sorkow, el juez del «caso de Baby M», como se vino a llamarlo, no le convencieron estas dos objeciones.[32] Declaró válido el acuerdo basándose en que los contratos son sagrados. Un trato era un trato, y la madre biológica no tenía derecho a romper el contrato simplemente porque hubiese cambiado de opinión.[33]

El juez abordó las dos objeciones. Negó primero que el acuerdo de Mary Beth no hubiese sido voluntario del todo, que su consentimiento hubiera estado en parte viciado:

> Ninguna parte se encuentra en una posición negociadora superior. Cada una obtuvo solo lo que la otra quiso. Se estableció un precio por los servicios que cada parte había de efectuar y se alcanzó un acuerdo. Una parte no forzó a la otra. Ninguna de las partes contaba con un conocimiento de experto que pusiese a la otra en una posición desventajosa. Ninguna tenía un poder negociador desproporcionado.[34]

En segundo lugar, rechazó que la subrogación de la maternidad, o maternidad de sustitución, equivaliese a vender un niño. El juez sostuvo que William Stern, el padre biológico, no le había comprado un niño a Mary Beth Whitehead; la había pagado por el servicio de gestar al niño. «En el nacimiento, el padre no compró el niño. Es genéticamente su propio hijo, su hijo biológico. No puede comprar lo que ya es suyo.»[35] Como el niño se concibió con el esperma de William, era su hijo desde el principio, razonó el juez. Por lo tanto, no se vendió un niño. El pago de 10.000 dólares fue por un servicio (el embarazo), no por un producto (el niño).

En cuanto a la idea de que ofrecer semejante servicio explota a las mujeres, el juez Sorkow discrepaba. Comparó el embarazo de pago a la donación pagada de esperma. Puesto que a los hombres se les permite vender su esperma, a las mujeres se les debería permitir vender su capacidad reproductiva: «Si un hombre puede ofrecer los medios para procrear, a una mujer debería igualmente permitírsele hacer lo mismo».[36] Sostener lo contrario, afirmaba, sería negar a las mujeres la igual protección ante la ley.

Mary Beth Whitehead presentó una apelación ante el Tribunal Supremo de New Jersey. El tribunal, en veredicto unánime, revocó la decisión del juez Sorkow y sentenció que el contrato de subrogación era inválido.[37] El tribunal concedió la custodia de Baby M a William Stern porque era lo que más le convenía al bebé. Dejando aparte el contrato, el tribunal creía que los Stern educarían mejor a Melissa. Sin embargo, devolvió a Mary Beth Whitehead la condición de madre de la niña y pidió al juzgado que determinase los derechos de visita.

El presidente del Tribunal Supremo, el juez Robert Wilentz, que redactó la sentencia en nombre del tribunal, rechazó el contrato de subrogación de la maternidad. Argüía que no fue realmente voluntario y que suponía la venta de un niño.

En primer lugar, no hubo verdadero consentimiento. Mary Beth no aceptó gestar un niño y entregarlo tras el parto de manera verdaderamente voluntaria, puesto que no estaba plenamente informada:

> Según el contrato, la madre natural se compromete irrevocablemente antes de que sepa la intensidad de sus lazos con el niño. No toma nunca una decisión totalmente voluntaria e informada, pues está del todo claro que cualquier decisión previa al nacimiento de la niña no es, en el sentido que más importa, una decisión informada.[38]

Una vez que el niño ha nacido, la madre está en mejor posición de elegir de manera informada, pero para entonces su decisión no es libre, sino que está condicionada por «la amenaza de una querella y la inducción de los diez mil dólares», lo que hace que «no llegue a ser totalmente voluntaria».[39] Además, la necesidad de dinero hace probable que mujeres pobres «elijan» convertirse en madres de alquiler para otras acomodadas, y no al revés. El juez Wilentz indicaba que también esto ponía en entredicho el carácter voluntario de acuerdos de esa especie: «Tenemos serias dudas de que las parejas infértiles con pocos ingresos encuentren madres de alquiler que tengan ingresos altos».[40]

Por lo tanto, una de las razones para considerar nulo el contrato fue que el consentimiento estuviera contaminado. Pero Wilentz ofreció además una segunda razón, de índole más fundamental:

> Dejando aparte la cuestión de hasta qué punto le acuciaba su necesidad de dinero y de en qué medida entendía las consecuencias, apuntamos que su consentimiento es irrelevante. En una sociedad civilizada hay cosas que el dinero no puede comprar.[41]

La subrogación comercial de la maternidad equivale a comprar un niño, sostenía Wilentz, y comprar niños está mal, por voluntaria que sea la venta. Rechazaba el argumento de que se paga por el servicio subrogado, no por el niño. Según el contrato, los diez mil dólares se pagaban solo cuando se entregaba la custodia y Mary Beth renunciaba a sus derechos maternales.

> Eso es vender un niño, o, al menos, la venta del derecho de la madre a su hijo, y el único factor que lo mitiga es que uno de los compradores sea el padre. [...] Un intermediario, movido por el provecho económico que saca de ello, promueve la venta. Sea cual sea el idealismo que pueda haber movido a algunos de los participantes, el motivo del provecho económico predomina, impregna y en última instancia rige la transacción.[42]

Los contratos de subrogación de la maternidad y la justicia

Por lo tanto, ¿quién tenía razón en el caso de Baby M, el juzgado que dio validez al contrato o el tribunal superior que lo anuló? Para responder esta pregunta habremos de calibrar la fuerza moral de los contratos y las dos objeciones que se le hacían al de subrogación del embarazo.

El argumento a favor de dar validez al contrato de subrogación de la maternidad se basa en las dos teorías de la justicia que hemos tenido en cuenta hasta ahora: el libertarismo y el utilitarismo. El argumento libertario en defensa de los contratos dice que reflejan la libertad de elegir: dar validez a un contrato entre dos adultos acordado con el consentimiento de ambos es respetar su libertad. El argumento utilitario en defensa de los contratos dice que promueven el bienestar general; si ambas partes acuerdan un trato, es que ambas deben de sacar un beneficio o alguna felicidad de ese acuerdo; si no, no lo habrían hecho. Así que, a menos que se pueda demostrar que el trato reduce la utilidad que le corresponde a alguien (y en mayor grado de lo que beneficia a las partes), los intercambios mutuamente ventajosos —incluidos los contratos de subrogación— deben ser considerados válidos.

¿Y las objeciones? ¿Son convincentes?

Primera objeción: El consentimiento estaba viciado

La primera objeción, la que pone en duda que el consentimiento de Mary Beth Whitehead fuese realmente voluntario, plantea una cuestión acerca de las condiciones en que se toma una decisión. Arguye que solo podremos elegir con libertad si no estamos indebidamente presionados (por la necesidad de dinero, por ejemplo) y sí razonablemente bien informados sobre las demás posibilidades. Qué hay que entender exactamente por presión indebida o por carencia de consentimiento informado está abierto a discusión. Pero el objeto de esa discusión es determinar cuándo un acuerdo supuestamente voluntario lo es de verdad y cuándo no. Esta cuestión pesó mucho en el caso de Baby M, tal y como pesa mucho en los debates sobre el ejército profesional.

Aparte de los ejemplos que se han considerado aquí, merece la pena observar que este debate, sobre las condiciones de fondo necesarias para que pueda haber un consentimiento que tenga auténtico significado, es en realidad una pelea de familia dentro de una de las tres maneras de enfocar la justicia que examinamos en este libro: la que dice que la justicia consiste en respetar la libertad. Como ya hemos visto, esa es la familia a la que pertenece el libertarismo. Mantiene que la justicia requiere que se respete lo que quiera que elijan las personas siempre que no viole los derechos de nadie. Otras teorías que también consideran que la justicia consiste en respetar la libertad imponen algunas restricciones a las condiciones en que se elige. Dicen —como el juez Wilentz en el caso de Baby M— que cuando se elige bajo presión, o cuando falta un consentimiento informado, no se trata de una elección verdaderamente voluntaria. Estaremos mejor preparados para calibrar este debate cuando examinemos la filosofía política de John Rawls, del campo de la libertad pero que rechaza la visión libertaria de la justicia.

Segunda objeción: La degradación y los bienes superiores

¿Y la segunda objeción sobre los contratos de subrogación de la maternidad, la que dice que hay cosas que el dinero no debería comprar, entre las cuales están los niños y la capacidad reproductiva de las mujeres? ¿Qué hay de malo, exactamente, en comprarlos y venderlos? La respuesta más convincente es la que dice que tratar a los niños y a los embarazos como mercancías los degrada o no los valora apropiadamente.

Bajo esta cuestión subyace una idea de muy vasto alcance: que, sencillamente, no está en nuestra mano determinar cuál es la manera debida de valorar los bienes y las prácticas sociales. Ciertos modos de valoración son apropiados para ciertos bienes y prácticas. En el caso de las mercancías, un coche, digamos, o una tostadora, la manera apropiada de valorarlos consiste en usarlos o en fabricarlos y venderlos para sacar una ganancia. Pero estaría mal tratarlo todo como si fuese una mercancía. Estaría mal, por ejemplo, tratar a los seres humanos como mercancías, meras cosas que se compran y se venden. La razón es que los seres humanos son personas dignas de respeto, no objetos que se usan. El respeto y el uso son dos modos de valoración diferentes.

Elizabeth Anderson, filósofa moral de nuestros días, ha aplicado una versión de este argumento al debate de la subrogación de la maternidad. Sostiene que los contratos de subrogación de la maternidad degradan a los niños y a las mujeres embarazadas porque los tratan como si fuesen mercancías.[43] Por degradación entiende tratar a alguien «conforme a un modo de valoración inferior al que le es propio. Valoramos las cosas no solo conforme a un "más" o un "menos", sino de maneras cualitativamente superiores e inferiores. Amar o respetar a alguien consiste en valorarla de una manera superior a la que se habría empleado si solo se quisiese usarla. [...] La subrogación comercial degrada a los niños en la medida en que los trata como mercancías».[44] Los usa como instrumentos para el beneficio económico en vez de darles afecto como a personas dignas de amor y atenciones.

La subrogación comercial degrada también a las mujeres, según Anderson, al tratar sus cuerpos como si fuesen fábricas y pagarles para que no sientan apego por los niños que gestan. En el lugar de «las normas parentales por las que de ordinario se rige la gestación de un niño [pone] las normas económicas que rigen la producción ordinaria». Al requerir a la madre de alquiler que «reprima el amor materno que pueda ir sintiendo por el niño —escribe Anderson—, el contrato de subrogación convierte el embarazo en una forma de trabajo alienado».[45]

> En el contrato de subrogación, [la madre] acuerda que no creará, o que intentará que no se cree, una relación maternal con su cría. Su embarazo se aliena, ya que debe desviarlo del fin que las costumbres sociales del embarazo debidamente promueven: la vinculación emocional con el niño.[46]

Para el argumento de Anderson es básica la idea de que hay bienes de diferente naturaleza; es, pues, erróneo valorar todos los bienes de la misma forma, como instrumentos del beneficio económico o como objetos de uso. Si esta idea es correcta, explicaría por qué hay cosas que el dinero no debería comprar.

Plantea también una dificultad al utilitarismo. Si la justicia no consiste más que en maximizar el excedente de placer con respecto al dolor, necesitaremos una única y uniforme manera de pesar y valorar todos los bienes y el placer o el dolor que nos proporcionan. Bentham inventó el concepto de utilidad precisamente con ese propósito. Pero Anderson sostiene que valorarlo todo según la utilidad (o el dinero) degrada esos bienes o prácticas sociales —entre ellas, los niños, el embarazo y la maternidad— que se valoran apropiadamente solo conforme a normas superiores.

Pero ¿cuáles son esas normas superiores, y cómo podemos saber qué modos de valoración son los apropiados según los bienes y prácticas sociales de que se trate? Una forma de abordar la cuestión es la que parte de la idea de libertad. Como los seres humanos tienen la capacidad de ser libres, no se nos debería usar como si fuésemos meros objetos, sino digna y respetuosamente. Este enfoque resalta la diferencia entre las personas (dignas de respeto) y los meros objetos o cosas (susceptibles de ser usados) y hace de ella la distinción fundamental de la moral. Su mayor defensor es Immanuel Kant, a quien dedicaré el capítulo siguiente.

Otra manera de abordar la cuestión de las normas superiores es la que tiene su punto de partida en la idea de que la manera debida de valorar los bienes y las prácticas sociales depende de los propósitos y fines de esas prácticas. Recuérdese que, al oponerse a la subrogación de la maternidad, Anderson sostenía que «las costumbres sociales del embarazo debidamente promueven» un cierto fin, a saber, que la madre sienta un vínculo emocional con su hijo. Un contrato que requiera a la madre que no forme ese vínculo es degradante porque la desvía de ese fin. Pone en lugar de una «norma parental» una «norma que rige la producción comercial». La idea de que descubrimos las normas apropiadas para las distintas prácticas sociales al intentar comprender el fin característico, o propósito, de esas prácticas es el núcleo de la teoría de la justicia de Aristóteles. Examinaremos su enfoque en un capítulo posterior.

Hasta que no examinemos estas teorías de la moral y de la justicia no podremos determinar de verdad qué bienes y prácticas sociales deberían regirse por el mercado. Pero en el debate sobre los embarazos de alquiler, como en el del ejército profesional, vamos vislumbrando ya lo que está en juego.

Gestantes de alquiler en el Tercer Mundo

Melissa Stern, antes conocida como Baby M, se licenció hace poco en la Universidad George Washington, con la religión como disciplina principal.[47] Han pasado más de veinte años desde la famosa batalla legal en New Jersey por su custodia, pero el debate sobre la subrogación comercial de la maternidad no ha acabado. Muchos países europeos la han prohibido. En Estados Unidos, más de una decena de estados la ha legalizado, alrededor de una decena los prohíbe y en otros no está clara su situación legal.[48]

Las nuevas técnicas de reproducción han cambiado la economía de la gestación de sustitución de una forma que agudiza el dilema ético que supone. Cuando Mary Beth Whitehead aceptó quedarse embarazada a cambio de dinero aportó tanto el vientre como el óvulo. Era, pues, la madre biológica del niño que gestó. Pero con la aparición de la fecundación in vitro puede proporcionar el óvulo una mujer y gestarlo otra. Deborah Spar, profesora de administración de empresas en la Facultad de Ciencias Empresariales de Harvard, ha analizado las ventajas comerciales de la nueva forma de subrogación.[49] Antes, quienes contrataban la subrogación «necesitaban adquirir en un mismo paquete el óvulo y el seno materno». Ahora pueden hacerse «por una parte con el óvulo (que, en muchos casos, es de la que ejercerá de madre) y por otra con el seno materno».[50]

Que la cadena de suministro no venga ya en un solo «paquete», explica Spar, ha impulsado el crecimiento del mercado de la subrogación.[51] «Como elimina el nexo tradicional entre el óvulo, el seno materno y la madre, la subrogación solo de la gestación [ha] reducido el riesgo legal y emocional que rodeaba a la subrogación de la maternidad tradicional y ha permitido que prospere un mercado nuevo.» «Liberados de las restricciones que suponía el óvulo y el seno materno en un solo paquete», los intermediarios de la subrogación ahora «discriminan mejor» a la hora de elegir a las donantes y a las gestantes de alquiler, y «buscan óvulos con unos rasgos genéticos particulares y senos maternos de mujeres con una personalidad determinada».[52] Los que quieran ser padres no tendrán ya que preocuparse por las características genéticas de la mujer a la que paguen para que geste al niño, «ya que las están adquiriendo en otra parte».[53]

> No les importa su aspecto, y les preocupa menos que reclamen el niño cuando nazca o que los tribunales se inclinen a su favor. Solo

necesitan una mujer sana que esté dispuesta a sobrellevar un embarazo y a cumplir ciertas normas de conducta —no beber, no fumar, no tomar drogas— en su transcurso.[54]

Aunque la subrogación solo de la gestación ha aumentado el número de las mujeres que se ofrecen, la demanda también ha subido. Las gestantes reciben ahora entre 20.000 y 25.000 dólares por su embarazo. El coste total del acuerdo (incluidas las facturas médicas y los costes legales) viene a ser de entre 75.000 y 80.000 dólares.

Con precios tan elevados, no sorprende que quienes quieran ser padres por esta vía busquen salidas más baratas. Como pasa con otros productos y servicios en una economía global, de alquilar el embarazo se están encargando ahora proveedoras extranjeras que cobran poco. En 2002, la India legalizó la subrogación comercial con la esperanza de atraer a clientes extranjeros.[55]

Anand, ciudad del oeste de la India, podría ser pronto al embarazo de alquiler lo que Bangalore es a los centros de llamadas telefónicas. En 2008, más de cincuenta mujeres de la ciudad estaban embarazadas para parejas de Estados Unidos, Taiwan, Gran Bretaña y otros países.[56] Hay allí una clínica que ofrece alojamiento comunitario completo, con empleadas de hogar, cocineros y médicos, a quince embarazadas que sirven de gestantes de alquiler a clientes del mundo entero.[57] El dinero que ganan las mujeres, de 4.500 a 7.500 dólares, suele ser más de lo que ganarían en quince años, y con él pueden comprarse una casa o costear la educación de sus hijos.[58] Para los padres contratantes que van a Anand, es un chollo: les cuesta unos 25.000 dólares (incluidos los gastos médicos, el pago a la gestante, los vuelos de ida y vuelta y los gastos de hotel de dos estancias), alrededor de una tercera parte de lo que les costaría en Estados Unidos.[59]

A algunos les parece que la subrogación comercial que se practica hoy es menos inquietante moralmente que el tipo de acuerdo del caso de Baby M. Como la gestante de alquiler, se arguye, no aporta el óvulo, sino solo su vientre y el pechar con las molestias del embarazo, el niño no es genéticamente suyo. Según este punto de vista, no se vende un niño y es menos probable que la gestante reclame al recién nacido.

Pero la subrogación solo de la gestación no resuelve el dilema moral. Puede que sea cierto que las gestantes de alquiler sientan menos apego por los niños que gestan que las madres de alquiler que además ponen el óvulo. Pero dividir el papel de madre en tres (la madre adoptiva, la donante del óvulo y la gestante) en vez de en dos no zanja la cuestión de quién tiene más derecho al niño.

De haber alguna diferencia, será la de que encargar la gestación a proveedoras extranjeras, tal y como ahora se hace gracias, en parte, a la fecundación in vitro, lo que ha perfilado más nítidamente los problemas morales pertinentes. El considerable ahorro para los padres contratantes y los enormes beneficios económicos, con respecto a los sueldos de su tierra, que las gestantes de alquiler indias obtienen de esa manera de proceder hacen que resulte innegable que la subrogación comercial de la gestación puede incrementar el bienestar general. Por lo tanto, cuesta criticar desde un punto de vista utilitarista la irrupción, como negocio globalizado, del embarazo de alquiler.

Pero la provisión globalizada de embarazos de alquiler hace también que las dudas morales adquieran un tinte más dramático. Suman Dodia, india, de veintiséis años de edad, fue gestante de alquiler para una pareja británica. Antes ganaba 25 dólares al mes como empleada doméstica. Para ella, la perspectiva de ganar 4.500 dólares por nueve meses de trabajo tuvo que ser tan atractiva que difícilmente podría haberse resistido a ella.[60] Que hubiese parido a sus tres hijos en casa y nunca hubiese visitado a un médico en aquellos embarazos hace más conmovedor su papel de gestante de alquiler. Dijo de su embarazo pagado: «Estoy teniendo más cuidado ahora que con mis propios embarazos».[61] Aunque los beneficios económicos de su decisión de ser una gestante de alquiler están claros, no lo es tanto que podamos llamarla libre. Además, la creación de un negocio de los embarazos de alquiler a escala mundial —y nada más y nada menos que por una política deliberada de algunos países pobres— hace más intensa la impresión de que subrogar la gestación degrada a las mujeres al instrumentalizar sus cuerpos y su capacidad reproductiva.

Cuesta imaginar dos actividades humanas más disímiles que tener hijos y guerrear. Pero las embarazadas de alquiler indias y el soldado al que Andrew Carnegie pagó para que fuese por él a la guerra civil norteamericana tienen algo en común. Reflexionar sobre lo bueno y lo malo de ambas situaciones nos pone cara a cara con dos de las preguntas que dividen a unas concepciones de la justicia de otras: ¿hasta qué punto somos libres cuando elegimos en el libre mercado?; ¿hay ciertas virtudes y bienes superiores que los mercados no honran y el dinero no puede comprar?

5

Lo que cuenta es el motivo. Immanuel Kant

Si cree que hay derechos humanos universales, es que usted, seguramente, no es utilitarista. Si todos los seres son dignos de respeto, sean quienes sean o vivan donde vivan, estará mal que se les trate como meros instrumentos de la felicidad colectiva. (Recuérdese la historia del niño desnutrido que languidecía en el sótano por el bien de la «ciudad de la felicidad».)

Puede que usted defienda los derechos humanos porque respetarlos maximizará la utilidad a largo plazo. En tal caso, sin embargo, su razón para respetar los derechos no es el respeto hacia la persona que los posee, sino porque así les irá mejor a todos. Una cosa es que se condene esa situación en la que tiene que haber un niño que sufra porque reduce la utilidad general; otra, condenarla porque es moralmente mala en sí, una injusticia que se comete con el niño.

Si los derechos no se fundamentan en la utilidad, ¿cuál es su fundamento moral? Los libertarios ofrecen una respuesta posible. Las personas no deberían ser usadas como un simple medio para el bienestar de los demás, porque de ese modo se viola el derecho fundamental de ser el dueño de uno mismo. Mi vida, mi trabajo y mi persona me pertenecen a mí solo. No están a la disposición de la sociedad en su conjunto.

Como hemos visto, sin embargo, la idea de ser el dueño de uno mismo aplicada de modo coherente tiene consecuencias que solo pueden gustarle a un libertario acérrimo: un mercado sin restricciones y sin red de seguridad para el que caiga; un Estado mínimo que prescinde de la mayor parte de las medidas que palían la desigualdad y promueven el bien común; y un respeto al consentimiento tan grande que permite afrentas a la dignidad humana, por parte de las propias víctimas, del calibre del canibalismo pactado o de venderse a sí mismo como esclavo.

Ni siquiera John Locke (1632-1704), el gran teórico de los derechos de propiedad y del gobierno limitado, proclamaba un derecho ilimitado a ser el dueño de uno mismo. Negaba que podamos disponer de nuestra vida y libertad cuando nos apetezca. Pero la teoría de Locke de los derechos inalienables invoca a Dios, lo que plantea un problema a quienes buscan un fundamento moral de los derechos que no descanse en premisas religiosas.

El argumento de Kant a favor de los derechos

Immanuel Kant (1724-1804) ofrece una concepción alternativa de los deberes y los derechos, una de las más poderosas e influyentes que filósofo alguno haya producido. No se basa en que seamos nuestros propios dueños o en que se diga que nuestras vidas y libertades son un don de Dios. Se basa en que somos seres racionales, merecedores de dignidad y respeto.

Kant nació en Königsberg, ciudad de la Prusia Oriental, en 1724, y murió allí casi ochenta años después. Procedía de una familia modesta. Su padre era guarnicionero; era, como la madre, pietista, fe protestante que resaltaba la importancia de la vida religiosa interior y de las buenas obras.[1]

Destacó en la universidad de Königsberg, donde ingresó a los dieciséis años. Durante un tiempo trabajó como tutor privado, y a los treinta y un años consiguió su primer trabajo académico como docente sin salario fijo; le pagaban según el número de alumnos que acudía a sus clases. Fue un profesor popular y laborioso; daba unas veinte clases a la semana, de metafísica, lógica, ética, derecho, geografía y antropología.

En 1781, a los cincuenta y siete años, publicó su primer gran libro, la *Crítica de la razón pura*, que ponía en entredicho la teoría empirista del conocimiento que deriva de David Hume y John Locke. Cuatro años más tarde publicó *Fundamentación de la metafísica de las costumbres*, la primera de las varias obras que dedicó a la filosofía moral. Cinco años después de que apareciesen en 1780 los *Principios de la moral y la legislación* de Bentham, la *Fundamentación* de Kant procedía a una devastadora crítica del utilitarismo. Defendía que la moral no consiste en maximizar la felicidad ni en perseguir ningún otro fin: consiste en respetar a las personas como fines en sí mismos.

La *Fundamentación* de Kant apareció poco después de la Revolución americana (1776) y justo antes de la Revolución francesa (1789). En consonancia con el espíritu y el ímpetu moral de esas revoluciones, pone fuertes cimientos a lo que los revolucionarios del siglo XVIII llamaban derechos del hombre, o lo que a principios del siglo XXI llamamos derechos humanos universales.

La filosofía de Kant no es pan comido. Pero no deje que eso le eche para atrás. Merece la pena; es enorme la importancia de lo que con ella nos jugamos. La *Fundamentación* aborda una pregunta de gran calado: ¿cuál es el principio supremo de la moral? Y en la respuesta aborda otra cuestión capital: ¿qué es la libertad?

Desde que las enunció, las respuestas de Kant a ambas preguntas se alzan, gigantescas, sobre la filosofía moral y política. Sin embargo, su influencia histórica no es la única razón para prestarles atención. Por amedrentadora que pueda parecer la filosofía de Kant a primera vista, la verdad es que informa buena parte del pensamiento moral y político contemporáneo, aunque no seamos conscientes de ello. Por lo tanto, intentar entender a Kant no es solo un ejercicio filosófico; es además una forma de examinar algunas de las premisas fundamentales implícitas en nuestra vida pública.

La importancia que le da Kant a la dignidad humana informa las ideas actuales acerca de los derechos humanos universales. Más importancia tiene aún el que su formulación de la libertad figure en muchos de nuestros debates de hoy sobre la justicia. En la introducción de este libro he diferenciado tres maneras de abordar la justicia. Una de ellas, la de los utilitaristas, dice que para definir la justicia y determinar qué debe hacerse hay que preguntarse qué maximizará el bienestar o la felicidad colectiva de la sociedad en su conjunto. Un segundo enfoque liga la justicia a la libertad. Los libertarios pro libre mercado ofrecen un ejemplo de tal enfoque. Dicen que la distribución justa de la renta y del patrimonio será aquella, la que sea, que se derive del libre intercambio de bienes y servicios en un mercado sin restricciones. Regular el mercado es injusto, sostienen, porque viola la libertad de elección del individuo. Un tercer enfoque dice que la justicia consiste en dar a las personas lo que moralmente se merecen: en asignar los bienes para premiar y promover la virtud. Como veremos cuando examinemos el pensamiento de Aristóteles (en el capítulo 8), el enfoque basado en la virtud liga la justicia a la vida buena.

Kant rechaza el primer enfoque (maximizar el bienestar) y el tercero (promover la virtud). Ninguno de los dos, piensa, respeta la libertad humana. Aboga, pues, y lo hace poderosamente, por el segundo, el que liga la justicia y la moral a la libertad. Pero la idea de libertad que propone es exigente, más exigente que la libertad de elegir que ejercemos cuando compramos y vendemos bienes en el mercado. Lo que solemos entender por libertad de mercado o elección del consumidor no es verdadera libertad, sostiene Kant, porque se limita a satisfacer deseos que, para empezar, no hemos elegido nosotros.

En un momento volveremos a esa idea más elevada de libertad que tenía Kant. Pero antes veamos por qué piensa que los utilitaristas se equivocan al creer que la justicia y la moral consisten en maximizar la felicidad.

Las pegas de maximizar la felicidad

Kant rechaza el utilitarismo. Al fundamentar los derechos en un cálculo de qué producirá más felicidad, sostiene, el utilitarismo vuelve vulnerables los derechos. Hay además un problema más hondo: que se intente derivar los principios morales de los deseos que dé la casualidad que tengamos es una manera equivocada de concebir la moral. Que algo les dé placer a muchos no hace que esté bien. El mero hecho de que la mayoría, por grande que sea, esté a favor, por convencidamente que sea, de tal o cual ley no la vuelve justa.

Kant sostiene que la moral no puede basarse en consideraciones meramente empíricas, como lo son los intereses, necesidades, deseos y preferencias que las personas puedan tener en un momento dado. Esos factores son variables y contingentes, señala, así que difícilmente podrían basarse en ellos unos principios morales universales. Pero la idea fundamental de Kant es otra: basar los principios morales en preferencias y deseos —aunque sea el deseo de ser feliz— malentiende qué es la moral. El principio utilitarista de la felicidad «no contribuye en absoluto al fundamento de la moral, pues hacer que un hombre sea feliz es completamente diferente a hacerle bueno, y hacerle prudente o astuto en la persecución de lo que le es ventajoso es completamente diferente a hacerle virtuoso».[2] Basar la moral en intereses y preferencias destruye su dignidad. No nos enseña a distinguir lo bueno de lo malo, sino «solo a echar mejor la cuenta».[3]

Si nuestras necesidades y deseos no valen como fundamentos de la moral, ¿qué queda? Una posibilidad es Dios. Pero no es esa la respuesta de Kant. Aunque era cristiano, Kant no basaba la moral en la autoridad divina. Defendía, por el contrario, que podemos llegar al principio supremo de la moral por medio del ejercicio de lo que llama «razón práctica pura». Para ver cómo podemos, según Kant, alcanzar la ley moral mediante el uso de la razón, indaguemos ahora la íntima conexión, tal y como lo ve Kant, entre nuestra capacidad de razonar y nuestra capacidad de ser libres.

Kant sostiene que todas las personas son dignas de respeto, no porque seamos nuestros propios dueños, sino porque somos seres racionales, capaces de razonar; somos además seres autónomos, capaces de actuar y elegir libremente.

Kant no quiere decir que siempre logremos actuar racionalmente o que siempre escojamos autónomamente. A veces lo hacemos y a veces no. Quiere decir solo que somos capaces de razonar y de ser libres, y que esa capacidad es común a todos los seres humanos como tales.

Kant no duda en admitir que la capacidad racional no es la única que poseemos. Tenemos también la de sentir placer y dolor. Kant reconoce que, además de racionales, somos criaturas sintientes. Por «sintientes» Kant entiende que respondemos a nuestros sentidos, a nuestras sensaciones. Bentham, pues, tenía razón, pero solo a medias. Tenía razón al observar que nos gusta el placer y nos disgusta el dolor. Pero se equivocaba al recalcar que somos «nuestros dueños soberanos». Kant sostiene que la razón puede ser soberana, al menos parte del tiempo. Cuando la razón gobierna nuestra voluntad, no nos mueve el deseo de buscar el placer y escapar del dolor.

Nuestra capacidad de razonar está ligada a nuestra capacidad de ser libres. Combinadas, estas capacidades nos diferencian y ponen aparte de la mera existencia animal. Hacen que no seamos solo meras criaturas con apetitos.

¿Qué es la libertad?

Para comprender la filosofía moral de Kant hemos de saber qué entiende por libertad. Solemos pensar que la libertad es que no haya obstáculos para hacer lo que queremos. Kant discrepa. Su noción de la libertad es más estricta, más exigente.

Kant razona como sigue: cuando buscamos, como los animales, el placer o la ausencia de dolor, no estamos actuando en realidad libremente. Actuamos como esclavos de nuestros apetitos y deseos. ¿Por qué? Porque cuando estamos persiguiendo la satisfacción de nuestros deseos, todo lo que hacemos lo hacemos por un fin que nos viene dado de fuera de nosotros. Voy por aquí para calmar mi hambre, voy por allá para templar mi sed.

Suponga que intento decidir el sabor del helado que voy a pedir: ¿chocolate, vainilla o café con toffee crujiente? Puedo pensar que estoy ejerciendo la libertad de elegir, pero lo que en realidad estoy haciendo es intentar figurarme qué sabor satisfará mejor mis preferencias, preferencias que yo no escogí. Kant no dice que esté mal que satisfagamos nuestras preferencias. Su idea es que, cuando lo hacemos, no actuamos libremente, sino conforme a una determinación que nos ha sido dada desde fuera. Al fin y al cabo, no escogí mi deseo por el café con toffee crujiente en vez de por la vainilla. Lo tengo, simplemente.

Hace años, Sprite se anunciaba con este lema: «Obedece a tu sed». El anuncio de Sprite llevaba implícita (sin que se percatasen de ello, no cabe duda) una idea kantiana. Cuando cojo una lata de Sprite (o de Pepsi, o de Coca-Cola), actúo por obediencia, no por mi libertad. Respondo a un deseo que no he escogido. Obedezco a mi sed.

Son frecuentes las discusiones por el papel que la naturaleza y la crianza desempeñan en el moldeo de la conducta. El deseo por beber un Sprite (u otras bebidas azucaradas), ¿está inscrito en los genes o lo induce la publicidad? Para Kant, tal debate está fuera de lugar. Esté mi comportamiento determinado por la biología o por lo social, no seré auténticamente libre. Actuar libremente, según Kant, es actuar autónomamente. Y actuar autónomamente es actuar conforme a una ley que me doy a mí mismo, no conforme a los dictados de la naturaleza o de la convención social.

Una forma de entender lo que Kant quiere decir con «actuar autónomamente» es contrastar la autonomía con lo contrario de la autonomía, y para nombrar lo contrario de la autonomía Kant se inventa una palabra: heteronomía. Cuando actúo heterónomamente, actúo conforme a determinaciones dadas fuera de mí. Un ejemplo: si dejo caer una bola de billar, se precipitará hacia el suelo. En su caída, la bola de billar no actúa con libertad; su movimiento está gobernado por las leyes de la naturaleza, en este caso la de la gravedad.

Supongamos que me caigo (o me tiran) del Empire State Building. A medida que me precipito hacia el suelo, nadie diría que estoy actuando libremente; mi movimiento está gobernado por la ley de la gravedad, como pasaba con la bola de billar.

Supongamos ahora que caigo sobre otra persona y la mato. No seré moralmente responsable de esa desafortunada muerte, no más de lo que lo sería la bola de billar si cayese desde una gran altura y le diese a alguien en la cabeza. En ninguno de esos casos actúa el objeto que cae —yo o la bola de billar— con libertad. En ambos casos, el objeto que cae está gobernado por la ley de la gravedad. Como no hay autonomía, no hay responsabilidad moral.

Ahí, pues, está el nexo entre la libertad como autonomía y la idea de la moral que propone Kant. Actuar libremente no consiste en escoger los mejores medios para un fin dado; consiste en elegir el fin mismo por lo que es, elección que los seres humanos pueden hacer, y las bolas de billar (y la mayoría de los animales) no.

Personas y cosas

Son las tres de la madrugada, y tu compañero de cuarto en el colegio universitario te pregunta por qué estas levantado tan tarde dándole vueltas a dilemas que tienen que ver con tranvías.

—Para escribir un buen trabajo para primero de ética —contestas.

—Pero ¿por qué quieres escribir un buen trabajo? —pregunta tu compañero de cuarto.

—Para sacar una buena nota final.

—Pero ¿por qué quieres obtener una buena nota final?

—Para conseguir un trabajo en un banco de inversión.

—Pero ¿por qué quieres un trabajo en un banco de inversión?

—Para ser algún día el director de un fondo de inversiones especulativas.

—Pero ¿por qué quieres ser director de un fondo de inversiones especulativas?

—Para ganar mucho dinero.

—Pero ¿por qué quieres ganar mucho dinero?

—Para comer a menudo langosta, que me gusta. Al fin y al cabo, soy una criatura sintiente. ¡*Por eso* estoy levantado tan tarde pensando en tranvías sin frenos!

Este es un ejemplo de lo que Kant llama determinación heterónoma: hacer algo en pos de otra cosa, que a su vez se desea en pos de otra, y así sucesivamente. Cuando actuamos heterónomamente, actuamos en pos de fines dados fuera de nosotros. Somos instrumentos, no autores, de lo que perseguimos.

La noción de autonomía de Kant contrasta radicalmente con esa situación. Cuando actuamos autónomamente, según una ley que nos damos a nosotros mismos, si hacemos algo, será por lo que es, como un fin en sí mismo. Dejamos de ser instrumentos de fines dados fuera de nosotros. Esta capacidad de actuar autónomamente es lo que confiere a la vida humana su especial dignidad. Establece la diferencia entre las personas y las cosas.

Para Kant, respetar la dignidad humana significa tratar a las personas como fines en sí mismas. Esta es la razón de que esté mal usar a las personas en pos del bienestar general, como hace el utilitarismo. Tirar al hombre corpulento a las vías para que no pase el tranvía lo usa como a un medio; por lo tanto, no lo respeta como a un fin en sí mismo. Un utilitarista esclarecido (como Mill) quizá renuncie a empujar al hombre, preocupado por los efectos secundarios que disminuirían la utilidad a largo plazo (a la gente le entraría enseguida miedo a estar en un puente, etc.). Pero Kant mantendría que esa es una razón equivocada para desistir de tirar al hombre. Sigue tratando a la víctima potencial como a un instrumento, un objeto, un mero medio para la felicidad de los demás. Le deja vivir, no por lo que es, sino para que otros puedan cruzar un puente sin temor.

Se suscita así la cuestión de qué le da valor moral a una acción, y esa cuestión nos lleva de la idea especialmente exigente de libertad que propone Kant a su no menos exigente idea de la moral.

¿Qué es moral? Búsquense los motivos

Según Kant, el valor moral de una acción no consiste en las consecuencias que se sigan de ella, sino en la intención con la que se haya realizado. Lo que importa es el motivo, y el motivo debe ser de cierto tipo. Lo que importa es hacer lo que se debe porque es lo debido, no por motivos ulteriores.

«Una buena voluntad no es buena por lo que efectúa o logra», escribe Kant. Es buena en sí misma, prevalezca o no. «Incluso si [...] esa voluntad carece de todo poder para llevar a cabo sus intenciones, si aun con el mayor de los esfuerzos no consigue nada [...] incluso entonces seguiría brillando como una gema de por sí, como algo que tiene todo su valor en sí mismo.»[4]

Para que una acción sea moralmente buena, «no basta con que sea conforme a la ley moral, debe además haberse hecho por la ley moral».[5] Y el motivo que confiere valor moral a una acción es el motivo del deber, y Kant entiende por ello que se haga lo que es debido por la razón debida.

Al decir que solo el motivo del deber confiere valor moral a una acción, Kant no está diciendo cuáles son los deberes concretos que tenemos. No nos está diciendo todavía qué nos pide el principio supremo de la moralidad. Se limita a observar que, cuando establecemos el valor moral de una acción, evaluamos los motivos por los que ha sido hecha, no las consecuencias que produce.[6]

Si el motivo por el que hacemos algo no es el deber, si es el interés propio, por ejemplo, nuestra acción carecerá de valor moral. Esto es cierto, mantiene Kant, no solo para el interés propio, sino para todos y cada uno de los intentos de satisfacer nuestras necesidades, deseos, preferencias y apetitos. Kant contrasta motivos como estos, a los que llama «motivos de inclinación», con el motivo del deber, y recalca que solo las acciones llevadas a cabo por el motivo del deber tienen valor moral.

El tendero calculador y la Oficina del Mejor Negocio

Kant ofrece varios ejemplos que expresan la diferencia entre el deber y la inclinación. El primero se refiere a un tendero prudente. Un cliente inexperto, un niño, digamos, entra en un colmado para comprar pan. El tendero podría cobrarle de más —cobrarle un precio más alto que el habitual para el pan— y el niño no se enteraría. Pero el tendero comprende que, si otros descubren que se ha aprovechado del niño de esa forma, correría la noticia, lo que perjudicaría al negocio. Por esta razón, decide no cobrarle de más al niño. Le cobra lo usual. Así, el tendero hace lo que se debe, pero por una razón indebida. La única razón por la que se ha portado honradamente con el niño ha sido la de proteger su reputación. El tendero actúa honradamente solo por interés propio; la acción del tendero carece de valor moral.[7]

Se puede ver un análogo moderno del tendero prudente de Kant en la campaña de afiliación de la Oficina del Mejor Negocio de Nueva York. Para incorporar a nuevos miembros, la Oficina publica a veces un anuncio de página completa en el *New York Times* con este encabezamiento: «La honradez es la mejor política. Y la más provechosa». El texto del anuncio no deja lugar a dudas acerca de los motivos a los que apela:

> La honradez. Es tan importante como cualquier otro activo. Porque un negocio que procede con la verdad por delante, con transparencia y asignando a las cosas el valor que realmente tienen, no puede sino ir bien. Esa es la meta por la que apoyamos a la Oficina del Mejor Negocio. Únete a nosotros. Y benefíciate con ello.

Kant no condenaría a la Oficina del Mejor Negocio; promover la honradez en los negocios es loable. Pero hay una importante diferencia moral entre ser honrado por mor de la honradez en sí misma y ser honrado por mor de la línea de resultados. La primera es una postura basada en principios, la segunda es una postura prudente. Kant sostiene que solo la postura basada en principios concuerda con el motivo del deber, el único motivo que confiere valor moral a una acción.

O piense en este ejemplo: hace años, la Universidad de Maryland intentó combatir la extendida costumbre de copiar en los exámenes pidiendo a los alumnos que firmasen un compromiso de no hacerlo. Como incentivo, a los que hicieran esa promesa se les ofrecía una tarjeta de descuento con la que se ahorraban entre un 10 y un 25 por ciento en los establecimientos de la zona.[8] No se sabe cuántos estudiantes prometieron que no copiarían por el descuento en la pizzería de la esquina. Pero la mayoría estaremos de acuerdo en que comprar la honradez carece de valor moral. (El descuento pudo lograr que se copiase menos, o no; la cuestión moral, sin embargo, es si la honradez motivada por las ganas de un descuento o una recompensa monetaria tiene valor moral. Kant diría que no.)

Estos casos conceden verosimilitud a la aseveración de Kant de que solo el motivo del deber —hacer algo porque está bien hacerlo, no porque sea útil o conveniente— confiere valor moral a una acción. Sin embargo, dos nuevos ejemplos sacan a la luz una complicación de la aseveración de Kant.

Seguir vivo

El primero se refiere al deber, así lo considera Kant, de preservar la propia vida. Como la mayor parte de las personas tienen una fuerte inclinación a seguir viviendo, rara vez se alude a este deber. La mayor parte de las molestias que nos tomamos para preservar la vida carecen, pues, de contenido moral. Abrocharnos el cinturón de seguridad y mantener bajo control el colesterol son actos prudentes, no morales.

Kant reconoce que a menudo cuesta saber cuáles son los motivos por los que alguien actúa como actúa. Y reconoce que pueden estar presentes a la vez el motivo del deber y el de la inclinación. Su idea es que solo el motivo del deber —hacer algo porque está bien hacerlo, no porque sea útil, placentero o conveniente— confiere valor moral a una acción. Lo ilustra con el ejemplo del suicidio.

Las personas, en su mayoría, siguen vivas porque aman la vida, no porque tengan el deber de hacerlo. Kant ofrece un ejemplo donde el motivo del deber se hace visible. Imagina una persona sin esperanzas, misérrima, tan desalentada que no desea seguir viviendo. Si echa mano de toda su voluntad para seguir viviendo, no por inclinación sino por deber, su acción tendrá valor moral.[9]

Kant no mantiene que solo las personas hundidas en la miseria pueden cumplir con el deber de seguir vivas. Es posible amar la vida y, sin embargo, seguir viviendo por la razón debida, a saber, que se tiene la obligación de seguir viviendo. El deseo de seguir viviendo no socava el valor moral de preservar la propia vida, siempre y cuando la persona reconozca el deber de preservarla y la preserve teniéndolo presente.

El misántropo moral

Quizá cuando más arduas resultan las formulaciones de Kant es cuando hay que aplicarlas al deber, tal y como él lo concibe, de ayudar a otros. Algunas personas son altruistas. Sienten compasión por otros y les agrada ayudarles. Pero, según Kant, hacer buenas obras porque se disfruta al llevar el contento a otros, «por conforme al deber y amable que pueda ser», carece de valor moral. Parecerá que esta conclusión desafía a la intuición. ¿No es bueno, acaso, ser una de esas personas que disfruta ayudando a los demás? Kant diría que sí. Ciertamente, no piensa que haya nada malo en actuar porque se goce llevando el contento a los demás. Pero distingue entre este motivo para ayudar a los demás —hacer buenas obras me agrada— y el motivo del deber. Y mantiene que solo el motivo del deber confiere valor moral a una acción. La compasión del altruista «merece elogio y aliento, pero no una alta estima».[10]

¿Cuándo, pues, tendrá una buena obra valor moral? Kant ofrece un ejemplo. Imaginemos que nuestro altruista sufre una desgracia que extingue su amor por la humanidad. Se convierte en un misántropo que no siente la menor simpatía ni la menor compasión. Pero este corazón tan duro se aparta de su indiferencia y viene en ayuda de los seres con los que comparte la condición humana. Desprovisto de la inclinación a ayudar, lo hace «solo por mor del deber». Ahora, por primera vez, tienen sus actos valor moral.[11]

En algunos aspectos, parecerá un juicio extraño. ¿Quiere decir Kant que debe valorarse a los misántropos como ejemplos morales? No, no exactamente. Sentir placer al hacer lo que se debe no socava necesariamente su valor moral. Lo que importa, nos dice Kant, es que las buenas obras se hagan porque deben hacerse, nos agrade o no hacerlas.

El héroe del certamen ortográfico

Piénsese en un incidente que ocurrió hace unos años en el certamen ortográfico nacional, celebrado en Washington. A un chico de trece años se le pidió que deletrease «ecolalia», palabra que significa «tendencia a repetir lo que se oye». No la deletreó bien, pero los jueces no oyeron lo que en realidad dijo, dictaminaron que lo había hecho bien y le dejaron seguir adelante. Cuando supo que había deletreado mal la palabra, se presentó ante los jueces y se lo contó. Y le eliminaron. Al día siguiente, los titulares proclamaban que ese joven tan honrado era un «héroe del certamen ortográfico», y su foto salió en el *New York Times*. «Los jueces me dijeron que era muy íntegro», contó a los periodistas. Les dijo también que, en parte, el motivo por el que había procedido así era que «no quería sentirse como un gusano».[12]

Cuando leí esa declaración del héroe del certamen ortográfico me pregunté qué habría pensado Kant. No querer sentirse como un gusano es una inclinación, claro está. Por lo tanto, si ese era el motivo por el que el chico dijo la verdad, cabe pensar que el valor moral de su acto estaba socavado. Pero semejante conclusión parece demasiado severa. Querría decir que solo las personas sin sentimientos podrían realizar actos moralmente valiosos. No creo que fuera esto lo que Kant pensaba.

Si el chico solamente dijo la verdad por no sentirse culpable o para que no se pensase mal de él si el error se descubría, que contase la verdad carece de valor moral. Pero si dijo la verdad porque sabía que estaba bien hacerlo, su acto es moral con independencia del placer o satisfacción que le reportase. Mientras hiciese lo que debía por la razón debida, que se sintiese bien por haberlo hecho no socava el valor moral de su acto.

Lo mismo vale para el altruista de Kant. Si solo ayudaba a otros por el placer que le daba, sus actos carecían de valor moral. Pero si reconocía como deber ayudar a los que, como él mismo, eran seres humanos y lo hacía por cumplir ese deber, el placer que derivase de ello no lo descalificaba moralmente.

En la práctica, claro está, es frecuente que el deber y la inclinación coexistan. Cuesta a menudo determinar los motivos por los que uno mismo actúa, no digamos ya los de otros. Kant no lo niega. Tampoco piensa que solo un misántropo duro de corazón pueda realizar actos moralmente valiosos. Lo que pretende con su ejemplo del misántropo es que quede bien claro el motivo del deber, que se manifieste sin que lo velen la simpatía o la compasión. Y en cuanto vislumbramos el motivo del deber, identificamos el rasgo que les da a nuestras buenas obras su valor moral, a saber: el principio a que se atienen, no las consecuencias.

¿Cuál es el principio supremo de la moralidad?

Si la moral consiste en actuar como dicte el deber, queda por ver qué exige el deber. Para saberlo, según Kant, hay que saber cuál es el principio supremo de la moral. ¿Cuál es el principio supremo de la moral? El propósito de Kant en la *Fundamentación* es responder esta pregunta.

Nos acercará a la respuesta de Kant el modo en que conecta tres grandes ideas: la moral, la libertad y la razón. Kant las explica por medio de una serie de contrastes o dualismos. Están expresados con un poco de jerga, pero si se percibe cuál es el paralelismo entre los términos que se contrastan, se estará en el buen camino para entender la filosofía moral de Kant. Estos son los contrastes que debemos tener en cuenta:

Primer contraste (la moral): deber / inclinación
Segundo contraste (la libertad): autonomía / heteronomía
Tercer contraste (la razón): imperativo categórico / imperativo hipotético

Hemos examinado ya el primero de estos contrastes, entre el deber y la inclinación. Solo el motivo del deber confiere valor moral a una acción. Veamos si puedo explicar los otros dos.

El segundo contraste describe dos formas diferentes de determinar mi voluntad: autónomamente y heterónomamente. Según Kant, solo soy libre cuando mi voluntad está determinada autónomamente, gobernada por una ley que me doy a mí mismo. Ahora bien, pensamos a menudo que la libertad consiste en poder hacer lo que queramos, en perseguir nuestros deseos sin que nada nos estorbe. Pero Kant le plantea una gran dificultad a esta forma de concebir la libertad: si, para empezar, uno no ha elegido sus propios deseos, ¿cómo podremos pensar que somos libres cuando hacemos por satisfacerlos? Kant expresa esa dificultad con el contraste entre autonomía y heteronomía.

Cuando mi voluntad está determinada heterónomamente, está determinada externamente, desde fuera de mí mismo. Pero esto lleva a un arduo problema: si la libertad consiste en algo más que en seguir mis deseos e inclinaciones, ¿cómo es posible la libertad? ¿No estará todo lo que hago motivado por deseos o inclinaciones determinados por influencias exteriores?

La respuesta dista de ser obvia. Kant observa que «no hay nada en la naturaleza que no actúe obedeciendo a leyes», como las de la necesidad natural, las de la física o la de causa y efecto.[13] Eso nos incluye. Al fin y al cabo, somos seres naturales. Los seres humanos no estamos eximidos de las leyes de la naturaleza.

Pero si tenemos la capacidad de ser libres, habremos de poder actuar conforme a algún otro tipo de ley, una ley diferente a las de la física. Kant sostiene que toda acción está gobernada por leyes de un tipo o de otro. Y si nuestras acciones estuviesen regidas solo por las leyes de la física, no seríamos diferentes de una bola de billar. Por lo tanto, si tenemos la capacidad de ser libres, es que hemos de ser capaces de actuar, no conforme a una ley que nos es dada o que se nos impone, sino conforme a una ley que nos demos a nosotros mismos. Pero ¿de dónde procedería una ley así?

La respuesta de Kant es: de la razón. No somos únicamente seres sintientes, gobernados por el placer y el dolor que proporcionan los sentidos; somos además seres racionales, capaces de ejercitar la razón. Si la razón determina mi voluntad, la voluntad se convertirá en la facultad de escoger con independencia de los dictados de la naturaleza o de la inclinación. (Obsérvese que Kant no dice que la razón gobierne siempre mi voluntad; dice solo que, en la medida en que soy capaz de actuar libremente, conforme a la ley que me dé a mí mismo, tendrá que ocurrir que la razón pueda gobernar mi voluntad.)

Por supuesto, Kant no fue el primer filósofo que afirmó que los seres humanos son capaces de ejercitar la razón. Pero su noción de razón, como sus concepciones de la libertad y la moral, resulta especialmente exigente. Para los filósofos empiristas, entre ellos los utilitaristas, la razón es completamente instrumental. Nos capacita para descubrir los medios para perseguir ciertos fines, fines que la razón misma no proporciona. Thomas Hobbes llamó a la razón «exploradora de los deseos». David Hume la llamó «esclava de las pasiones».

Los utilitaristas consideraban que los seres humanos eran capaces de ejercer la razón, pero solo la instrumental. La tarea de la razón, para los utilitaristas, no es determinar qué fines merece la pena perseguir, sino calcular cómo se maximiza la utilidad satisfaciendo los deseos que resulte que tengamos.

Kant niega que la razón tenga ese papel subordinado. Para él, la razón no es una mera esclava de las pasiones. Si la razón no fuese más que eso, dice Kant, estaríamos mejor con el instinto.[14]

La idea de razón de Kant —de la razón práctica, el tipo que interviene en la moral— no es la de una razón instrumental, sino la de la «razón práctica pura, que legisla *a priori*, haciendo caso omiso de cualquier fin empírico».[15]

Imperativos categóricos e hipotéticos

Pero ¿cómo puede hacer eso la razón? Kant distingue dos maneras que tiene la razón de mandar a la voluntad, dos tipos diferentes de imperativo. Un tipo de imperativo, quizá el que resulta más familiar, es el imperativo hipotético. Los imperativos hipotéticos se valen de la razón instrumental: si quieres X, haz Y. Si quieres tener buena reputación en los negocios, pórtate honradamente con tus clientes.

Kant contrasta los imperativos hipotéticos, que siempre son condicionales, con un tipo de imperativo que es incondicional: el imperativo categórico. «Si el acto es bueno solamente como un medio para otra cosa —escribe Kant—, el imperativo es hipotético. Si se representa el acto como bueno en sí mismo, y por lo tanto como necesario para una voluntad que en sí concuerda con la razón, el imperativo es categórico.»[16] La denominación de *categórico* parecerá quizá un tecnicismo, pero no cae lejos del uso normal de la palabra. Por «categórico» Kant entiende «incondicional». Así, por ejemplo, cuando un político desmiente categóricamente un supuesto escándalo, el desmentido no solo es enfático; es incondicional, sin resquicios o salvedades. De modo similar, un deber o un derecho categóricos son los que se aplican sean cuales sean las circunstancias. Para Kant, un imperativo categórico manda, en efecto, categóricamente, haciendo caso omiso de, con completa independencia de, cualquier otro propósito. «No le concierne la materialidad del acto y de los resultados que se presume tendrá, sino su forma y el principio del que se sigue. Y lo que es esencialmente bueno en el acto es la disposición mental, sean cuales sean las consecuencias.» Solo un imperativo categórico, sostiene Kant, podrá contar como imperativo moral.[17]

La conexión entre los tres contrastes paralelos resulta ahora visible. Ser libre, en el sentido de ser autónomo, requiere que se actúe, no a partir de un imperativo hipotético, sino de un imperativo categórico.

Se plantea así una pregunta esencial: ¿cuál *es* el imperativo categórico y qué nos pide? Kant dice que podemos responder esta pregunta basándonos en la idea de «una ley práctica que por sí sola mande absolutamente y sin necesidad de otros motivos».[18] Podremos responder la pregunta basándonos en la idea de una ley que nos obligue como seres racionales con independencia de nuestros fines particulares. Entonces, ¿cuál es esa ley?

Kant ofrece varias versiones o formulaciones del imperativo categórico, que cree equivalentes.

Primera versión del imperativo categórico: Universaliza tu máxima

A la primera versión la llama Kant «fórmula de la ley universal»: «Actúa solo conforme a aquella máxima de la que a la vez puedas querer que se convierta en una ley universal».[19] Por «máxima» Kant entiende una regla o principio que da la razón de tus actos. Lo que está diciendo es que deberíamos actuar basándonos solo en principios que se puedan universalizar sin contradicciones. Para ver qué quiere decir Kant con este criterio de naturaleza reconocidamente abstracta, pensemos en una cuestión moral concreta: ¿puede estar bien hacer una promesa que se sabe que no se va a poder cumplir?

Supongamos que necesito desesperadamente dinero, así que le pido que me lo preste. Sé perfectamente que no podré devolvérselo pronto. ¿Sería moralmente permisible que consiguiese el préstamo gracias a una falsa promesa de devolver el dinero enseguida, promesa que sé que no podré cumplir? ¿Sería compatible una falsa promesa con el imperativo categórico? Kant dice que no, que es evidente que no. Para ver que la falsa promesa no se compadece con el principio categórico, inténtese universalizar la máxima conforme a la cual voy a actuar.[20]

¿Cuál es la máxima en este caso? Algo por el estilo de lo siguiente: «Cuando alguien necesita desesperadamente dinero, debe pedir que se lo presten y prometer que lo devolverá aunque sepa que no podrá hacerlo». Si se intenta universalizar esta máxima y al mismo tiempo actuar siguiéndola, dice Kant, se descubrirá una contradicción: si todo el mundo hace falsas promesas cuando necesita dinero, nadie creerá esas promesas. De hecho, no habría promesas; universalizar las falsas promesas socavaría la institución de mantener las promesas. Pero entonces sería fútil, irracional incluso, intentar sacar dinero con una promesa. Esto enseña que hacer falsas promesas es malo moralmente y no se compadece con el imperativo categórico.

No a todos les parece convincente esta versión del imperativo categórico. La fórmula de la ley universal guarda cierta semejanza con el bromuro moral que los adultos emplean para poner en su sitio a los niños que se cuelan en una cola o hablan cuando no les toca: «¿Y si todos hiciesen lo mismo?». Si todo el mundo mintiese, nadie podría fiarse de la palabra de nadie y todos estaríamos peor. Si esto es lo que dice Kant, estará haciendo, al fin y al cabo, un argumento basado en las consecuencias: no se rechazaría la falsa promesa por principio, sino por sus consecuencias potencialmente dañinas.

Un pensador de la talla de John Stuart Mill dirigió esa crítica a Kant. Pero Mill no entendió bien la idea de Kant. Para Kant, ver si podría universalizar la máxima que rige mi actuación y seguir obedeciéndola a la hora de actuar no es una forma de hacer cábalas acerca de las posibles consecuencias. Es una comprobación de que mi máxima concuerda con el imperativo categórico. Una falsa promesa no está mal moralmente porque si se recurriese a las falsas promesas a gran escala se socavaría la confianza social (aunque muy bien podría ocurrir tal cosa). Está mal porque, al hacer la falsa promesa, privilegio mis necesidades y deseos (en este caso, de dinero) sobre las necesidades y deseos de los demás. Comprobar que se puede universalizar la máxima guarda relación con una potente exigencia moral: es una forma de comprobar si el acto que voy a realizar pone mis intereses y circunstancias especiales por encima de los intereses y circunstancias de los demás.

Segunda versión del imperativo categórico: Tratar a las personas como fines

La fuerza moral del imperativo categórico queda más clara en la segunda formulación de Kant: la fórmula de la humanidad como fin. Kant presenta la segunda versión del imperativo categórico como sigue: no podemos basar la ley moral en ningún interés, propósito o fin particular, porque entonces sería relativa a la persona a cuyos fines se refiriese. «Pero supongamos que hubiera algo cuya existencia tuviese en sí un valor absoluto», como un fin en sí mismo. «Entonces, en ese algo, y solo en ese algo, estaría el fundamento de un posible imperativo categórico.»[21]

¿Qué puede haber que tenga un valor absoluto, como un fin en sí mismo? La respuesta de Kant es: la humanidad. «Digo que el hombre, y en general cualquier ser racional, existe como un fin en sí mismo, no meramente como un medio para el uso arbitrario por esta o aquella voluntad.»[22] Esta es la diferencia fundamental, nos recuerda Kant, entre las personas y las cosas. Las personas son seres racionales. No solo tienen un valor relativo, sino que si algo hay que tenga valor absoluto, intrínseco, las personas lo tienen. Es decir, los seres racionales tienen dignidad.

Esta forma de razonar conduce a Kant a la segunda formulación del imperativo categórico: «Actúa de manera que trates a la humanidad, sea en tu persona o en la de cualquier otro, siempre, al mismo tiempo, como un fin, nunca solo como un medio».[23] Esta es la fórmula de la humanidad como fin.

Pensemos otra vez en las promesas falsas. La segunda formulación del imperativo categórico nos ayuda a ver, desde un ángulo un poco diferente, por qué está mal hacerlas. Cuando prometo que le devolveré el dinero que espero que me preste, sabiendo de sobra que no podré hacerlo, le estoy manipulando. Le estoy usando como un medio de mejorar mi solvencia, no le estoy tratando como un fin, digno de respeto.

Pensemos ahora en el caso del suicidio. Lo interesante ahí es darse cuenta de que tanto el asesinato como el suicidio no se compadecen con el principio categórico, y por la misma razón. A menudo pensamos en el asesinato y en el suicidio como actos radicalmente diferentes desde el punto de vista moral. Matar a alguien le quita la vida contra su voluntad, mientras que el suicidio lo elige quien lo comete. Pero la idea de Kant de tratar a la humanidad como un fin pone al asesinato y al suicidio a la par. Si cometo un asesinato, le quito la vida a alguien para satisfacer algún interés mío particular (robar un banco, consolidar mi poder político o dar salida a mi ira). Uso a la víctima como un medio y no respeto su humanidad como fin. Por eso viola el asesinato el imperativo categórico.

Para Kant, el suicidio viola el imperativo categórico de la misma forma. Si pongo fin a mi vida para escapar de una situación penosa, me uso a mí mismo como medio para aliviar mi propio sufrimiento. Pero, como nos recuerda Kant, una persona no es una cosa, «no es algo que se pueda usar simplemente como un medio». No tengo más derecho a disponer de la humanidad en mi propia persona que en otro. Para Kant, el suicidio está mal por la misma razón que está mal el asesinato. Ambos tratan a las personas como cosas y no respetan a la humanidad como un fin en sí misma.[24]

El ejemplo del suicidio saca a relucir un rasgo característico del deber que Kant cree que existe de respetar a nuestros congéneres humanos. Para Kant, el respeto a uno mismo y el respeto a otros manan del mismo principio. El deber de respetar es un deber que tenemos hacia las personas por tratarse de seres racionales, portadores de humanidad. No tiene nada que ver con quién sea cada uno en particular.

Hay una diferencia entre el respeto y otros lazos humanos. El amor, la simpatía, la solidaridad y el compañerismo son sentimientos morales que nos acercan más a unos que a otros. Pero la razón de que debamos respetar la dignidad de las personas no tiene nada que ver con lo que de particular puedan tener. El respeto kantiano no es como el amor. No es como la simpatía. No es como la solidaridad o el compañerismo. Amamos a nuestro cónyuge y a los miembros de nuestra familia. Sentimos simpatía por personas con las que nos identificamos. Sentimos solidaridad hacia nuestros amigos y camaradas.

Pero el respeto kantiano es un respeto a la humanidad en cuanto tal, por la capacidad racional que reside, indiferenciada, en todos. Esto explica por qué violarlo en mi propio caso es tan rechazable como violarlo en otros. Explica además por qué el principio kantiano del respeto se acomoda a las doctrinas de los derechos humanos universales. Para Kant, la justicia requiere que respetemos los derechos humanos de cualquier persona, viva donde viva o la conozcamos poco o mucho, simplemente porque es un ser humano, capaz de servirse de la razón y, por lo tanto, digna de respeto.

Moral y libertad

Podemos ahora ver el nexo, tal y como Kant lo concibe, entre la moral y la libertad. Actuar moralmente significa actuar conforme a un deber, por la ley moral. La ley moral consiste en un imperativo categórico, un principio que requiere que tratemos a las personas con respeto, como fines en sí mismas. Solo cuando actúo en concordancia con el imperativo categórico actúo libremente. Pues cuando actúo conforme a un imperativo hipotético actúo para satisfacer algún interés o fin que me es dado desde fuera de mí mismo. Pero en ese caso no soy realmente libre; mi voluntad no está determinada por mí, sino por fuerzas externas: lo que me impongan mis circunstancias o las necesidades y deseos que resulte que tenga.

Puedo escapar de los dictados de la naturaleza y las circunstancias solo si actúo autónomamente, conforme a una ley que me dé yo mismo. Tal ley ha de ser incondicional con respecto a mis necesidades y deseos particulares. Por lo tanto, las exigentes nociones propuestas por Kant de libertad y moral están conectadas. Actuar libremente, es decir, autónomamente, y actuar moralmente, conforme al imperativo categórico, son una y la misma cosa.

Esta manera de pensar acerca de la moral y la libertad conduce a Kant a su devastadora crítica del utilitarismo. El empeño en basar la moral en algún interés o deseo particular (como la felicidad o la utilidad) estaba condenado a fallar. «Pues lo que así encontraban nunca era el deber, sino la necesidad de la acción conforme a un interés determinado.» Pero todo principio basado en el interés «estaba condenado a estar siempre condicionado y no podía servir como ley moral en absoluto».[25]

Preguntas para Kant

La filosofía de Kant es potente y muy atractiva. Sin embargo, puede resultar difícil entenderla, sobre todo al principio. Si ha seguido el hilo hasta aquí, puede que se le hayan ocurrido varias preguntas. Veamos cuatro especialmente importantes.

Primera pregunta: *El imperativo categórico de Kant nos dice que tratemos a todos con respeto, como a fines en sí mismos. ¿No es lo mismo que la regla de oro («pórtate con los demás como quieras que ellos se porten contigo»)?*

Respuesta: No. La regla de oro depende de hechos contingentes, de cómo quiera la gente que se la trate. El imperativo categórico requiere que nos abstraigamos de esas contingencias y respetemos a las personas por tratarse de seres racionales, deseen lo que deseen en una situación concreta.

Suponga que usted se entera de que su hermano ha muerto en un accidente de coche. Su anciana madre, que tiene una salud delicada y vive en una residencia, le pide que le dé noticias de ese hermano. Usted no sabe si decirle la verdad o ahorrarle la conmoción y la angustia que le causaría. ¿Qué debe hacer? La regla de oro conduce a esta pregunta: ¿cómo te gustaría que te tratasen en una circunstancia parecida? La respuesta, claro está, es muy contingente. Algunos preferirán que se les hurten verdades dolorosas en momentos en que se sientan vulnerables, otros querrán la verdad, por penosa que sea. Usted podría perfectamente concluir que, si se encontrase en la situación de su madre, preferiría que no le contasen la verdad.

Para Kant, sin embargo, esa no es la pregunta que hay que hacer. Lo importante no es cómo se sentiría usted (o su madre) en esas circunstancias, sino lo que significa tratar a las personas como seres racionales, dignos de respeto. Este es un caso en el que la compasión podría apuntar hacia un lado y el respeto kantiano hacia otro. Desde el punto de vista del imperativo categórico, podría argüirse que si usted, preocupado por los sentimientos de su madre, le miente, estaría usándola como medio para que ella misma permanezca en paz en vez de respetarla como ser racional.

Segunda pregunta: *Kant parece dar a entender que responder al deber y actuar autónomamente son una y la misma cosa. Pero ¿cómo es posible tal cosa? Actuar conforme al deber significa tener que obedecer una ley. ¿Cómo puede la obediencia a la ley ser compatible con la libertad?*

Respuesta: El deber y la autonomía van de la mano solo en un caso especial, a saber, cuando soy el autor de la ley que es mi deber respetar. Mi dignidad en cuanto persona libre no consiste en estar sujeto a la ley moral, sino en ser el autor de «esa mismísima ley [...] y estar subordinado a ella solo por esa razón». Cuando acatamos el imperativo categórico acatamos una ley que hemos elegido nosotros mismos. «La dignidad del hombre consiste precisamente en esta capacidad legislativa general, aunque con la condición de que él mismo esté sujeto al mismo tiempo a esa legislación.»[26]

Tercera pregunta: *Si la autonomía consiste en actuar conforme a una ley que me doy a mí mismo, ¿qué garantiza que todo el mundo escogerá la misma ley moral? Si el imperativo categórico es producto de mi mente, ¿no es probable que personas diferentes lleguen a diferentes imperativos categóricos? Kant parece pensar que todos coincidiremos en la misma ley moral. Pero ¿cómo puede estar seguro de que personas diferentes no razonarán diferentemente y llegarán a leyes morales diversas?*

Respuesta: Cuando establecemos la ley moral, no escogemos como usted y como yo, personas particulares, sino como seres racionales, partícipes de lo que Kant llama «razón práctica pura». Por lo tanto, es erróneo pensar que está en nuestra mano determinar la ley moral en cuanto individuos. Por supuesto, si razonamos conforme a nuestros intereses, deseos y fines particulares es muy posible que acabemos quién sabe con cuántos principios distintos. Pero esos no serían principios de la moral, sino de la prudencia. Mientras ejerzamos la razón práctica pura, alcanzaremos las mismas conclusiones: llegaremos a un imperativo categórico único (universal). «Por lo tanto, una voluntad libre y una voluntad sujeta a las leyes morales son una y la misma cosa.»[27]

Cuarta pregunta: *Kant sostiene que, si la moral es algo más que calcular prudentemente, habrá de tomar la forma de un imperativo categórico. Pero ¿cómo podremos saber que la moralidad existe aparte del juego del poder y de los intereses? ¿Podremos tener alguna vez la seguridad de que contamos con la capacidad de actuar autónomamente, con libre albedrío? ¿Y si los científicos descubren (gracias a la toma de imágenes de la actividad cerebral, por ejemplo, o gracias a la neurociencia cognitiva) que, a fin de cuentas, no tenemos libre albedrío? ¿No quedaría así refutada la filosofía moral de Kant?*

Respuesta: El libre albedrío no es de ese tipo de cosas que la ciencia pueda probar o refutar. Tampoco lo es la moral. Es verdad que los seres humanos habitamos en el reino de la naturaleza. Todo lo que podamos hacer se podrá describir desde un punto de vista físico o biológico. Cuando levanto la mano para votar, mi acción se puede explicar hablando de músculos, neuronas, sinapsis y células. Pero se podrá explicar también hablando de ideas y creencias. Kant dice que no podemos evitar entendernos a nosotros mismos conforme a ambos puntos de vista, el del reino de la física y la biología y el del «inteligible» reino de la libre capacidad de actuar humana.

Para responder esta pregunta de modo más completo he de decir algo más acerca de esos dos puntos de vista. Son dos posibles formas de entender la naturaleza de la capacidad de actuar humana y de las leyes por las que se rigen nuestros actos. Kant los describe de la forma siguiente:

> Un ser racional [...] tiene dos puntos de vista desde los que puede contemplarse a sí mismo y conocer las leyes [...] de todas sus acciones. Puede verse *primero* a sí mismo, en cuanto pertenece al mundo sensible, sujeto a las leyes de la naturaleza (heteronomía); y *en segundo lugar*, en cuanto pertenece al mundo inteligible, sujeto a leyes que, al ser independientes de la naturaleza, no son empíricas, sino que se fundamentan solo en la razón.[28]

El contraste entre estas dos perspectivas es homólogo a los tres contrastes de que he hablado ya:

Primer contraste (la moral):	deber / inclinación
Segundo contraste (la libertad):	autonomía / heteronomía
Tercer contraste (la razón):	imperativo categórico / imperativo hipotético
Cuarto contraste (el punto de vista):	reino de lo inteligible / reino de lo sensible

En cuanto ser natural, pertenezco al mundo sensible. Mis actos están determinados por las leyes de la naturaleza y las regularidades de la causa y el efecto. Este es el aspecto de la actuación humana que la física, la biología y la neurociencia pueden describir. En cuanto ser racional, habito en un mundo inteligible. Ahí, al ser independiente de las leyes de la naturaleza, soy capaz de ser autónomo, de actuar conforme a una ley que me doy a mí mismo.

Kant sostiene que solo desde este segundo punto de vista (el del reino de lo inteligible) puedo verme a mí mismo como un ser libre, «pues ser independiente de la determinación de las causas del mundo sensible (y esto es lo que la razón debe atribuirse siempre a sí misma) es ser libre».[29]

Si no fuese más que un ser empírico, no podría ser libre; cada vez que se ejerciese la voluntad sería bajo el condicionamiento de algún interés o deseo. Toda elección sería heterónoma, regida por la persecución de algún fin. Mi voluntad nunca podría ser una causa primera, sino solo el efecto de alguna causa anterior, el instrumento de uno u otro impulso o inclinación.

En la medida en que nos concibamos a nosotros mismos como seres libres, no podremos concebirnos como seres meramente empíricos. «Cuando pensamos en nosotros como seres libres, nos transferimos al mundo inteligible y nos incorporamos a él como miembros suyos, y reconocemos la autonomía de la voluntad junto con su consecuencia, la moral.»[30]

Así que —para volver a la pregunta—, ¿cómo son posibles los imperativos categóricos? Solo lo son porque «la idea de la libertad me hace miembro de un mundo inteligible».[31] La idea de que podemos actuar libremente, ser moralmente responsables de nuestros actos y considerar a otros responsables moralmente de los suyos requiere que nos veamos en esa perspectiva, la del agente, no como meros objetos. Si usted quiere realmente oponerse a esta idea y empeñarse en que la libertad humana y la responsabilidad moral son puras ilusiones, las explicaciones de Kant no demostrarán que usted está equivocado. Sin embargo, resultaría difícil, si no imposible, entendernos, dar sentido a nuestra vida, sin alguna concepción de la libertad y de la moral. Y cualquier concepción así, piensa Kant, nos compromete a aceptar las dos formas de vernos: como agentes y como objetos. Y una vez se haya captado la fuerza de esta idea, se verá por qué la ciencia no podrá nunca probar o refutar la posibilidad de la libertad.

Recuerde que Kant admite que no somos solo seres racionales. No vivimos solo en el mundo inteligible. Si fuésemos solo seres racionales, si no estuviésemos sometidos a las leyes y necesidades de la naturaleza, todos nuestros actos «concordarían invariablemente con la autonomía de la voluntad».[32] Como vivimos, simultáneamente, en ambas perspectivas —el reino de la necesidad y el reino de la libertad—, siempre podrá haber una brecha entre lo que hacemos y lo que deberíamos hacer, entre cómo son las cosas y cómo deberían ser.

Otra forma de plantearlo es decir que la moral no es empírica. Guarda las distancias con el mundo. Al mundo, lo juzga. La ciencia no puede, con todo su poder y penetración, llegar a las cuestiones morales porque opera dentro del reino sensible.

«Tan imposible le es a la más sutil de las filosofías —escribe Kant— como a la razón humana más común expulsar a la libertad razonando.»[33] También le es imposible, podría haber añadido, a la neurociencia cognitiva, por refinada que sea. La ciencia puede investigar la naturaleza e inquirir acerca del mundo empírico, pero no puede responder las cuestiones morales o refutar el libre albedrío. La razón es que ni la moral ni la libertad son conceptos empíricos. No podemos probar que existan, pero tampoco podemos dar sentido a nuestra vida moral sin presuponerlas.

Sexo, mentiras y política

Una forma de explorar la filosofía moral de Kant consiste en ver cómo la aplicaba a algunas cuestiones concretas. Querría considerar tres aplicaciones: al sexo, a la mentira y a la política. Los filósofos no son siempre las mejores autoridades en lo que se refiere a la aplicación práctica de sus teorías. Pero las aplicaciones que hizo Kant de la suya son interesantes en sí mismas y, además, arrojan algo de luz sobre el conjunto de su filosofía.

Kant contra las relaciones sexuales informales

Las opiniones de Kant sobre la moral sexual son tradicionales y conservadoras. Se opone a todas las prácticas sexuales concebibles, salvo las existentes entre marido y esposa. Lo importante aquí no es tanto si las opiniones de Kant sobre el sexo derivan realmente de su filosofía moral como la idea de fondo que reflejan: que no somos nuestros dueños y no estamos a nuestra propia disposición. Se opone al sexo informal (para él lo es toda relación sexual fuera del matrimonio), por consentida que sea por ambas partes, ya que degrada a quienes se entregan a él y los convierte en objetos. El sexo informal es rechazable, piensa, porque en él solo impera el deseo sexual, no el respeto a la humanidad del otro.

> El deseo que un hombre siente por una mujer no se dirige hacia ella porque sea un ser humano, sino porque es una mujer; que sea un ser humano no le preocupa al hombre; solo su sexo es el objeto de sus deseos.[34]

Incluso cuando el sexo informal produce mutua satisfacción a los que así se relacionan, «cada uno deshonra la naturaleza humana del otro. Hacen de la humanidad un instrumento para la satisfacción de su lujuria e inclinaciones».[35] (Por razones a las que volveré en un momento, Kant piensa que el matrimonio eleva el sexo al llevarlo más allá de la gratificación física y ligarlo a la dignidad humana.)

Al abordar la cuestión de si la prostitución es moral o inmoral, Kant se pregunta por las condiciones en las que el uso de nuestras facultades sexuales resulta compatible con la moral. Su respuesta, en esta como en otras situaciones, es que no debemos tratar a los demás —o a nosotros mismos— meramente como objetos. No estamos a nuestra propia disposición. En puro contraste con la idea libertaria de que somos nuestros propios dueños, Kant insiste en que no lo somos. El requisito moral de que tratemos a las personas como fines en vez de como simples medios limita la manera en que podemos tratarnos a nosotros mismos y a nuestros cuerpos. «El hombre no puede disponer de sí mismo porque no es una cosa; no es propiedad de sí mismo.»[36]

En los debates actuales sobre la moral sexual, quienes se refieren al derecho a la autonomía sostienen que los individuos deben ser libres de escoger por sí mismos el uso que hagan de sus cuerpos. Pero por autonomía Kant no entendía eso. Paradójicamente, el concepto de autonomía de Kant impone ciertos límites a la manera en que nos tratemos a nosotros mismos. Pues, recuerde, ser autónomo es estar gobernado por una ley que me doy a mí mismo, el imperativo categórico.Y el imperativo categórico requiere que trate a todas las personas (incluido yo mismo) con respeto, como un fin, no como un simple medio. Así, para Kant, actuar autónomamente requiere que nos tratemos a nosotros mismos con respeto y que no nos convirtamos a nosotros mismos en objetos. No podemos usar el cuerpo como nos apetezca.

En los días de Kant no había un mercado de riñones, pero los ricos se ponían dientes que les compraban a los pobres. (En *El trasplante de dientes*, una viñeta del caricaturista inglés del siglo XVIII Thomas Rowlandson, se ve a un cirujano que le extrae dientes en el gabinete del dentista a un deshollinador mientras unas mujeres adineradas esperan a que se los pongan.) Kant consideraba que se trataba de una violación de la dignidad humana. Una persona «no tiene derecho a vender una pierna, ni siquiera un diente».[37] Al hacerlo se trata a sí misma como a un objeto, un simple medio, un instrumento para el provecho económico.

A Kant le parecía que la prostitución era rechazable por las mismas razones. «Permitir que una persona saque un beneficio económico de que la use otro para satisfacer el deseo sexual, hacer de sí misma un objeto de demanda, es [...] hacer de sí misma una cosa con la que otro satisface su apetito, tal y como calma su hambre con un filete.» Los seres humanos no «tienen derecho a ofrecerse a sí mismos, por un beneficio económico, como cosas para que otros los usen a fin de satisfacer sus propensiones sexuales». Hacerlo así es tratar a la propia persona como una mera cosa, un objeto de uso. «El principio moral que subyace en esto es el de que el hombre no es propiedad de sí mismo y no puede hacer con su cuerpo lo que le venga en gana.»[38]

La oposición de Kant a la prostitución y al sexo informal saca a la luz el contraste existente entre la autonomía, tal y como él la concibe —el libre albedrío de un ser racional—, y el consentimiento individual. La ley moral a la que llegamos mediante el ejercicio de nuestra voluntad requiere que nunca tratemos a la humanidad —en nuestra persona y en la de los demás— como un medio, sino como un fin en sí misma. Aunque este requisito moral se basa en la autonomía, descarta ciertos actos entre adultos pese a que consientan en hacerlos, a saber, los que chocan con la dignidad humana y el respeto a uno mismo.

Kant concluye que solo el sexo dentro del matrimonio puede librarse «de degradar la humanidad». Dos personas pueden librarse de que el sexo las convierta en objetos solo cuando se dan la una a la otra en su integridad y no solo para el uso de sus capacidades sexuales. Solo cuando ambas comparten con la otra «la persona, el cuerpo y el alma, en lo bueno y en lo malo y en todos los aspectos» puede su sexualidad conducir a «una unión de seres humanos».[39] Kant no dice que todos los matrimonios produzcan verdaderamente una unión de ese tipo. Y quizá esté equivocado al pensar que no puede haber uniones así fuera del matrimonio o que en las relaciones sexuales fuera del matrimonio no hay nada más que gratificación sexual. Pero sus opiniones sobre el sexo ponen de manifiesto la diferencia entre dos ideas que se confunden a menudo en los debates de nuestros días: entre una ética del consentimiento sin límites y una ética del respeto a la autonomía y dignidad de las personas.

¿Está mal mentir a un asesino?

Kant adopta una línea dura contra la mentira. En la *Fundamentación* sirve de primer ejemplo de conducta inmoral. Pero suponga que en su casa se oculta uno de sus amigos y un asesino llama a la puerta y pregunta por él. ¿No estaría bien mentir al asesino? Kant dice que no. El deber de decir la verdad se mantiene sean cuales sean las consecuencias.

Benjamin Constant, un filósofo francés contemporáneo de Kant, se enfrentó a esta postura inflexible. El deber de decir la verdad vale, sostenía Constant, solo ante quienes se merecen la verdad, y el asesino sin duda no se la merece. Kant replicó que mentir al asesino está mal, no porque dañe al asesino, sino porque viola el principio de lo que es debido: «La veracidad de las declaraciones que no se pueden eludir es el deber formal del hombre con cualquiera, por grandes que sean las desventajas que puedan derivarse de ello para él o para otros».[40]

Qué duda cabe, ayudar a un asesino a realizar su malvado designio es una «desventaja» no precisamente pequeña. Pero recuerde que, para Kant, la moral no tiene nada que ver con las consecuencias; tiene que ver con los principios. No se pueden controlar las consecuencias de una acción —en este caso, decir la verdad— porque están sujetas a la contingencia. Por lo que a usted concierne, su amigo, temeroso de que el asesino vaya a por él, podría haberse escabullido por la puerta de atrás. La razón por la que usted debe decir la verdad, asevera Kant, no es que el asesino tenga derecho a la verdad o que una mentira pueda dañarle. La razón es que una mentira —cualquier mentira— «inutiliza la fuente misma del derecho. [...] Es, pues, una ley sagrada de la razón, de cumplimiento incondicionalmente obligado, que no admite salvedades por conveniencia alguna, que hay que ser veraz (sincero) en todo lo que se exprese».[41]

Parecerá una posición extraña y extrema. Sin duda, no tenemos el deber moral de decirle a un guardia de asalto nazi que Ana Frank y su familia se ocultan en el ático. Parecería que la insistencia de Kant en que hay que decir la verdad al asesino en la puerta, o aplica mal el imperativo categórico o demuestra la insensatez de este.

Por inadmisible que pueda parecer lo que Kant asevera, me gustaría ofrecer una cierta defensa de su postura. Aunque mi defensa difiere de la que da Kant, concuerda con el espíritu de su filosofía y, espero, arroja algo de luz sobre ella.

Imagínese en el apuro de tener a una amiga oculta en un cuarto y al asesino en la puerta. Claro está, usted no quiere ayudar al asesino a ejecutar su maligno plan. Eso se da por sentado. No quiere decir nada que lleve al asesino hasta su amiga. La cuestión es: ¿qué le digo? Tiene dos opciones. Puede decirle una pura mentira: «No, no está aquí». O puede decir algo cierto pero engañoso: «Hace una hora la vi por la calle, por donde la tienda de comestibles».

Desde el punto de vista de Kant, la segunda estrategia es moralmente permisible, pero la primera no. Puede que le parezca rebuscado. ¿Cuál es, moralmente hablando, la diferencia entre una afirmación técnicamente cierta pero que induce a error y una pura mentira? En ambos casos, usted espera engañar al asesino y hacerle creer que su amiga no se oculta en la casa.

Kant cree que hay mucho en juego en esa distinción. Piense en las «mentiras piadosas», las pequeñas falsedades que decimos a veces por amabilidad, para no herir los sentimientos de otro. Suponga que un amigo le hace un regalo. Abre la caja y se encuentra con una corbata detestable que no se pondrá nunca. ¿Qué le dice? Podría decir: «¡Qué bonita!». Esa sería una mentira piadosa. O podría decir: «¡No deberías haberlo hecho!». O: «Nunca he visto una corbata como esta. Gracias». Como en el caso de la mentira piadosa, estas afirmaciones dan a su amigo la falsa impresión de que a usted le gusta la corbata. Pero deben ser, en todo caso, verdaderas.

Kant rechazaría la mentira piadosa porque aceptarla supondría una excepción a la ley moral, una excepción que se querría justificar por las consecuencias. Es digno de admiración que no se quiera herir los sentimientos de alguien, pero hay que intentar hacerlo de un modo que no sea incompatible con el imperativo categórico, que requiere que estemos dispuestos a universalizar el principio que guíe lo que vayamos a hacer. Si se pudiesen establecer excepciones en cuanto pensásemos que los fines merecen la pena en grado suficiente, la naturaleza categórica de la ley moral se disiparía. La afirmación cierta pero engañosa, en cambio, no amenaza al imperativo categórico de esa misma forma. El propio Kant recurrió a esa distinción cuando hubo de enfrentarse a un dilema que le afectaba a él mismo.

¿Habría defendido Kant a Clinton?

Unos años antes de su intercambio de pareceres con Constant, Kant se había visto en apuros con el rey Federico Guillermo II. El rey y sus censores consideraron que los escritos de Kant sobre la religión iban en desdoro de la cristiandad; le exigieron que prometiera que se guardaría de pronunciarse de nuevo sobre esos asuntos. Kant respondió con una declaración muy estudiada: «Como fiel súbdito de Su Majestad, desistiré en adelante por completo de toda disertación pública o escrito concernientes a la religión».[42]

Cuando hizo esta declaración, Kant era consciente de que no era probable que el rey fuese a vivir mucho más. Cuando, en efecto, murió unos años después, Kant se consideró relevado de la promesa, que le ataba solo «mientras fuese fiel súbdito de Su Majestad». Kant explicaría más tarde que había escogido esas palabras «con el mayor de los cuidados, de modo que no se me privase de mi libertad [...] para siempre, sino solo mientras viviese Su Majestad».[43] Con esta inteligente maniobra, el dechado de la probidad prusiana logró engañar a los censores sin tener que mentirles.

¿Que es hilar muy fino? Quizá. Pero parece que algo que tiene verdadero significado moral está en juego en que se distinga una mentira descarada de una hábil artimaña. Piénsese en el ex presidente Bill Clinton. En tiempos recientes, ninguna figura pública de Estados Unidos habrá escogido sus palabras o pergeñado sus desmentidos con más cuidado. Cuando se le preguntó, en su primera campaña por la presidencia, si se había drogado alguna vez, contestó que nunca había infringido las leyes contra las drogas de su país o de su Estado. Más tarde reconocería que había probado la marihuana en sus días de estudiante en Oxford, en Inglaterra pues.

El más memorable de sus desmentidos fue el que hizo cuando se decía que había tenido relaciones sexuales con una becaria de veintidós años de edad, Monica Lewinsky: «Quiero decirle una cosa al pueblo americano. Quiero que me escuchen. [...] No he tenido relaciones sexuales con esa mujer, la señora Lewinsky».

Más tarde se supo que el presidente tuvo encuentros sexuales con Monica Lewinsky. El escándalo condujo a que se iniciase su *impeachment*, el procedimiento que podría haber llevado a su destitución. Durante las comparecencias, un congresista republicano discutió con uno de los abogados de Clinton, Gregory Craig, acerca de si el desmentido del presidente de que hubiese tenido «relaciones sexuales» fue una mentira:

REPRESENTANTE BOB INGLIS (REPUBLICANO, POR CAROLINA DEL SUR): Ahora bien, señor Craig, ¿mintió [Clinton] al pueblo americano cuando dijo «nunca he tenido relaciones sexuales con esa mujer»? ¿Mintió?

CRAIG: Ciertamente indujo a error y engañó...

INGLIS: Oiga, espere un momento. ¿Mintió?

CRAIG: Al pueblo americano... le indujo a error y no le dijo la verdad en ese momento.

INGLIS: Vale, así que no va usted a basarse en... y el presidente ha insistido personalmente [...] en que no se debería dejar que cuestiones legales o tecnicismos oscurezcan la simple verdad moral. ¿Mintió al pueblo americano cuando le dijo «nunca he tenido una relación sexual con esa mujer»?

INGLIS: Él no cree que lo hiciese y por la forma... déjeme que explique esto... que lo explique, congresista.

INGLIS: ¿No cree él que mintiese?

CRAIG: No, no cree que mintiese, porque su idea del sexo es la que define el diccionario. Puede que usted no esté de acuerdo con que sea eso, pero tal y como él lo ve, su definición no era…

INGLIS: Vale, entiendo el argumento.

CRAIG: Vale.

INGLIS: Esto es asombroso, que usted esté ahora ante nosotros y esté retractando todas… todas las justificaciones del presidente

CRAIG: No.

INGLIS: Usted las está retractando, ¿no?

CRAIG: No, yo no estoy haciendo eso.

INGLIS: Porque usted ahora está volviendo al argumento… hay muchos argumentos que usted podría emplear aquí. Uno de ellos es que no tuvo relaciones sexuales con ella. Fue sexo oral, no es sexo de verdad. Entonces, ¿usted está aquí hoy para decirnos eso, que no tuvo relaciones sexuales con Monica Lewinsky?

CRAIG: Lo que él dijo, al pueblo americano, fue que no tuvo relaciones sexuales. Y entiendo que a usted no le guste eso, congresista, porque… a usted le parecerá una defensa técnica o una respuesta evasiva, demasiado sutil. Pero el sexo se define en todos los diccionarios en una cierta forma, y él no tuvo ese tipo de contacto sexual con Monica Lewinsky. […] Por lo tanto, ¿engañó al pueblo americano? Sí ¿Estuvo mal? Sí ¿Es reprochable? Sí.[44]

El abogado del presidente concedió, como ya había hecho Clinton, que la relación con la becaria estuvo mal, que fue inapropiada y reprochable, y que las declaraciones del presidente al respecto «indujeron a error y engañaron» al público. Lo único que se negó a conceder fue que el presidente hubiera mentido.

¿Qué había en juego en esa negativa? La explicación no puede ser simplemente legal, la de que mentir bajo juramento al deponer ante un tribunal sirve de base para una acusación de perjurio. La declaración en cuestión no se hizo bajo juramento; fue una declaración televisada hecha al pueblo americano. Y, sin embargo, tanto el interrogador republicano como el defensor de Clinton creían que algo importante estaba en juego en que quedase claro si Clinton había mentido o si solo había inducido a error y engañado. Este vivo diálogo en torno a la mentira —«¿mintió?»— respalda lo que Kant pensaba, que hay una diferencia moralmente relevante entre una mentira y una verdad engañosa.

Pero ¿en qué puede consistir esa diferencia? La intención, cabe pensar, es la misma en ambos casos. Le mienta al asesino en la puerta o le ofrezca una evasiva inteligente, mi intención es llevarle a pensar equivocadamente que mi amiga no se oculta en mi casa. Y según la teoría moral de Kant, lo que cuenta es la intención o el motivo.

La diferencia, creo, es esta: una evasiva bien concebida rinde en cierta forma homenaje al deber de decir la verdad, y la pura mentira no. Que alguien se tome la molestia de urdir una afirmación engañosa pero técnicamente verdadera cuando con una simple mentira le habría bastado expresa, aunque sea oblicuamente, un respeto a la ley moral.

Una verdad engañosa responde a dos motivos, no a uno. Si le miento sin más al asesino, actúo según un solo motivo: evitar que mi amiga sufra daño alguno. Si le digo al asesino que la vi hace poco en la tienda de comestibles, actúo según dos motivos: proteger a mi amiga y, al mismo tiempo, mantener el deber de decir la verdad. En ambos casos persigo un fin admirable, proteger a mi amiga. Pero solo en el segundo caso persigo esa meta de una manera acorde con el motivo del deber.

Algunos objetarán que, igual que una mentira, una afirmación técnicamente verdadera pero engañosa no se podría universalizar sin contradicciones. Pero piense en la diferencia: si todo el mundo mintiese cuando se encontrara con un asesino en la puerta o tuviese que afrontar un embarazoso escándalo sexual, nadie creería afirmaciones de esa especie y no cumplirían su objetivo. No puede decirse lo mismo de las verdades engañosas. Si todo el que se encuentre en una situación peligrosa o embarazosa sale del paso con una evasiva bien pergeñada, no por ello dejarán por necesidad de ser creíbles las evasivas. Lo que ocurriría es que se aprendería a escuchar como lo haría un abogado y a analizar gramaticalmente ese tipo de afirmaciones prestando atención a su sentido literal. Exactamente eso es lo que pasó cuando la prensa y el público se acostumbraron a los estudiados desmentidos de Clinton.

La idea de Kant no es que una situación así, en la que la gente analiza gramaticalmente los desmentidos de los políticos en busca de su sentido literal, sea de alguna forma mejor que si nadie creyese a los políticos en absoluto. Ese sería un argumento basado en las conclusiones. La idea más bien es que una afirmación que induce a error pero que, pese a ello, es verdadera no fuerza o manipula al que la oye del mismo modo que una pura mentira. Si el que la escucha está suficientemente atento, siempre podrá escapar del engaño.

Por lo tanto, hay una razón para concluir que, según la teoría moral de Kant, las afirmaciones verdaderas pero que inducen a error —al asesino de la puerta, a los censores prusianos o al fiscal especial— son, en cierta forma, moralmente permisibles, y las mentiras descaradas, no. Quizá le parezca que me he esforzado demasiado por salvar a Kant de una postura inadmisible. Lo que asevera Kant, que está mal mentir en la puerta al asesino, quizá no sea defendible moralmente en última instancia. Sin embargo, la distinción entre una pura mentira y una verdad engañosa sirve para esclarecer la teoría moral de Kant y nos descubre una sorprendente semejanza entre Bill Clinton y el austero moralista de Königsberg.

Kant y la justicia

Al contrario que Aristóteles, Bentham y Mill, Kant no escribió ninguna obra de teoría política de gran magnitud, solo algunos ensayos. Y, sin embargo, la concepción de la libertad y la moral que se desprende de sus escritos de ética tiene profundas consecuencias para la justicia. Aunque Kant no las elabora en detalle, la teoría política por la que se inclina rechaza el utilitarismo en favor de una teoría de la justicia basada en un contrato social.

En primer lugar, Kant rechaza el utilitarismo no solo como fundamento de la moral personal, sino también de la ley. Según Kant, una constitución justa aspira a armonizar la libertad de cada individuo con la de los demás. No tiene nada que ver con maximizar la utilidad, la cual «no debe interferir por ninguna razón» en la determinación de los derechos básicos. Como las personas «tienen diferentes opiniones sobre el fin empírico de la felicidad y en qué consiste», la utilidad no puede ser el fundamento de la justicia y los derechos. ¿Por qué no? Porque si los derechos se basasen en la utilidad, la sociedad tendría que hacer suya, o poner encima de las demás, una concepción determinada de la felicidad. Basar la constitución en una concepción particular de la felicidad (la de la mayoría, por ejemplo) impondría a algunos los valores de los demás; no respetaría el derecho de cada uno de perseguir sus propios fines. «Nadie puede obligarme a ser feliz a su modo (según como conciba él el bienestar de los demás) —escribe Kant—, pues cada uno puede buscar la felicidad de la manera que crea oportuna mientras no infrinja la libertad [...] de otros» de hacer lo mismo.[45]

Un segundo rasgo distintivo de la teoría política de Kant es que derive de la justicia y los derechos de un contrato social, pero uno con un matiz desconcertante. Anteriores teóricos del contrato social, es el caso de Locke, sostenían que el gobierno legítimo surge de un contrato social entre hombres y mujeres que, en un momento u otro, deciden entre ellos los principios por los que se regirá su vida colectiva. Kant ve el contrato de otra manera. Aunque el gobierno legítimo deba basarse en un contrato originario, «no es preciso, de ninguna manera, que se presuponga que ese contrato es un *hecho* (pues como tal no es posible en absoluto)». Kant mantiene que el contrato originario no es real, sino imaginario.[46]

¿Por qué se deriva una constitución justa de un contrato imaginario y no de un contrato real? Una de las razones es de índole práctica: cuesta probar históricamente que en la historia lejana de las naciones haya habido algún contrato social. Una segunda razón es filosófica: los principios morales no se pueden derivar solo de hechos empíricos. Tal y como la ley moral no puede cimentarse en los intereses o deseos de individuos, los principios de la justicia no pueden cimentarse en los intereses o deseos de una cierta colectividad.

El mero hecho de que un grupo acordase en el pasado una constitución no basta para que sea justa.

¿Qué tipo de contrato imaginario podría eludir ese problema? Kant lo llama sencillamente una «*idea* de la razón que, sin embargo, tiene una indudable realidad (práctica), a saber, la de obligar a todos los legisladores a conformar sus leyes de modo que pudieran haber sido creadas por la voluntad unida de un pueblo entero» y como si cada ciudadano «hubiese prestado su consentimiento». Kant llega a la conclusión de que ese imaginario acto de consentimiento colectivo «es la piedra de toque de la legitimidad de toda ley pública».[47]

Kant no nos dice cómo sería ese contrato imaginario o qué principios de justicia produciría. Casi dos siglos después, un filósofo político estadounidense, John Rawls, intentaría responder esas preguntas.

6

En defensa de la igualdad. John Rawls

La mayoría de los estadounidenses no hemos firmado nunca un contrato social. En realidad, los únicos estadounidenses que han prometido de verdad que respetarán la Constitución (aparte de los cargos públicos) son los que han adoptado esa nacionalidad, los inmigrantes que así lo han jurado porque se les exige para adquirir la ciudadanía. A los demás no nos han exigido, ni siquiera pedido, que diésemos nuestro consentimiento. Entonces, ¿por qué estamos obligados a obedecer la ley? ¿Y cómo podemos decir que nuestro gobierno se cimienta en el consentimiento de los gobernados?

John Locke dice que hemos dado el consentimiento tácitamente. Cualquiera que disfrute de los beneficios que reporta un gobierno, aunque sea viajar por un camino público, consiente implícitamente en la ley y está obligado a cumplirla.[1] Pero el consentimiento tácito es una variante muy desvaída del auténtico. Cuesta ver cuál pueda ser la razón de que el mero hecho de pasar por un lugar habitado sea equivalente moralmente a ratificar la Constitución.

Immanuel Kant recurre al consentimiento hipotético. Una ley es justa si la sociedad en su conjunto, de haber podido, la hubiese refrendado. Pero también esta es una alternativa problemática a un contrato social auténtico. ¿Cómo podría un acuerdo hipotético ejecutar la tarea moral de uno real?

John Rawls (1921-2002), filósofo político estadounidense, ofrece una respuesta esclarecedora a esta pregunta. En *Teoría de la justicia* (1971) sostiene que para pensar en la justicia hay en preguntarse cuáles serían los principios con los que estaríamos de acuerdo en una situación inicial de igualdad.[2]

Rawls razona como sigue: supongamos que nos hemos reunido, tal y como somos, para escoger los principios que gobernarán nuestra vida colectiva; es decir, para escribir un contrato social. ¿Qué principios escogeremos? Probablemente, nos será difícil llegar a un acuerdo. Diferentes personas estarán a favor de principios diferentes, que reflejarán sus variados intereses, sus diversas creencias morales y religiosas y su distinta situación social. Algunos son ricos; otros, pobres. Algunos son poderosos y están muy bien relacionados; otros, no tanto. Algunos pertenecen a minorías raciales, étnicas o religiosas; otros, no. Podríamos llegar a un compromiso. Pero incluso ese compromiso reflejaría el superior poder negociador de unos y otros. No hay razón para suponer que un contrato social al que se llegase por esa vía fuese un arreglo justo.

Pensemos ahora en un experimento mental: supongamos que cuando nos reunimos para decidir esos principios no sabemos cuál será nuestro paradero en la sociedad. Imaginémonos que escogemos tras el «velo de la ignorancia», que nos impide temporalmente saber nada de quiénes somos en concreto. Tras él no sabemos nuestra clase o género, nuestra raza o etnia, nuestras opiniones políticas o convicciones religiosas. Tampoco sabemos con qué ventajas contamos o qué desventajas padecemos: no sabemos si estamos sanos o si tenemos mala salud, si poseemos titulaciones superiores o si no acabamos la enseñanza media, si nacimos en una familia que cuidaba de nosotros o en una familia descompuesta. Si nadie sabe nada de todo esto, decidiremos, en efecto, en una posición originaria de igualdad. Puesto que nadie tendría un poder negociador superior, los principios que acordaríamos serían justos.

Esta es la idea de contrato social que propone Rawls: un acuerdo hipotético en una situación originaria de igualdad. Rawls nos invita a preguntarnos qué principios escogeríamos, como personas racionales y que cuidan de su propios intereses, si nos encontrásemos en tal situación. No presupone que en la vida real nos motive a todos el interés propio; solo pide que dejemos a un lado nuestras convicciones morales y religiosas para los propósitos del experimento mental. ¿Qué principios escogeríamos?

De entrada, razona, no escogeríamos el utilitarismo. Tras el velo de la ignorancia, cada uno pensaría: «Por lo que yo puedo saber, lo mismo resulta que pertenezco a una minoría oprimida». Y nadie se arriesgaría a ser el cristiano arrojado a los leones para divertir a la multitud. Tampoco escogeríamos el puro *laissez-faire*, el principio libertario de que se les dé a los individuos el derecho a quedarse con todo el dinero que ganen en una economía de mercado. «Lo mismo resulta que seré Bill Gates —razonaría cada uno— pero, de nuevo, podría también acabar siendo un pordiosero. Así que será mejor que evite un sistema que me podría dejar con una mano delante y otra detrás, y sin nadie que me ayudase.»

Rawls cree que del contrato hipotético saldrían dos principios de la justicia. El primero ofrece iguales libertades básicas a todos los ciudadanos, como la libertad de expresión y de culto. Este principio tendría prioridad sobre otras consideraciones de utilidad social y bienestar general. El segundo principio se refiere a la igualdad social y económica. Aunque no requiere una distribución igual de las rentas y del patrimonio, solo permite las desigualdades sociales y económicas que sirvan para mejorar la situación de los miembros menos prósperos de la sociedad.

Los filósofos discuten acerca de si las partes del contrato hipotético de Rawls escogerían los principios que él dice que escogerían. Dentro de un momento veremos por qué Rawls cree que se escogerían esos dos principios. Pero antes abordemos una cuestión previa: el experimento mental de Rawls, ¿es la forma más indicada de concebir la justicia? ¿Cómo es posible que los principios de la justicia se deriven de un acuerdo que nunca se produjo en la realidad?

Los límites morales de los contratos

Para apreciar la fuerza moral del contrato hipotético de Rawls viene bien fijarse en los límites morales de los contratos reales. A veces presuponemos que, cuando dos hacen un trato, debe considerarse que los términos del acuerdo son equitativos. Presuponemos, en otras palabras, que los contratos justifican las cláusulas a que dan lugar. Pero no lo hacen, al menos no por sí mismos. Los contratos reales no son instrumentos morales autosuficientes. El mero hecho de que usted y yo hagamos un trato no basta para que sea equitativo. De cualquier contrato real se podrá preguntar siempre si es equitativo lo que en él se acuerda. Para responder tal pregunta no podremos señalar simplemente al acuerdo mismo; necesitaremos algún patrón independiente de equidad.

¿De dónde puede venir un patrón así? Quizá, podría pensar usted, de un contrato anterior de mayor fuste; de una constitución, por ejemplo. Pero las constituciones están sujetas al mismo cuestionamiento que los demás acuerdos. Que el pueblo ratifique una constitución no prueba que lo que promulga sea justo. Piénsese en la Constitución de Estados Unidos de 1787. Pese a sus muchas virtudes, tenía el defecto de aceptar la esclavitud, y así fue hasta después de la guerra civil. Que a esa Constitución se hubiera llegado mediante un acuerdo, primero de los delegados en Filadelfia y luego de los estados, no bastaba para que fuese justa.

Podría argumentarse que el defecto procedía de un consentimiento deficiente. A los esclavos afroamericanos no se les permitió participar en la convención constituyente, como tampoco a las mujeres, que no ganaron el derecho a votar hasta más de un siglo después. Es ciertamente posible que una convención más representativa hubiese producido una constitución más justa. Pero se trata de una mera cábala. No hay garantía alguna de que ningún contrato social o convención constituyente, por representativa que sea, produzca unos términos equitativos para regir la cooperación social.

A quienes creen que la moral empieza y termina con el consentimiento quizá les parezca esa una aseveración chirriante. Pero no lo es tanto. A menudo ponemos en entredicho la equidad de los tratos que se hacen. Y estamos acostumbrados a las contingencias que pueden conducir a malos tratos: una de las partes puede negociar mejor, o tener una posición negociadora más fuerte, o conocer mejor el valor de lo que se está intercambiando. Las famosas palabras de Don Corleone en *El Padrino*, «le voy a hacer una oferta que no podrá rehusar», insinúan (de manera extrema) las presiones que actúan, en mayor o menor medida, en la mayoría de las negociaciones.

Reconocer que los contratos no confieren equidad a sus propios términos no significa que debamos violar nuestros acuerdos cuando nos apetezca. Puede que estemos obligados a cumplir incluso un acuerdo que no es equitativo, al menos hasta cierto punto. El consentimiento es importante, aunque la justicia no consista solo en el consentimiento. Con frecuencia confundimos el papel moral del consentimiento con otras fuentes de la obligación.

Supongamos que hago este trato: usted me trae cien bogavantes y yo le pago mil dólares. Usted los pesca y me los entrega, yo me los como y disfruto, pero me niego a pagarle. Usted me dice que le debo el dinero. ¿Por qué?, le pregunto. Usted me podría recordar nuestro trato, pero también podría señalarme el provecho que yo he sacado. Muy bien podría usted decirme que tengo la obligación de pagar el provecho que, gracias a usted, he sacado.

Supongamos ahora que hacemos el mismo trato, solo que esta vez, cuando usted ya se ha ido a recoger los bogavantes y me los ha traído a casa, cambio de opinión. Ya no los quiero. Usted todavía quiere cobrar. Le digo que no le debo nada porque, esta vez, no he sacado ningún provecho. Llegados a ese punto, usted podría recordarme el trato, pero también podría señalarme el duro trabajo que ha hecho para capturar los bogavantes previendo que yo se los iba a comprar. Usted podría decirme que estoy obligado a pagar por los esfuerzos que ha hecho por mí.

Veamos ahora si podemos imaginar un caso en el que la obligación se base solo en el consentimiento, sin el peso moral añadido de tener que pagar por un provecho que se ha recibido o para compensar un trabajo que se ha hecho en nuestro beneficio. Acordamos lo mismo, pero esta vez, momentos después de haber cerrado el trato, antes de que usted haya invertido tiempo alguno en pescar los bogavantes, le llamo y le digo que he cambiado de opinión y ya no los quiero. ¿Le debo aún los mil dólares? ¿Me dirá usted que «un trato es un trato» y recalcará que mi consentimiento crea una obligación aun sin provecho o confianza depositada algunos?

Los pensadores jurídicos llevan debatiendo esta cuestión desde hace mucho. El consentimiento, ¿crea una obligación por sí mismo o se requiere que haya algún componente de provecho o de confianza depositada?[3] Este debate nos dice algo sobre la moralidad de los contratos que a menudo pasamos por alto: que los contratos reales tienen peso moral en la medida en que realicen dos ideales, la autonomía y la reciprocidad.

En cuanto actos voluntarios, los contratos expresan nuestra autonomía; las obligaciones que crean tienen peso porque nos las imponemos a nosotros mismos, porque cargamos con ellas libremente. En cuanto instrumentos para el beneficio mutuo, los contratos beben del ideal de la reciprocidad; la obligación de cumplirlos procede de la obligación de pagar a otros por los beneficios que nos aportan.

En la práctica, estos ideales —la autonomía y la reciprocidad— se realizan imperfectamente. Algunos acuerdos, aunque sean voluntarios, no son mutuamente beneficiosos. Y a veces nos podemos ver obligados a pagar por un beneficio aunque no haya un contrato, por mor de la reciprocidad. Indica los límites morales del consentimiento: hay casos en que el consentimiento quizá no baste para crear una obligación que ate moralmente; en otros, quizá no sea necesario.

Cuando el consentimiento no basta: Cromos de béisbol y un retrete con fugas

Pensemos en dos casos que muestran que el consentimiento no basta. De niños, mis dos hijos coleccionaban cromos de béisbol y se los intercambiaban entre sí. El mayor sabía más sobre los jugadores y el valor de los cromos. A veces le ofrecía a su hermano pequeño intercambios no muy equitativos: dos defensas suplentes, digamos, por una estrella como Ken Griffey Jr. Por eso establecí una regla: un intercambio no se daría por cerrado mientras yo no lo aprobase. Le parecerá quizá paternalista, y lo era. (Para eso es el paternalismo.) En circunstancias como esa, los intercambios voluntarios pueden faltar claramente a la equidad.

Hace años leí un artículo de periódico que hablaba de un caso más extremo. En el piso de una anciana viuda de Chicago un retrete dejaba escapar el agua. Llamó a un fontanero para que lo arreglase. La factura: 50.000 dólares. Firmó un contrato por el que tenía que abonar 25.000 dólares como entrada y el resto a plazos. La artimaña se descubrió cuando fue al banco a por los 25.000 dólares. El cajero le preguntó que para qué necesitaba sacar tanto dinero, y la mujer le contestó que tenía que pagar al fontanero. El cajero llamó a la policía, que arrestó por fraude al fontanero sin escrúpulos.[4]

Solo los partidarios más acérrimos de la soberanía del contrato no considerarían que pagar 50.000 dólares por arreglar un retrete es monstruosamente desproporcionado aunque las dos partes lo acordasen por propia voluntad. Este caso ilustra dos aspectos relativos a los límites morales de los contratos: el primero, que haber acordado algo no garantiza su equidad; el segundo, que el consentimiento no basta para crear una obligación moral. Lejos de ser un instrumento para el mutuo beneficio, ese contrato se burlaba del ideal de la reciprocidad. Pienso que esto explica por qué pocos dirían que la anciana estaba obligada a pagar una factura tan descabellada.

Se podría replicar que en el timo del arreglo del retrete no medió un contrato realmente voluntario, que fue un tipo de explotación en el que un fontanero sin escrúpulos se aprovechó de una anciana desorientada. No conozco los detalles del caso, pero supongamos, en beneficio del argumento, que el fontanero no coaccionó a la mujer y que esta se encontraba en buenas condiciones mentales (aunque muy mal informada de lo que se paga a los fontaneros) cuando cerró el trato. Que el acuerdo fuese voluntario no garantiza en absoluto que supusiese el intercambio de beneficios de igual o comparable monto.

He sostenido hasta aquí que el consentimiento no es una condición suficiente de la obligación moral; un trato descompensado puede quedar tan lejos del mutuo beneficio que ni siquiera el que sea voluntario lo redima. Querría ahora hacer una afirmación más atrevida: el consentimiento no es una condición necesaria para que haya obligación moral. Si el beneficio mutuo resulta suficientemente claro, podría haber una exigencia moral de reciprocidad incluso sin que medie consentimiento alguno.

Cuando el consentimiento no es esencial: La casa de Hume y los que limpian parabrisas en los semáforos

Con el tipo de caso que tengo en mente tuvo que vérselas en una ocasión David Hume, el filósofo moral escocés del siglo XVIII. De joven, escribió una despiadada crítica de la idea de contrato social de Locke. La llamó «ficción filosófica que nunca tuvo y nunca podría tener la menor realidad»,[5] y «una de las operaciones más misteriosas e incomprensibles que sea posible imaginar».[6] Años después, Hume vivió una experiencia que puso a prueba su rechazo del consentimiento como fundamento de la obligación.[7]

Hume tenía una casa en Edimburgo. Se la alquiló a su amigo James Boswell, quien a su vez la subarrendó. El subarrendatario pensó que la casa necesitaba algunos arreglos. Contrató a unos albañiles para hacer la obra sin consultar a Hume. Le pasaron la factura a Hume. Este se negó a pagar porque no había dado su consentimiento. No era él quien había contratado a los albañiles. El caso llegó a los tribunales. Los albañiles reconocieron que Hume no había dado su consentimiento, pero como la casa necesitaba los arreglos, los hicieron.

Hume pensaba que ese era un mal argumento. Los albañiles se escudaban en que «la obra hacía falta», le dijo Hume al tribunal. Pero esa no es «una buena respuesta, ya que por la misma regla de tres podrían ir por todas las casas de Edimburgo y hacer lo que les pareciese sin el consentimiento de los dueños [...] y dar la misma razón de por qué lo habían hecho, que la obra era necesaria y que la casa había mejorado con ello». Pero esa, arguyó Hume, era «una doctrina por completo nueva y... del todo indefendible».[8]

Cuando se trataba del arreglo de su casa, a Hume no le gustaba la teoría que basaba la obligación puramente en el beneficio. Pero su defensa fracasó y el tribunal le ordenó que pagase.

Que puede haber una obligación de retribuir un beneficio aun sin que medie un consentimiento resulta moralmente verosímil en el caso de la vivienda de Hume. Pero puede fácilmente transformarse en una táctica de ventas muy agresiva y en abusos de otro tipo. En la década de 1980 y a principios de la siguiente, los que con una escobilla y un cubo de agua se abalanzaban sobre un coche parado ante un semáforo en rojo, limpiaban el parabrisas (a menudo sin el permiso del conductor) y pedían que se les diese algo se convirtieron en Nueva York en una intimidante presencia. Ponían en práctica la teoría que basa la obligación en el beneficio recibido, la misma a la que recurrieron los albañiles de Hume. Pero a falta de consentimiento, la línea que separa la realización de un servicio de la extorsión resulta muchas veces borrosa. El alcalde Rudolph Giuliani decidió acabar con los de la escobilla y ordenó a la policía que los detuviese.[9]

¿El beneficio o el consentimiento? El taller de coches móvil de Sam

Veamos otro ejemplo de la confusión que puede producirse cuando la cara de la obligación que se basa en el consentimiento y la cara basada en el beneficio no se distinguen claramente. Hace muchos años, cuando hacía mis estudios de doctorado, viajaba en coche por el país con unos amigos. Paramos para hacer un descanso en Hammond, Indiana, y entramos en una tienda abierta las veinticuatro horas. Cuando volvimos al coche, no arrancaba. No sabíamos gran cosa de mecánica. Mientras nos preguntábamos qué íbamos a hacer, una furgoneta se nos puso al lado. En el costado llevaba escrito «Taller móvil de Sam». De la furgoneta bajó un hombre, cabía presumir que Sam.

Se acercó y nos preguntó si podía ayudarnos. «Yo trabajo así —explicó—: Cobro cincuenta dólares por hora de trabajo. Si arreglo el coche en cinco minutos, me pagaréis cincuenta dólares. Si en una hora no he podido repararlo, seguiréis teniendo que pagarme cincuenta dólares.»

«¿Qué probabilidad hay de que pueda reparar el coche?», le pregunté. No me respondió directamente, pero se puso a hurgar bajo la columna del volante. Yo no estaba seguro de qué tenía que hacer. Miré a mis amigos para ver qué pensaban. Pasado un rato, el hombre salió de debajo de la columna del volante y dijo: «Pues todo está bien en el sistema de ignición, pero todavía quedan cuarenta y cinco minutos. ¿Quiere que mire bajo el capó?».

«Espere un momento —le dije—. No le he dicho que haga nada. No hemos hecho ningún trato.» El hombre se enfadó mucho y dijo: «¿Quiere decir que si hubiese reparado el coche cuando estaba mirando bajo la columna del volante no me habría pagado?».

Le dije que esa era otra cuestión.

No entré en la diferencia entre las obligaciones que derivaban del consentimiento y las que derivaban del beneficio. Me da la impresión de que no habría servido de mucho. Pero el incidente con Sam el mecánico pone de manifiesto una confusión común en lo que se refiere al consentimiento. Sam creía que si hubiese reparado mi coche al hurgar debajo de la columna del volante le habría tenido que pagar cincuenta dólares. Y yo estoy de acuerdo. Pero la razón de que hubiese tenido que pagarle es que me habría reportado un beneficio, a saber, arreglarme el coche. De que en ese caso yo debería haberle pagado dedujo que yo había acordado (implícitamente) encargarle la reparación. Pero tal inferencia es errónea. Da por sentado equivocadamente que donde hay una obligación tiene que haber habido un acuerdo, alguna forma de consentimiento. Pasa por alto la posibilidad de que pueda haber obligación sin consentimiento. Si Sam hubiese reparado mi coche, habría tenido que pagarle en nombre de la reciprocidad. Darle solo las gracias y marcharse no habría sido equitativo. Pero eso no implica que yo le hubiese encargado nada.

Cuando les cuento esta historia a mis alumnos, en su mayor parte están de acuerdo, habida cuenta de las circunstancias del caso, en que no tenía por qué pagarle cincuenta dólares a Sam. Pero muchos mantienen esa postura por razones diferentes a la mía. Argumentan que, al no haber yo encargado explícitamente el trabajo a Sam, no tenía por qué pagarle nada, y tampoco habría tenido que pagarle aunque hubiese reparado el coche. Si le hubiese dado algo, habría sido por generosidad: se lo habría dado porque lo habría querido yo, no porque fuese mi deber hacerlo. Así me defienden, pero no adoptando mi punto de vista acerca de la obligación, que extiende el alcance de esta, sino conforme a un punto de vista restrictivo acerca del consentimiento.

Pese a nuestra tendencia a ver el consentimiento en todas las aseveraciones morales, cuesta darle sentido a nuestra vida moral sin reconocer el peso que, con independencia del consentimiento, tiene la reciprocidad. Pensemos en un contrato matrimonial. Supongamos que descubro, tras veinte años de fidelidad por mi parte, que mi esposa ha estado viendo a otro. Tendría dos razones para sentir una indignación de orden moral. Una de ellas se refiere al consentimiento: «Pero si teníamos un acuerdo. Hiciste una promesa. La rompiste». La segunda se refiere a la reciprocidad: «Pero si yo he sido fiel. No hay duda alguna de que me merecía algo mejor. Esta no es forma de pagar mi lealtad». Y así podría seguir. La segunda queja no hace referencia al consentimiento y no lo necesita. Resultaría moralmente verosímil aunque hubiésemos vivido como pareja todos esos años sin habernos hecho promesa marital alguna.

Imaginemos el contrato perfecto

Todas estas desventuras, ¿qué nos dicen de la moralidad de los contratos? Los contratos derivan su fuerza moral de dos ideales diferentes, la autonomía y la reciprocidad. Sin embargo, la mayor parte de los contratos reales queda lejos de esos ideales. Si he de tratar con alguien que tiene una posición negociadora mejor que la mía, mi acuerdo quizá no sea del todo voluntario; estará sometido a presiones o, en el caso extremo, coaccionado incluso. Si negocio con alguien que conoce mejor que yo lo que vamos a intercambiarnos, el trato quizá no sea mutuamente beneficioso. En el caso extremo, quizá me timen, me engañen.

En la vida real, las personas se encuentran en posiciones diferentes. Significa que siempre es posible que haya diferencias en poder negociador y en conocimiento. Y en la medida en que sea así, que haya un acuerdo no garantiza por sí mismo la equidad del trato. Por eso, los contratos reales no son instrumentos morales autosuficientes. Siempre tiene sentido preguntarse si es equitativo el acuerdo al que han llegado las partes.

Pero imaginemos un contrato entre partes iguales en poder y conocimiento, en vez de desiguales, entre partes igualmente situadas, en vez de diferentemente situadas. E imaginemos que el objeto de ese contrato no es un trabajo de fontanería o cualquier trato ordinario, sino los principios que gobiernan nuestras vidas en común, los que nos asignan nuestros derechos y deberes como ciudadanos. Un contrato de esa especie, entre partes como esas, no deja espacio para la coacción, el engaño y las ventajas contrarias a la equidad. Sus términos serían justos, fuesen cuales fuesen, en virtud solamente de que esas partes hubiesen llegado a un acuerdo.

Si usted puede imaginar un acuerdo como ese, habrá llegado a la idea de Rawls de un acuerdo hipotético en una situación inicial de igualdad. El velo de la ignorancia garantiza la igualdad de poder y conocimiento que la posición original requiere. Al garantizar que nadie sabe su lugar en la sociedad, sus propias fortalezas o debilidades, sus valores o fines, el velo de la ignorancia garantiza que nadie sacará provecho, ni siquiera sin saberlo, de una posición negociadora favorable.

> Si se permite un conocimiento de las particularidades, el resultado estará sesgado por contingencias arbitrarias. [...] Para que la situación originaria genere acuerdos justos, las partes deberán encontrarse en posiciones iguales y ser tratadas por igual como personas morales. Hay que corregir la arbitrariedad del mundo ajustando las circunstancias de la situación inicial en que se crea el contrato.[10]

Lo paradójico es que un acuerdo hipotético tras el velo de la ignorancia no sea una forma desvaída de un contrato real, y por lo tanto más débil moralmente que este, sino una forma pura de un contrato real, y por lo tanto más potente moralmente que él.

Dos principios de la justicia

Supongamos que Rawls tiene razón: para concebir la justicia hay que preguntarse qué principios escogeríamos en una situación originaria de igualdad, tras el velo de la ignorancia. ¿Qué principios saldrían de ahí?

Según Rawls, no escogeríamos el utilitarismo. Tras el velo de la ignorancia, no sabemos adónde iremos a parar en la sociedad, pero sí que querremos perseguir nuestros fines y que se nos trate con respeto. Si luego resulta que pertenecemos a una minoría étnica o religiosa, no querremos que se nos oprima, incluso cuando ello dé placer a la mayoría. Cuando el velo de la ignorancia se alce y empiece la vida real, no querremos ver que somos las víctimas de una persecución religiosa o de la discriminación racial. Para protegernos de esos peligros, rechazaríamos el utilitarismo y acordaríamos un principio que estableciese que todos los ciudadanos tuviesen las mismas libertades básicas, entre ellas el derecho a las libertades de conciencia y de consentimiento. Y recalcaríamos que ese principio tendría prioridad sobre el empeño de maximizar el bienestar general. No sacrificaríamos nuestros derechos y libertades fundamentales por beneficios sociales y económicos.

¿Qué principio escogeríamos para que nuestras desigualdades sociales y económicas se rigiesen por él? Para protegernos del peligro de vernos en una pobreza insoportable podríamos, de entrada, ser partidarios de una distribución por igual de la renta y del patrimonio. Pero entonces se nos ocurriría que podríamos optar por algo mejor, mejor incluso para los que estuviesen más abajo. Supongamos que permitiendo ciertas desigualdades, por ejemplo que se pagara más a los médicos que a los conductores de autobús, se mejorase la situación de los que están abajo porque así estos accederían más fácilmente a la atención sanitaria. Para no cerrarnos a esta posibilidad, adoptaríamos el principio que Rawls llama «de la diferencia»: solo se permitirán las desigualdades sociales y económicas que reporten algún beneficio a quienes estén en la sociedad en posición más desfavorable.

¿Hasta qué punto es igualitario este principio? Cuesta decirlo: la diferencia en las remuneraciones tendrá consecuencias que dependerán de las circunstancias sociales y económicas. Supongamos que pagar más a los médicos conduzca a que haya una mejor y más abundante atención sanitaria en las zonas rurales más pobres. En ese caso, la diferencia salarial sería compatible con el principio de Rawls. Pero supongamos que pagar más a los médicos no tiene ningún efecto en los servicios de salud de los Apalaches, sino que solo hace que haya más cirujanos plásticos en Beverly Hills. En ese caso, según el punto de vista de Rawls, resultaría difícil justificar la diferencia salarial.

¿Y los cuantiosos ingresos de Michael Jordan o la vasta fortuna de Bill Gates? ¿Pueden ser esas desigualdades compatibles con el principio de la diferencia? Ni que decir tiene, la teoría de Rawls no está concebida para evaluar la equidad del salario de una u otra persona; se interesa por la estructura básica de la sociedad y el modo en que reparte derechos y deberes, rentas y patrimonios, poderes y oportunidades. Para Rawls, de lo que se trata es de si la riqueza de Gates nació como parte de un sistema que, tomado en su conjunto, funciona en beneficio de los menos pudientes. Por ejemplo, ¿estuvo sujeta a un sistema fiscal progresivo que grava a los ricos para subvenir la salud, la educación y el bienestar de los pobres? Si es así, y si este sistema hace que los pobres estén mejor que en una situación más estrictamente igual, tales desigualdades serían compatibles con el principio de la diferencia.

Algunos ponen en entredicho que las partes fueran a escoger en una situación originaria el principio de la diferencia. ¿Cómo sabe Rawls que, tras el velo de la ignorancia, no habría unos jugadores dispuestos a arriesgarse con una sociedad muy desigual, esperanzados de que en ella les corresponda la cima? Quizá algunos optasen por una sociedad feudal y se arriesgaran a ser siervos sin tierras en la esperanza de ser reyes.

Rawls no cree que se corriesen tales riesgos en la tesitura de escoger unos principios cuando de estos fuera a depender lo que cabría esperar, en líneas fundamentales, de la vida. A menos que supiesen de sí mismos que eran amantes del riesgo (una cualidad que el velo de la ignorancia les impediría percibir), las personas no harían apuestas arriesgadas con tanto en juego.

Pero el argumento de Rawls a favor del principio de la diferencia no descansa por completo en la presuposición de que en la situación originaria se sería reacio a correr riesgos. Bajo el artificio del velo de la ignorancia se esconde un argumento moral que se puede enunciar con independencia del experimento mental. La idea principal es que la distribución de la renta y de las oportunidades no debería basarse en factores que, desde un punto de vista moral, resulten arbitrarios.

El argumento de la arbitrariedad moral

Rawls presenta su argumento mediante la comparación de varias teorías de la justicia rivales. Empieza por la aristocracia feudal. Hoy en día, nadie defiende la justicia de las aristocracias feudales o de los sistemas de castas. Estos sistemas no son equitativos, observa Rawls, porque distribuyen la renta, el patrimonio, las oportunidades y el poder conforme a un accidente de nacimiento. Si se nace en la nobleza, se tendrán derechos y poderes negados a los nacidos en la servidumbre. Pero las circunstancias en que se nace no son obra de uno mismo. Por lo tanto, es injusto que las perspectivas que se tengan en la vida dependan de ese hecho arbitrario.

Las sociedades de mercado remedian esa arbitrariedad, al menos en cierta medida. Abren carreras a quienes tengan las aptitudes requeridas y ofrecen igualdad ante la ley. A los ciudadanos se les garantizan unas libertades básicas, y la distribución de la renta y del patrimonio está determinada por el mercado libre.

Este sistema —un mercado libre con una igualdad de oportunidades formal— se corresponde con la teoría libertaria de la justicia. Representa una mejora con respecto a las sociedades feudales y de castas, puesto que rechaza las jerarquías fijadas por el nacimiento. Legalmente, permite que todos luchen y compitan. En la práctica, sin embargo, las oportunidades pueden distar mucho de ser iguales.

Quienes tienen familias que los respaldan y una buena educación cuentan con una clara ventaja sobre quienes carecen de ello. Pero si los corredores salen de diferentes puntos de salida, la carrera difícilmente será equitativa. Por eso, sostiene Rawls, la distribución de la renta y del patrimonio resultante de un mercado libre con igualdad formal de oportunidades no se puede considerar justa. La injusticia más clamorosa del sistema libertario «es el que permita que las partes que correspondan en la distribución estén impropiamente influidas por factores como estos, tan arbitrarios desde un punto de vista moral».[11]

Una forma de remediar esta falta de equidad es corregir las desventajas sociales y económicas. Una meritocracia equitativa intenta hacerlo yendo más allá de la igualdad formal de oportunidades. Para retirar obstáculos que impidan el logro personal ofrece las mismas oportunidades educativas, de modo que quienes vienen de familias pobres puedan competir sin desventaja con quienes tienen un trasfondo privilegiado. Crea programas Head Start (de desarrollo de niños preescolares desfavorecidos), de nutrición infantil, de asistencia sanitaria, educativos, de formación profesional, lo que haga falta para que todos, sea cual sea el origen familiar o la clase social, partan del mismo punto de salida. Según la concepción meritocrática, la distribución de la renta y del patrimonio resultante de un mercado libre es justa, pero solo si todos tienen las mismas oportunidades de desarrollar sus aptitudes. Solo si todos empiezan en la misma línea de salida se podrá decir que los ganadores de la carrera se merecen el premio que reciben.

Rawls cree que la concepción meritocrática corrige ciertas desventajas moralmente arbitrarias, pero sigue sin llegar a ser justa. Pues, aunque se logre que todos partan del mismo punto de salida, será más o menos predecible quiénes ganarán la carrera: los que corran más deprisa. Pero ser un corredor veloz no depende del todo de mí. Es moralmente contingente de la misma forma en que venir de una familia acomodada lo es. «Aunque trabajase a la perfección en eliminar la influencia de las contingencias sociales», escribe Rawls, el sistema meritocrático «seguiría permitiendo que la distribución de la renta y del patrimonio esté determinada por la distribución natural de capacidades y aptitudes.»[12]

Si Rawls tiene razón, ni siquiera un mercado libre que actúe en una sociedad con igualdad de oportunidades educativas producirá una distribución justa de la renta y del patrimonio. La razón: «Las partes que correspondan en la distribución se deciden conforme al resultado de la lotería natural; y ese resultado es arbitrario desde una perspectiva moral. No hay más razón para permitir que la distribución de la renta y del patrimonio la establezca la distribución de dotes naturales que dejar que lo haga la fortuna histórica y social».[13]

Rawls llega a la conclusión de que la concepción meritocrática de la justicia es deficiente por la misma razón (aunque en menor grado) que la libertaria; ambas basan las partes que correspondan en la distribución de la renta y del patrimonio en factores moralmente arbitrarios. «Nos inquiete la influencia de las contingencias sociales en la determinación de las partes que corresponden en la distribución o nos inquiete la del azar natural, nos veremos abocados, en cuanto reflexionemos, a que nos inquiete la influencia del otro factor. Desde un punto de vista moral, las contingencias sociales y el azar natural son igualmente arbitrarios.»[14]

En cuanto percibimos la arbitrariedad moral que mancha tanto la teoría libertaria de la justicia como la meritocrática, sostiene Rawls, no podremos quedarnos satisfechos salvo con una concepción más igualitaria. Pero ¿cuál sería? Una cosa es remediar unas oportunidades educativas desiguales, otra completamente distinta remediar la desigualdad de las dotes naturales. Si nos inquieta que algunos corredores sean más veloces que otros, ¿no tendríamos que hacer que los corredores más dotados llevasen zapatillas con plomos? Algunos críticos del igualitarismo creen que la única alternativa a la sociedad de mercado meritocrática es una igualdad niveladora que impone lastres a los talentosos.

Una pesadilla igualitaria

«Harrison Bergeron», un cuento de Kurt Vonnegut Jr., expresa esa inquietud mediante una utopía negativa de ciencia ficción. «El año era 2081 —empieza el cuento—, y por fin todo el mundo era igual. [...] Nadie era más listo que otro. Nadie era más guapo que otro. Nadie era más fuerte o más rápido que otro.» Esta igualdad perfecta se ejecutaba por medio de los agentes del Lastrador General de Estados Unidos. A los ciudadanos con una inteligencia superior a la media se les obligaba a llevar radios en los oídos, que hacían de lastre. Cada veinte segundos o así, un transmisor gubernamental enviaba un intenso ruido para impedirles «que sacasen un partido de sus cerebros que no sería equitativo».[15]

Harrison Bergeron, de catorce años de edad, era inusualmente listo, guapo y bien dotado, así que se le habían puesto lastres más pesados que a la mayoría. En vez de una pequeña radio en el oído, «llevaba un tremendo par de cascos y gafas con gruesas lentes onduladas». Para que no se le viese su buen aspecto, se le obligaba a llevar «una bola roja de goma en la nariz, a afeitarse las cejas y a cubrirse los blancos y regulares dientes con fundas negras espaciadas al azar como dientes podridos». Y para compensar su fortaleza física tenía que andar con una pesada carga de limaduras de metal. «En la carrera de la vida, Harrison cargaba con cien kilos largos.»[16]

Un día, Harrison se desprende de sus lastres en un acto de heroico desafío contra la tiranía igualitaria. No quiero reventar la historia contando el final. Con lo que ya he contado debería estar claro que el relato de Vonnegut es una expresión vivaz de una crítica bien conocida contra las teorías igualitarias de la justicia.

La teoría de la justicia de Rawls, sin embargo, no está sujeta a esa objeción. Muestra que una igualdad niveladora no es la única alternativa a una sociedad de mercado meritocrática. La alternativa de Rawls, a la que llama principio de la diferencia, corrige la distribución desigual de aptitudes y dones sin lastrar a quienes los poseen. ¿Cómo? Alentando a los bien dotados a desarrollar y ejercer su talento, pero comprendiendo que la recompensa que su aptitud cosecha en el mercado pertenece a la comunidad en su conjunto. No se lastre a los mejores corredores; déjeselos correr y que lo hagan lo mejor que puedan. Reconózcase de antemano, simplemente, que lo que ganan no les pertenece solo a ellos, que deberían compartirlo con quienes carecen de dotes similares.

Aunque el principio de la diferencia no requiere una distribución igual de la renta y del patrimonio, la idea de fondo expresa una poderosa visión, enardecedora incluso, de la igualdad:

> El principio de la diferencia representa, a todos los efectos, un acuerdo por el que se considera que la distribución natural de la aptitud es un bien común y por el que los beneficios de esa distribución se reparten sean cuales sean. Quienes han resultado favorecidos por la naturaleza, sean quienes sean, pueden sacar provecho de su buena fortuna solo con la condición de que se mejore la situación de quienes han salido perdiendo. Los aventajados por su naturaleza no han de ganar por el mero hecho de que están mejor dotados, sino solo para cubrir el coste de la formación y la educación y para que usen sus dotes de modo que ayuden también a los menos afortunados. Nadie merece su mayor capacidad natural, ni se merece un punto de partida más favorable en la sociedad. Pero de ahí no se sigue que deban eliminarse esas distinciones. Hay otra forma de tratarlas. Se puede disponer la estructura básica de la sociedad de forma que esas contingencias obren por el bien de los menos afortunados.[17]

Pensemos, pues, en cuatro teorías de la justicia distributiva contrapuestas:

1. El sistema feudal o el de castas: una jerarquía fija basada en el nacimiento.
2. Libertarismo: el mercado libre con igualdad formal de oportunidades.

3. Meritocracia: el mercado libre con una igualdad de oportunidades equitativa.
4. Igualitarismo: el principio de la diferencia de Rawls.

Rawls sostiene que las tres primeras teorías basan la parte que corresponda a cada uno en la distribución de la riqueza en factores que, desde un punto de vista moral, son arbitrarios: en el accidente de dónde se nació, o en ventajas sociales y económicas, o en aptitudes y capacidades naturales. Solo el principio de la diferencia evita basar la distribución de la renta y del patrimonio en esas contingencias.

Aunque el argumento de la arbitrariedad moral no se basa en el argumento de la situación originaria, se parecen a este respecto: ambos mantienen que, al pensar en la justicia, debemos abstraer, dejar aparte, los hechos contingentes relativos a las personas y a su posición social.

Primera objeción: Los incentivos

La defensa que Rawls hace del principio de la diferencia atrae, sobre todo, dos objeciones. La primera se pregunta por los incentivos. Si el que tiene talento puede beneficiarse de él solamente para ayudar a los menos pudientes, ¿qué ocurriría si decidiese trabajar menos o si, ya de entrada, prefiriese no desarrollar su capacidad? Si los impuestos son altos o las diferencias de salario pequeñas, ¿no decidirán las personas con aptitudes para ser cirujanos dedicarse a trabajos menos exigentes? ¿No se esforzará Michael Jordan menos en mejorar su tiro en suspensión o no se retirará antes?

La réplica de Rawls dice que el principio de la diferencia permite la desigualdad de ingresos por mor de los incentivos con tal de que se necesiten tales incentivos para mejorar la suerte de los menos aventajados. Pagar más a los consejeros delegados de las grandes empresas o recortar los impuestos de los ricos con la única intención de incrementar el producto interior bruto no se justificaría. Pero si los incentivos generasen un crecimiento económico que mejorase las cosas para los de más abajo con respecto a como estarían con una ordenación más igualitaria, el principio de la diferencia los permitiría.

Debe observarse que permitir diferencias salariales por mor de los incentivos no es lo mismo que decir que quienes han logrado el éxito tienen el privilegio moral de poder reclamar los frutos de su trabajo. Si Rawls tuviese razón, las desigualdades en los ingresos serían justas solo en la medida en que motivasen esfuerzos que al final ayudasen a los desfavorecidos, y no porque los consejeros delegados o las estrellas del deporte se merezcan ganar más que los obreros de una fábrica.

Segunda objeción: El esfuerzo

Eso nos lleva a una segunda objeción a la teoría de la justicia de Rawls que le plantea una dificultad mayor: ¿y el esfuerzo? Rawls rechaza la teoría meritocrática de la justicia porque las aptitudes naturales de los individuos no son obra de estos. Pero ¿y el duro trabajo que se dedica a cultivar la propia competencia? Bill Gates trabajó mucho y durante largo tiempo para desarrollar Microsoft. Michael Jordan dedicó incontables horas a afinar sus habilidades de jugador de baloncesto. Aun dejando aparte su aptitud y sus dotes, ¿no se merecen la recompensa que sus esfuerzos les reportaron?

Rawls replica que incluso el esfuerzo puede ser el producto de haberse criado en circunstancias favorables. «Hasta la disposición a hacer un esfuerzo, a intentar algo, y por lo tanto el tener mérito en el sentido ordinario, depende a su vez de las circunstancias sociales y de haber tenido una familia feliz.»[18] Como en otros factores de los que depende que tengamos éxito, en el esfuerzo influyen contingencias que no se nos pueden atribuir. «Parece claro que en el esfuerzo que una persona esté dispuesta a hacer influyen sus capacidades y destrezas naturales y las alternativas que se le presenten. Cuanto mejor dotado se esté, más probable será, si todo lo demás es igual, el esforzarse a conciencia…»[19]

Cuando mis alumnos conocen el argumento de Rawls acerca del esfuerzo, muchos se oponen ardientemente. Sostienen que sus propios logros, incluida la admisión en Harvard, reflejan el trabajo duro que hicieron, no factores moralmente arbitrarios que escapan a su control. Muchos ven con suspicacia cualquier teoría de la justicia de la que se siga que no nos merecemos moralmente las recompensas que nuestro esfuerzo se gana.

Una vez hemos debatido sobre lo que Rawls dice del esfuerzo, hago una encuesta poco científica. Les señalo que hay psicólogos que dicen que el orden de nacimiento influye en el esfuerzo y en el empeño, por ejemplo en esfuerzos del tipo que los alumnos asocian a entrar en Harvard. Se dice que el primogénito tiene una ética del trabajo más sólida, gana más dinero y logra con mayor frecuencia el éxito, tal y como se conviene en concebirlo, que sus hermanos menores. Estos estudios están sujetos a críticas, no sé si sus conclusiones son ciertas. Pero, para divertirnos un poco, les pregunto a mis alumnos cuántos son primogénitos. Alrededor del 75 o del 80 por ciento levanta la mano. El resultado ha sido el mismo cada vez que he hecho la encuesta.

Nadie puede decir que ser el primogénito se deba a uno mismo. Si algo tan moralmente arbitrario como el orden de nacimiento influye en nuestra tendencia a trabajar duro y a no cejar, entonces es que Rawls quizá tenga algo de razón. Ni siquiera el esfuerzo puede ser el fundamento del merecimiento moral.

La aseveración de que la gente se merece la recompensa a sus esfuerzos y a su duro trabajo es cuestionable por otra razón: aunque los proponentes de la meritocracia invocan a menudo las virtudes del esfuerzo, no creen realmente que solo el esfuerzo sea el fundamento de rentas y patrimonios. Pensemos en dos trabajadores de la construcción. Uno es fuerte, recio, puede construir cuatro paredes en un día sin despeinarse. El otro es débil, enclenque, no puede llevar más de dos ladrillos a la vez. Aunque trabaja muy duro, le lleva una semana hacer lo que su musculoso compañero hace, sin demasiado esfuerzo, en un día. Ningún defensor de la meritocracia diría que el trabajador débil pero laborioso merece que se le pague más, por su esfuerzo superior, que al fuerte.

O piense en Michael Jordan. Es verdad, se entrenaba mucho. Pero hay jugadores de baloncesto menos importantes que entrenaban aún más. Nadie diría que se merecen un contrato mejor que el de Jordan para recompensar todas las horas que le han echado. Así que, pese a todo lo que se diga del esfuerzo, lo que de verdad cree la meritocracia que merece ser retribuido es la contribución o el logro. Sea nuestra ética de trabajo obra nuestra o no, la contribución que hagamos dependerá, al menos en parte, de aptitudes naturales que no podemos arrogarnos.

Rechazo del merecimiento moral

De ser correcto, el argumento de Rawls acerca de la arbitrariedad moral de la aptitud conduce a una conclusión sorprendente: la justicia distributiva no tiene nada que ver con recompensar el merecimiento moral.

Reconoce que esta manera de pensar choca con nuestra forma ordinaria de concebir la justicia: «El sentido común tiene una tendencia a suponer que las rentas y el patrimonio, y las cosas buenas de la vida en general, deberían distribuirse conforme a lo que moralmente se merezca. La justicia es la felicidad conforme con la virtud. [...] Ahora bien, la justicia entendida como equidad rechaza esa concepción».[20]

Rawls socava el punto de vista meritocrático al poner en cuestión su premisa básica, a saber, que una vez se han eliminado las barreras que puedan impedir el éxito, se puede decir que las personas se merecen la recompensa que sus aptitudes les reporten:

> No nos merecemos nuestro lugar en la distribución de dotes innatas más de lo que nos merecemos nuestro punto de partida inicial en la sociedad. También es problemático que nos merezcamos el carácter superior gracias al cual realizamos el esfuerzo requerido para cultivar nuestras capacidades, pues tal carácter depende en buena parte de haber tenido fortuna con la familia y las circunstancias en los pri-

meros años de vida, y no nos podemos arrogar mérito alguno por eso. La noción de merecimiento no se aplica ahí.[21]

Si la justicia distributiva no consiste en premiar el merecimiento moral, ¿significa que a quienes trabajan duro y se atienen a las reglas no les corresponden en absoluto las recompensas que obtienen por su esfuerzo? No, no exactamente. Aquí Rawls hace una distinción, importante pero sutil: entre el merecimiento moral y lo que él llama «derecho a las expectativas legítimas». La diferencia es esta: al contrario que en la vindicación de un mérito, un derecho adquirido solo se genera cuando se han establecido ya ciertas reglas del juego, y, para empezar, no nos puede decir cómo se establecen esas reglas.

El conflicto entre el merecimiento moral y los derechos adquiridos está en el fondo de muchos de los debates sobre la justicia más acalorados: algunos dicen que subir los impuestos a los ricos los priva de algo que se merecen moralmente; o que tener en cuenta la diversidad racial y étnica en la admisión a las universidades priva a solicitantes con notas altas de una preferencia que se merecen moralmente. Otros dicen que no, que la gente no se merece, desde un punto de vista moral, esas ventajas; primero hemos de decidir cuáles deben ser las reglas del juego (los tipos fiscales, los criterios de admisión). Solo entonces se podrá decir quiénes tienen derecho a qué.

Pensemos en la diferencia entre un juego de azar y uno de habilidad. Supongamos que juego a la lotería. Si sale mi número, tengo derecho a lo que se gane por ello. Pero no puedo decir que me haya merecido ganar, ya que la lotería es un juego de azar. Que gane o pierda no tiene nada que ver con mis virtudes o con mi habilidad de jugador.

Imaginemos ahora que los Red Sox de Boston ganan las World Series, la final de los campeonatos estadounidenses de béisbol. Como han vencido, tienen derecho al trofeo. Que se hayan merecido ganar o no, es otra cuestión. La respuesta depende de cómo jugasen el partido. ¿Ganaron de chiripa (un error del árbitro en el momento decisivo) o porque realmente jugaron mejor que sus rivales y exhibieron las excelencias y virtudes (buenos lanzamientos, bateos acertados, una defensa vibrante, etc.) que definen el mejor béisbol?

En un juego de habilidad, al revés que en uno de azar, se puede distinguir entre quien tiene derecho al premio y quien se mereció ganar. La razón es que los juegos de habilidad recompensan que se ejerciten y exhiban ciertas virtudes.

Rawls sostiene que la justicia distributiva no consiste en premiar la virtud o el merecimiento moral. Por el contrario, consiste en que se satisfagan las expectativas legítimas que se producen una vez que se han instaurado las reglas del juego. Una vez que los principios de la justicia han establecido los términos de la cooperación social, se tendrá el derecho a percibir los beneficios que se obtengan conforme a las reglas. Pero si el sistema fiscal obliga a los perceptores a entregar una parte de esos ingresos para ayudar a los desfavorecidos, no podrán quejarse de que eso les priva de algo que se merecen moralmente.

> Una ordenación justa, pues, responde a los derechos adquiridos de los hombres; satisface sus expectativas según se fundamentan en las instituciones sociales. Pero eso a lo que tienen derecho no es proporcional ni depende del valor intrínseco que los hombres posean. Los principios de la justicia que regulan la estructura básica de la sociedad [...] no se refieren al merecimiento moral y no hay ninguna tendencia a que las partes que se reciban en la distribución de la riqueza se correspondan con él.[22]

Por dos razones rechaza Rawls que la justicia distributiva se base en el merecimiento moral. La primera, como ya hemos visto, que las aptitudes gracias a las que puedo competir con más éxito no son del todo obra mía. Pero una segunda contingencia es igualmente decisiva: las cualidades que una sociedad valora más en un momento dado son también arbitrarias moralmente. Aunque yo pudiese reclamar fuera de toda duda que mi aptitud se me debe únicamente a mí, seguiría siendo cierto que la recompensa que esa aptitud coseche dependerá de las contingencias de la oferta y de la demanda. En la Toscana medieval, los pintores de frescos estaban muy valorados; en la California del siglo XXI, los programadores de ordenadores lo están, y así sucesivamente. Que mis destrezas rindan mucho o poco depende de lo que la sociedad tenga a bien querer; lo que contará como contribución dependerá de las cualidades que una sociedad dada tenga a bien apreciar.

Piénsese en estas diferencias salariales:

- El maestro medio gana en Estados Unidos unos 43.000 dólares al año. David Letterman, el presentador de programas nocturnos, gana 31 millones de dólares al año.
- A John Roberts, presidente del Tribunal Supremo de Estados Unidos, se le pagan 217.400 dólares al año. La jueza Judy, que tiene un *reality* en televisión, gana 25 millones al año.

¿Responden a la equidad esas diferencias en las remuneraciones? La respuesta, según Rawls, depende de que se generen en un sistema impositivo y redistributivo que actúe a favor de los menos pudientes. Si es así, Letterman y la jueza Judy tendrán derecho a lo que ganan. Pero no se puede decir que la jueza Judy se merece ganar cien veces más que el presidente del Tribunal Supremo o que Letterman se merece ganar setecientas veces lo que un maestro. Que vivan en una sociedad que derrama sumas enormes de dinero sobre las estrellas de televisión es una buena suerte para ellos, no algo que se merezcan.

Quienes tienen éxito a menudo pasan por alto este aspecto contingente de su éxito. Muchos tenemos la fortuna de poseer, al menos en cierta medida, las cualidades que nuestra sociedad tiene a bien apreciar. En una sociedad capitalista, resulta provechoso ser emprendedor. En una sociedad burocrática, resulta provechoso saber tratar a los superiores y no tener roces con ellos. En una sociedad democrática de masas, resulta provechoso quedar bien en televisión y que de la boca de uno lo que salga sea corto y superficial. En una sociedad dada a los litigios resulta provechoso estudiar derecho y tener una destreza lógica y razonadora que haga que se saque una puntuación alta en los LSAT, los exámenes estandarizados que deben pasarse para empezar esos estudios.

Que nuestra sociedad valore esas cosas no es obra de uno mismo. Supongamos que, con las mismas aptitudes que podamos tener, viviésemos, no en una sociedad avanzada técnicamente y dada a los litigios, sino en una sociedad de cazadores, o de guerreros, o que confiriese sus mayores premios y el más alto prestigio a quienes exhibiesen vigor físico o piedad religiosa. ¿Qué sería de nuestras aptitudes allí? Está claro que no iríamos muy lejos. Y no cabe duda de que algunos desarrollaríamos otras. Pero ¿seríamos menos dignos o virtuosos que ahora?

La respuesta de Rawls es que no. Recibiríamos menos, y eso sería lo apropiado. Pero si bien tendríamos derecho a menos, no seríamos menos dignos, no tendríamos menos merecimientos que otros. Lo mismo es cierto de quienes carecen en nuestra sociedad de puestos prestigiosos y poseen en menor medida las aptitudes que nuestra sociedad tiene a bien premiar.

Entonces, aunque tenemos derecho a los beneficios que las reglas del juego nos prometen por ejercer nuestras aptitudes, es un error y una vanagloria suponer que nos merecemos, ya para empezar, una sociedad que valora las cualidades que tengamos nosotros en abundancia.

Woody Allen expresa algo semejante en su película *Stardust Memories*. Allen, que interpreta un personaje que se parece a él mismo, Sandy, un cómico famoso, se encuentra con Jerry, un amigo de su viejo barrio que se lamenta de ser taxista.

SANDY: Entonces, ¿qué haces? ¿A qué te dedicas?
JERRY: ¿Sabes en qué trabajo? Soy taxista.
SANDY: Bueno, se te ve bien. Tú... no hay nada de malo en eso.
JERRY: Ya. Pero compárame contigo...
SANDY: ¿Qué quieres que te diga? Yo era el chistoso del barrio, ¿no te acuerdas?
JERRY: Ya.

SANDY: Pues, pues... ya sabes que vivimos en una... sociedad que le da mucha importancia a los chistes, ¿sabes, no? Si lo ves de esa manera... (*carraspea*), si yo hubiese sido un indio apache, esos tíos no necesitaban cómicos para nada, ¿vale?, así que me habría quedado sin trabajo.

JERRY: ¿Y? ¡Pero venga! Eso no hace que me sienta mejor.[23]

Al taxista no le impresionó la floritura del cómico acerca de la arbitrariedad moral de la fama y la fortuna. Que su magra tajada fuese cosa de mala suerte no endulzaba la amargura, quizá porque en una sociedad meritocrática la mayor parte de la gente piensa que el éxito en el mundo refleja lo que nos merecemos. Cuesta desplazar esa idea. Que la justicia se pueda separar o no por completo del merecimiento moral es una cuestión que estudiaremos en las próximas páginas.

La vida, ¿es injusta?

En 1980, cuando Ronald Reagan aspiraba a la presidencia, el economista Milton Friedman publicó, con la coautoría de su mujer, Rose, un libro que tuvo mucho éxito, *Libertad de elegir*. Se trataba de una briosa defensa, sin tapujos, de la economía de libre mercado. Se convirtió en el libro de texto —en el himno incluso— de los años de Reagan. Al defender los principios del *laissez-faire* de las críticas igualitarias, Friedman hacía una concesión sorprendente. Reconocía que quienes se habían criado en familias acomodadas y estudiado en colegios de élite tenían una ventaja sobre quienes habían vivido en ambientes menos privilegiados. También concedía que quienes heredaban aptitudes y dotes disfrutaban, pese a que esas cualidades no eran obra suya, de ventajas injustas sobre otros. Al contrario que Rawls, sin embargo, Friedman dejaba claro que no se debería hacer nada por remediar esa falta de equidad. Debíamos, muy al contrario, aprender a vivir con ella y disfrutar de los beneficios que reporta:

> La vida no es justa. Se siente la tentación de creer que el Estado puede rectificar lo que la naturaleza ha engendrado. Pero también es importante reconocer cuánto nos beneficiamos de esa injusticia que tanto deploramos. No hay nada de justo [...] en que Muhammad Ali haya nacido con la habilidad que hizo de él un gran púgil. [...] No es justo, ciertamente, que Muhammad Ali pudiese ganar millones de dólares en una noche. Pero ¿no habría sido más injusto aún para la gente que disfrutaba viéndole si, en pos de alguna idea abstracta de igualdad, no se le hubiese permitido ganar en una velada de boxeo más [...] de lo que el último de los hombres en la escala social pueda ganar en un día de trabajo no cualificado en los muelles?[24]

En *Teoría de la justicia*, Rawls rechaza el consejo de ser complacientes que se refleja en las opiniones de Friedman. En un pasaje emocionante, enuncia una verdad bien conocida pero que a menudo olvidamos: la manera en que son las cosas no determina la manera en que deberían ser.

> Deberíamos rechazar el argumento de que la ordenación de las instituciones siempre será defectuosa porque la distribución de las aptitudes naturales y el capricho de las circunstancias sociales son injustos, y esta injusticia debe trasladarse inevitablemente a las disposiciones humanas. En ocasiones, esta reflexión se ofrece como excusa para ignorar la injusticia, como si rehusarse a aceptar la injusticia fuese parejo a ser incapaz de aceptar la muerte. La distribución natural ni es justa ni injusta; ni es injusto tampoco que las personas nazcan en la sociedad en alguna posición particular. Son, simplemente, hechos naturales. Lo que es justo e injusto es la manera en que las instituciones tratan esos hechos.[25]

Rawls propone que los tratemos aceptando «compartir los unos el destino de los otros» y «sacar provecho de los accidentes de la naturaleza y de las circunstancias sociales solo cuando redunda en el beneficio común».[26] Sea válida o no en última instancia esta teoría de la justicia, representa la defensa más atractiva de una sociedad más igual que la filosofía política haya producido jamás en Estados Unidos.

7

Argumentos sobre la acción afirmativa

Cheryl Hopwood no procedía de una familia acomodada. Se crió con una madre soltera, y logró salir adelante en el instituto y en el primer ciclo universitario, y luego ya en la Universidad del Estado de California en Sacramento. Se trasladó entonces a Texas y solicitó la admisión en la Facultad de Derecho de la Universidad de Texas, el mejor centro universitario de ese estado para la obtención del título de doctor en Derecho y uno de los más destacados de Estados Unidos. Aunque tenía una nota media de licenciatura de 3,8 e hizo razonablemente bien los exámenes de admisión a la facultad (su puntuación cayó en el percentil 83), no la admitieron.[1]

Hopwood, que es blanca, pensó que no era justo que la rechazasen. Algunos de los solicitantes que sí fueron admitidos eran estudiantes afroamericanos o de origen mexicano que se habían licenciado con notas inferiores y habían obtenido menos puntos en el examen de ingreso. La facultad practicaba una política de acción afirmativa que daba preferencia a los aspirantes pertenecientes a minorías. En realidad, todos los estudiantes de minorías con notas de licenciatura y puntuaciones en el examen de ingreso parecidas a las de Hopwood fueron admitidos.

Hopwood llevó su caso a un tribunal federal. Sostenía que había sido víctima de discriminación. La universidad replicó que parte de la misión de la Facultad de Derecho era aumentar la diversidad racial y étnica de los profesionales del derecho en Texas, no solo en los bufetes, sino también en la Asamblea Legislativa del estado y en los tribunales. «En una sociedad civil, la Justicia depende abrumadoramente de la disposición de la sociedad a aceptar sus veredictos —declaró Michael Sharlot, decano de la Facultad de Derecho—. Resultará más difícil conseguirlo si no vemos a los miembros de todos los grupos desempeñando papeles en la administración de justicia.»[2] En Texas, los afroamericanos y los estadounidenses de origen mexicano constituyen el 40 por ciento de la población; la proporción entre los profesionales del derecho es mucho menor. Cuando Hopwood hizo su solicitud de ingreso, la Facultad de Derecho de la Universidad de Texas aplicaba una política de «acción afirmativa» para las admisiones: perseguía que el 15 por ciento de cada promoción estuviese compuesto por solicitantes pertenecientes a las minorías.[3]

Para conseguir ese objetivo, la universidad estableció unas pautas de admisión menos exigentes para los solicitantes de las minorías que para los solicitantes que no perteneciesen a ninguna de ellas. Los responsables de la universidad sostenían, sin embargo, que todos los estudiantes de las minorías admitidos estaban cualificados para cursar la carrera y casi todos conseguían acabarla y aprobaban el examen que les facultaba para ejercer. Pero de poco consuelo era todo esto para Hopwood, que creía que no la habían tratado de modo equitativo y tendría que haber sido admitida.

El reto de Hopwood a la acción afirmativa no fue el primero en llegar a los tribunales; tampoco sería el último. Durante más de treinta años, los tribunales han tenido que afrontar las difíciles cuestiones morales y legales que plantea la acción afirmativa. En 1978, en el caso Bakke, el Tribunal Supremo de Estados Unidos aceptó, aunque por muy poco, la acción afirmativa en las admisiones a la Facultad de Medicina de la Universidad de California en Davis.[4] En 2003, un Tribunal Supremo dividido en dos partes casi iguales estableció que la raza se podía usar como un factor a tener en cuenta en las admisiones; fue al ver un caso que afectaba a la Facultad de Derecho de la Universidad de Michigan.[5] Mientras, los votantes de California, Washington y Michigan han aprobado hace poco en referendos convocados por iniciativa popular que se prohíban las preferencias raciales en la educación pública y en el empleo.

El problema que los tribunales han de resolver es el de si la política de acción afirmativa en contrataciones y admisiones viola o no la garantía que la Constitución de Estados Unidos ofrece de que las leyes protegen a todos por igual. Pero dejemos aparte la cuestión constitucional y centrémonos en la cuestión moral: ¿es injusto tener la raza y la etnia en cuenta en contrataciones o en admisiones universitarias?

Para responder la pregunta veamos tres razones que quienes abogan por la acción afirmativa ofrecen a favor de que se tenga en cuenta la raza o la etnia: corregir el sesgo de los exámenes estandarizados, compensar injusticias del pasado y promover la diversidad.

Corregir la brecha en los exámenes

Una de las razones que se dan para tener la raza y la etnia en cuenta es que se debe corregir el posible sesgo de los exámenes estandarizados. Se viene poniendo en entredicho desde hace mucho la capacidad de los SAT (tests de aptitud escolar) y de otros tests de predecir el éxito académico y profesional. En 1951, un aspirante a ingresar en el programa de doctorado de la Facultad de Teología de la Universidad de Boston presentó unas puntuaciones mediocres en el GRE (un examen estandarizado para la admisión en estudios de tercer ciclo). El joven Martin Luther King Jr., que llegaría a ser uno de los más grandes oradores de la historia de Estados Unidos, puntuó por debajo de la media en aptitud verbal.[6] Por suerte, le admitieron de todas formas.

Algunos estudios muestran que los estudiantes negros e hispanos, tomados en conjunto, puntúan menos que los blancos en los tests estandarizados incluso cuando se corrige el efecto de la clase social. Pero sea cual sea la causa de esa brecha, el uso de tests estandarizados para predecir el éxito académico requiere que se interpreten las puntuaciones a la luz del trasfondo familiar, social, cultural y educativo. Una puntuación de 700 en un SAT de un estudiante que asistió a malas escuelas públicas en el South Bronx significa más que la misma puntuación de alguien que se graduó en un colegio privado para las élites del Upper East Side de Manhattan. Pero evaluar las puntuaciones de los tests a la luz del trasfondo racial, étnico y económico no pone en entredicho la idea de que las universidades, de un tipo o de otro, deberían admitir solo a los estudiantes más prometedores académicamente; no es más que un intento de dar con la manera más precisa de medir hasta qué punto es prometedor cada individuo académicamente.

El auténtico debate sobre la acción afirmativa versa sobre otras dos justificaciones: el argumento compensatorio y el argumento de la diversidad.

Compensar injusticias del pasado

El argumento compensatorio considera la acción afirmativa como un remedio contra las injusticias del pasado. Dice que debería darse preferencia a los estudiantes de las minorías para compensar toda una historia de discriminaciones que los ha dejado en una situación desventajosa. Este argumento trata la admisión más que nada como un beneficio para el que la recibe, y pretende distribuir ese beneficio de un modo que compense las antiguas injusticias y sus persistentes efectos.

Pero el argumento compensatorio tropieza con una gran dificultad: los críticos señalan que los que se benefician no son necesariamente quienes han sufrido, y los que pagan la compensación rara vez son responsables de las injusticias que se rectifican. Muchos beneficiarios de la acción afirmativa son estudiantes de minorías, sí, pero de clase media, que no han sufrido las penurias que afligen a los jóvenes afroamericanos e hispanos de los barrios pobres de las ciudades. ¿Por qué se le debe dar una ventaja a un estudiante afroamericano de una urbanización de gente pudiente de Houston con respecto a Cheryl Hopwood, que quizá haya tenido que afrontar circunstancias económicas peores?

Si la idea es ayudar a los que están en una situación desventajosa, sostienen los críticos, la acción afirmativa debería basarse en la clase, no en la raza. Y si se pretende que las preferencias raciales compensen las injusticias históricas que la esclavitud y la segregación fueron, ¿cómo puede ser justo que corran con el coste de esa compensación personas como Hopwood, que no intervinieron en la perpetración de la injusticia?

Que el argumento de la compensación a favor de la acción afirmativa pueda responder a esa crítica dependerá de la espinosa idea de la responsabilidad colectiva: ¿puede acaso incumbirnos la responsabilidad moral de enmendar las injusticias cometidas por generaciones anteriores? Para responder esta pregunta tendremos que saber más acerca de cómo se originan las obligaciones morales. ¿Incurrimos en obligaciones solo como individuos o hay obligaciones que nos corresponden por ser miembros de comunidades con una identidad histórica? Volveré a esta cuestión más adelante, así que dejémosla a un lado de momento y centrémonos en el argumento de la diversidad.

Promover la diversidad

El argumento que apoya la acción afirmativa por su efecto en la diversidad no depende de ideas controvertidas acerca de la responsabilidad colectiva. No depende tampoco de que se demuestre que el estudiante perteneciente a una minoría al que se le ha dado preferencia en la admisión ha sufrido personalmente la discriminación o la desventaja. Trata la admisión menos como una recompensa a quien le es concedida que como un medio de acercarse a un objetivo que merece la pena socialmente.

La justificación por la vía de la diversidad es un argumento en nombre del bien común, el de la universidad misma y el de la sociedad en general. En primer lugar, mantiene que un alumnado racialmente mixto es deseable porque así los estudiantes aprenden más unos de otros que si todos tuviesen orígenes similares. Así como un alumnado que procediese de una misma parte del país limitaría la variedad de perspectivas intelectuales y culturales, lo mismo ocurre con uno homogéneo en la raza, la etnia y la clase social. En segundo lugar, el argumento de la diversidad mantiene que preparar a las minorías desfavorecidas para que asuman puestos destacados en cargos públicos y profesionales clave contribuye al propósito cívico de la universidad y al bien común.

El argumento de la diversidad es uno de los que más a menudo esgrimen las universidades. El decano de la Facultad de Derecho de la Universidad de Texas, al tener que enfrentarse al problema planteado por Hopwood, se refirió al propósito cívico al que servía la política de acción afirmativa de su facultad. Parte de la misión de la Facultad de Derecho consistía en ayudar a que se incrementase la diversidad entre los profesionales del derecho de Texas y se capacitara a los afroamericanos y a los hispanos para asumir puestos destacados en la administración y en la justicia. Conforme a esa vara de medir, decía, el programa de acción afirmativa de la Facultad de Derecho tenía éxito: «Vemos que a los licenciados en nuestra facultad pertenecientes a las minorías se los elige para cargos públicos, que trabajan para destacados bufetes de abogados, que son miembros de la Asamblea Legislativa de Texas y de los tribunales federales. En la medida en que las minorías desempeñan puestos importantes en Texas, a menudo es por los licenciados en nuestra facultad».[7]

Cuando el Tribunal Supremo de Estados Unidos juzgó el caso Bakke, el Harvard College (la parte de Harvard dedicada a los estudios de licenciatura) le remitió un parecer —conforme a la figura jurídica del «amigo del tribunal»— en el que defendía la acción afirmativa por razones educativas.[8] Afirmaba que las notas y las puntuaciones en los tests nunca habían sido el único criterio de admisión. «Si la excelencia académica fuese el único criterio, o siquiera el predominante, el Harvard College habría perdido gran parte de su vitalidad y de su excelencia intelectual. [...] La calidad de la experiencia educativa ofrecida a todos los estudiantes se resentiría.» En el pasado, la diversidad consistía en «estudiantes de California, Nueva York y Massachusetts, alumnos de la ciudad y de campo, violinistas, pintores y jugadores de fútbol americano, biólogos, historiadores y estudiosos de la Antigüedad, corredores de Bolsa, o profesores, o políticos, en potencia». Ahora, se interesaban también por la diversidad racial y étnica.

> Un chico que viene de una granja de Idaho puede traer algo al Harvard College que uno de Boston no podría ofrecer. De manera parecida, un estudiante negro trae de ordinario algo que uno blanco no podrá ofrecer. La calidad de la experiencia educativa de todos los estudiantes del Harvard College depende en parte de esos trasfondos y mentalidades diferentes que los alumnos traen consigo.[9]

Quienes critican el argumento de la diversidad ofrecen dos tipos de objeción, una práctica, la otra de principio. La objeción práctica cuestiona la eficacia de las políticas de acción afirmativa. Arguye que la aplicación de las preferencias raciales no llevará a una sociedad más pluralista o a reducir los prejuicios y las desigualdades, sino que dañará la autoestima de los estudiantes pertenecientes a las minorías, aumentará la conciencia racial en todas las partes, incrementará las tensiones raciales y provocará el resentimiento entre los grupos étnicos blancos que sienten que también deberían tener una oportunidad. La objeción práctica no dice que la acción afirmativa sea injusta, sino que es poco probable que logre su propósito y que podría hacer más mal que bien.

Las preferencias raciales, ¿violan los derechos?

La objeción principal dice que, por meritorio que sea el objetivo de que haya más diversidad en las aulas o una sociedad más igual, y por mucho éxito que pueda tener la política de la acción afirmativa en lograrlo, hacer de la raza o de la etnia un factor que cuente en las admisiones no es equitativo. La razón: viola los derechos de solicitantes como Cheryl Hopwood, a los que, sin que tengan culpa alguna, se les pone en una situación de desventaja a la hora de competir.

Para un utilitarista, esta objeción no tiene mucho peso. Al veredicto sobre la acción afirmativa se llegaría comparando los beneficios cívicos y educativos que se derivan de ella con la decepción que les causa a Hopwood y a otros solicitantes blancos que se encuentran en el límite y salen perdiendo. Pero muchos defensores de la acción afirmativa no son utilitaristas; son liberales kantianos o rawlsianos que creen que ni siquiera un fin deseable puede pasar por encima de los derechos individuales. Para ellos, hacer de la raza un factor en la admisión, si viola los derechos de Hopwood, será injusto.

Ronald Dworkin, filósofo del derecho cuyo pensamiento se orienta hacia los derechos de los individuos, encara esa objeción argumentando que el uso de la raza en la acción afirmativa no viola los derechos de nadie.[10] ¿Qué derecho, pregunta, se le denegó a Hopwood? Quizá ella crea que las personas tienen un derecho a que no se las juzgue por factores, como la raza, que están fuera de su control. Pero la mayor parte de los criterios tradicionales para la admisión en una universidad incluyen factores que están fuera del control de una persona. No es culpa mía que sea de Massachusetts y no de Idaho, o que sea un mal jugador de fútbol americano, o que no sepa entonar una melodía. Tampoco es culpa mía que no tenga la aptitud de sacar buenas puntuaciones en los SAT.

Quizá el derecho que está en juego sea el derecho a que se le considere conforme a criterios académicos nada más, que no se tenga en cuenta si juega bien al fútbol americano o si es de Idaho o si ha trabajado como voluntario en un comedor de indigentes. Según este punto de vista, si mi nota de graduación, mis puntuaciones en los tests y demás formas de medir mis futuras posibilidades académicas me sitúan entre los mejores solicitantes, me merezco que me admitan. Me merezco, en otras palabras, que se me considere solo según mis méritos académicos.

Pero como señala Dworkin, no existe tal derecho. Algunas universidades admiten estudiantes basándose solo en las calificaciones académicas, pero la mayor parte no procede así. Dworkin sostiene que ningún solicitante tiene derecho a que las universidades definan su misión y diseñen su política de admisión de manera que premien sobre todo un tipo particular de cualidades, se trate de la capacidad académica, de la atlética o de cualquier otra. Solo cuando la universidad ha definido su misión y establecido los criterios de admisión, quien cumpla esos criterios mejor que otros podrá tener una expectativa legítima de que se le admita. Quienes resulten ser los mejores solicitantes tras tener en cuenta no solo lo que quepa esperar académicamente de ellos, sino también la diversidad étnica y geográfica, el servicio a la comunidad, etcétera, tendrán un derecho adquirido a ser admitidos. Pero, en primer lugar, nadie tiene el derecho a que solo se le considere conforme a un determinado conjunto de criterios.[11]

Ahí se esconde la aseveración, profunda pero polémica, que constituye el meollo mismo de los argumentos que defienden la acción afirmativa porque fomenta la diversidad: la admisión no es un honor que se concede para premiar méritos o virtudes superiores. Ni la estudiante con altas puntuaciones ni la que procede de un grupo minoritario desfavorecido se merecen moralmente la admisión. La admisión se justifica en la medida en que contribuya al propósito social al que la universidad sirva, no porque premie el mérito o la virtud de la estudiante, definidos de manera independiente. La idea de Dworkin es que la justicia en las admisiones no estriba en premiar méritos o virtudes; podremos saber en qué consiste un reparto equitativo de las plazas de primer año solo una vez la universidad haya definido su misión. La misión define los méritos pertinentes, no al revés. Cuando Dworkin explica la justicia en las admisiones universitarias llega a lo mismo que Rawls cuando explica la justicia en la distribución de la renta: que no tiene que ver con el merecimiento moral.

La segregación racial y la cuota antijudía

¿Quiere esto decir que las universidades, en sus programas de licenciatura o de doctorado, tienen la libertad de definir sus misiones como les plazca y que cualquier política de admisión que encaje con la misión declarada será equitativa? Si es así, ¿qué cabe decir de las universidades segregadas racialmente del sur de Estados Unidos de no hace tanto? La propia Facultad de Derecho de la Universidad de Texas fue el objeto de otra reclamación constitucional. En 1946, cuando estaba segregada, negó el ingreso a Heman Marion Sweatt: no admitía a los negros. Su demanda dio lugar a una sentencia del Tribunal Supremo de Estados Unidos, «Sweatt contra Painter», de 1950, que marcaría un hito contra la segregación en la educación superior.

Pero si el único criterio que ha de cumplir una política de admisiones para que se la considere justa es que encaje con la misión de la facultad, ¿qué había de malo en el argumento que la Facultad de Derecho de Texas presentó en su época? Su misión era preparar abogados para los bufetes de Texas. Como los bufetes de Texas no contrataban negros, sostenía la facultad, no serviría a su misión admitiéndolos.

Podría argüirse que la Facultad de Derecho de la Universidad de Texas, al ser una institución pública, tiene más restricciones a la hora de escoger su misión que las universidades privadas. Es sin duda verdad que las demandas constitucionales más notables relativas a la acción afirmativa en la educación superior afectan a universidades públicas: la Universidad de California en Davis (el caso Bakke), la Universidad de Texas (el caso Hopwood) y la Universidad de Michigan (el caso Grutter). Pero como estamos intentando determinar la justicia o la injusticia, no la legalidad, de usar la raza, la distinción entre universidades públicas y privadas no es decisiva.

A las entidades privadas se las puede criticar por sus injusticias como a las públicas. Recuérdense las sentadas en cafeterías para protestar contra la discriminación racial en el segregado sur de Estados Unidos. Las cafeterías eran de propiedad privada, pero la discriminación racial que practicaban era injusta de todas formas. (De hecho, la Ley de Derechos Civiles de 1964 ilegalizó esa discriminación.)

O pensemos en las cuotas antijudías que algunas de las universidades de la Ivy League (las ocho grandes universidades privadas) aplicaron, formal o informalmente, en las décadas de 1920 y 1930. ¿Eran defendibles moralmente solo porque esas universidades fuesen privadas? En 1922, el rector de Harvard, A. Lawrence Lowell, propuso que, para reducir el antisemitismo, se limitase al 12 por ciento el porcentaje de judíos admitidos. «Está aumentando el sentimiento antisemita entre los alumnos —decía— y crece en proporción al aumento del número de judíos.»[12] En los años treinta, el director de admisiones de Dartmouth le respondía lo siguiente a un alumno que se había quejado del creciente número de judíos en la universidad: «Me siento feliz de contar con sus comentarios sobre el problema judío. Si pasamos del 5 o del 6 por ciento en la promoción de 1938, me sentiré más apenado de lo que puedo expresar con palabras». En 1945, el rector de Dartmouth justificó los límites a la admisión de judíos sacando a relucir la misión del centro: «Dartmouth es un centro universitario cristiano fundado para la cristianización de sus alumnos».[13]

Si las universidades pueden establecer criterios de admisión que fomenten la misión que a sí mismas se han conferido, como presupone la justificación de la acción afirmativa por la diversidad, ¿será posible condenar la exclusión racista y las restricciones antisemitas? ¿Hay una distinción de principio entre valerse de la raza para excluir a personas en el sur segregacionista y valerse de la raza para incluirlas conforme a la acción afirmativa de nuestros días? Una respuesta parece evidente: en sus días segregacionistas, la Facultad de Derecho de Texas se valía de la raza como signo de inferioridad, mientras que las preferencias raciales de hoy no insultan o estigmatizan a nadie. Hopwood consideraba injusto que la hubiesen rechazado, pero no puede decir que ello expresase odio o desprecio hacia ella.

Esa es la respuesta de Dworkin. La era segregacionista de la exclusión racial se fundaba en «la despreciable idea de que una raza pueda ser intrínsecamente más digna que otra», mientras que la acción afirmativa no implica tal prejuicio. Solo afirma que, dada la importancia de promover la diversidad en profesiones clave, ser negro o hispano «puede ser un rasgo útil socialmente».[14]

A los solicitantes rechazados, como Hopwood, quizá no les parezca satisfactoria esa distinción, pero tiene cierta fuerza moral. La Facultad de Derecho no dice que Hopwood sea inferior o que los estudiantes pertenecientes a minorías admitidos en su lugar se merezcan una ventaja más que ella. Dice solo que la diversidad racial y étnica en las aulas y en los tribunales sirve a los propósitos educativos de la facultad. Y a menos que la persecución de esos propósitos viole de alguna forma los derechos de quienes salen perdiendo, los solicitantes decepcionados no pueden aseverar legítimamente que se les haya tratado sin equidad.

¿Acción afirmativa para los blancos?

He aquí una forma de poner a prueba el argumento de la diversidad: ¿se puede justificar en algún caso la preferencia racial a favor de los blancos? Pensemos en el caso de Starrett City. Estos bloques de viviendas de Brooklyn, Nueva York, que alojan a veinte mil personas, son la mayor barriada para la clase media que haya subvencionado el gobierno federal en Estados Unidos. Se inauguró a mediados de los años setenta con el propósito de que fuera una comunidad integrada racialmente. Se logró ese objetivo mediante el uso de «controles de ocupación»; perseguían equilibrar la composición étnica y racial de la comunidad de modo que el porcentaje de afroamericanos e hispanos no pasase de alrededor de un 40 por ciento. En pocas palabras, se impuso un sistema de cuotas. Las cuotas no se basaban en prejuicios o en el desprecio, sino en una teoría de los «puntos críticos» derivada de la experiencia urbana. Los gerentes del complejo querían evitar el punto crítico que había desencadenado la «huida de los blancos» de otros barrios y socavado la integración. Manteniendo el equilibrio racial y étnico, esperaban mantener una comunidad estable y racialmente diversa.[15]

Funcionó. Se convirtió en una barriada muy apetecible, así que muchas familias quisieron trasladarse a ella. Starrett City estableció una lista de espera. Como consecuencia, en parte, del sistema de cuotas, que asignaba menos pisos a los afroamericanos que a los blancos, las familias negras tenían que esperar más que las blancas. A mediados de los años ochenta, una familia blanca tenía que esperar de tres a cuatro meses para un piso, mientras que una familia negra esperaba hasta dos años.

Ahí, pues, había un sistema de cuotas que favorecía a los solicitantes blancos, y no por un prejuicio racial, sino con el fin de que subsistiese una comunidad integrada. A algunos solicitantes negros les pareció que esa política que tenía en cuenta la raza no era equitativa y presentaron una demanda por discriminación. La NAACP (la Asociación Nacional para el Avance de las Personas de Color), partidaria de la acción afirmativa en otros contextos, los representó. Al final se alcanzó un acuerdo, por el que Starrett City seguía con su sistema de cuotas pero se requería al gobierno que facilitase el acceso de las minorías a otras viviendas públicas.

La manera de asignar los pisos de Starrett City, que tenía en cuenta la raza, ¿era injusta? No, si se acepta que la acción afirmativa se justifica por la diversidad. La diversidad racial y étnica actúa de manera diferente en la vivienda pública y en las aulas universitarias, y lo que está en juego no es lo mismo. Pero por lo que se refiere a la equidad, los dos casos se salvan o caen juntos. Si la diversidad sirve al bien común y nadie es discriminado por odio o desprecio, las preferencias raciales no violan los derechos de nadie. ¿Por qué no? Porque, según la idea de Rawls acerca del merecimiento moral, no es por sus propios merecimientos, definidos de manera independiente, por lo que a alguien se le puede preferir para un piso o para sentarse en un aula en la universidad. Lo que cuente como mérito se podrá determinar solo una vez los responsables de la vivienda pública o de la universidad hayan definido la misión de aquella o de esta.

¿Se puede desligar la justicia del merecimiento moral?

Prescindir del merecimiento moral como fundamento de la justicia distributiva resulta moralmente atractivo, pero a la vez desasosiega. Resulta atractivo porque socava la complaciente premisa, habitual en las sociedades meritocráticas, de que el éxito corona la virtud, de que los ricos son ricos porque se lo merecen más que los pobres. Como nos recuerda Rawls, «nadie se merece la superior capacidad que por naturaleza pueda tener ni partir de una situación social más favorable». Y no es obra nuestra el que vivamos en una sociedad que tiene a bien recompensar nuestros puntos fuertes. Eso mide nuestra buena suerte, no nuestra virtud.

Cuesta más describir por qué desasosiega el que se desliguen la justicia y el merecimiento moral. La creencia de que los puestos de trabajo y las oportunidades premian a quienes se lo merecen está muy arraigada, quizá más en Estados Unidos que en otras sociedades. Los políticos no paran de proclamar que «los que trabajan con ganas y se atienen a las reglas» se merecen prosperar, y animan a quienes realizan el sueño americano a que vean en su éxito un reflejo de su propia virtud. Esta convicción es, en el mejor de los casos, un arma de dos filos. Su persistencia obstaculiza la solidaridad social; cuanto más consideremos que el éxito es obra nuestra, menos responsables nos sentiremos por aquellos que se quedan atrás.

Puede que esta persistente creencia —que hay que ver en el éxito una recompensa de la virtud— no sea más que un error, un mito cuya influencia deberíamos intentar que se disipase. Lo que Rawls dice acerca de la arbitrariedad moral de la fortuna es una poderosa forma de poner la persistente creencia en entredicho. Y, sin embargo, quizá no sea posible, política o filosóficamente, desligar los debates sobre la justicia de los debates sobre el merecimiento tan rotundamente como Rawls y Dworkin piden. Permítaseme explicar el porqué.

En primer lugar, la justicia tiene a menudo un aspecto honorífico. Los debates sobre la justicia distributiva no solo se refieren a lo que a cada uno le toca, sino también a qué cualidades son dignas de que se las honre y recompense. En segundo lugar, la idea de que el mérito nace solamente una vez que las instituciones han definido su propia misión se complica por el siguiente motivo: las instituciones sociales que más figuran en los debates sobre la justicia —escuelas, universidades, puestos de trabajo, profesiones, puestos públicos— no cuentan con la libertad de definir su misión como les plazca. Esas instituciones se definen, al menos en parte, por los bienes característicos que defienden. Si bien queda un margen para discutir cuál debería ser, en un momento dado, la misión de una Facultad de Derecho o de un ejército o de una orquesta, no es cierto que todo valga. Tales bienes, y no otros, son los apropiados para tales instituciones sociales, y no otras; ignorarlo al asignar papeles en esas instituciones puede ser una forma de corrupción.

Si volvemos al caso Hopwood, podremos ver el modo en que la justicia se entrelaza con el honor. Supongamos que Dworkin tiene razón y que el merecimiento moral no tiene que ver con quién haya de ser admitido. Esta sería la carta que la Facultad de Derecho tendría que haberle remitido a Hopwood para explicarle que se rechazase su solicitud:[16]

> Estimada señora Hopwood:
>
> Sentimos comunicarle que su solicitud de admisión ha sido rechazada. Le rogamos que comprenda que no pretendemos ofenderla con nuestra decisión. No la despreciamos. En realidad, ni siquiera creemos que usted tenga menos merecimientos que los admitidos.
>
> No es culpa nuestra que cuando se nos presentó diese la casualidad de que la sociedad ya no necesitase las cualidades que usted podía ofrecer. Los admitidos en su lugar no se merecen la plaza ni que se los elogie por los factores que han llevado a que fuesen elegidos. Solo los estamos usando —y a usted también— como instrumentos para un propósito social más vasto.
>
> Somos conscientes de que se sentirá decepcionada por esta noticia. Pero no debería extremar su decepción pensando que la razón por la que usted ha sido rechazada guarda relación, de una u otra forma, con su valor moral intrínseco. Tiene usted nuestra simpatía porque es una auténtica lástima que carezca usted de los rasgos que la sociedad

tenía a bien desear cuando presentó su solicitud. Le deseamos mejor suerte en la próxima ocasión.

Sinceramente suyo...

Y esta es la carta de aceptación, despojada de connotaciones honoríficas, que una facultad filosóficamente sincera debería enviar a los que admite:

Estimado solicitante aceptado:

Nos place comunicarle que su solicitud de ingresar en nuestra facultad ha sido aceptada. Da la casualidad de que usted tiene las características que la sociedad necesita en estos momentos, así que nos proponemos explotar sus dotes en beneficio de la sociedad admitiéndole entre los que estudian derecho.

Hay que felicitarle, no porque tenga usted algún merito por poseer las cualidades que han llevado a que se le admita —no lo tiene—, sino solo como se felicita a un ganador de la lotería. Tiene usted la suerte de habérsenos presentado con las características adecuadas en el momento adecuado. Si usted decide aceptar nuestra oferta, tendrá al final derecho a los beneficios que trae consigo el ser usado de esa manera. Por eso, es de ley que usted se alegre.

Puede que usted, o más probablemente sus padres, tenga la tentación de regocijarse también por una razón más general, porque crea que su admisión habla favorablemente, si no de sus dotes innatas, sí al menos del concienzudo esfuerzo que tuvo que hacer para cultivar sus capacidades. Pero la idea de que usted se merece el carácter superior que se requiere para ese esfuerzo no es menos problemática, pues su carácter depende de circunstancias afortunadas de varios tipos y ninguna se le puede atribuir a usted. La noción de mérito no es aplicable ahí.

En cualquier caso, esperamos verle este otoño.

Sinceramente suyos...

Cartas así quizá aliviasen la amargura de los rechazados y amortiguasen el orgullo de los aceptados. Entonces, ¿por qué siguen las universidades enviando (y los solicitantes esperando) cartas rebosantes de retórica honorífica y congratulatoria? Quizá porque las universidades no pueden desprenderse del todo de la idea de que su papel no consiste solo en promover ciertos fines, sino también en honrar y premiar ciertas virtudes.

¿Por qué no se subastan las admisiones universitarias?

Esto nos conduce a la segunda cuestión, la de si los centros universitarios pueden definir su misión como les apetezca. Dejemos por ahora a un lado las preferencias étnicas y raciales y pensemos en otra polémica de la acción afirmativa: el debate sobre las «preferencias de legado». Muchos centros universitarios dan a los hijos de antiguos alumnos una ventaja a la hora de la admisión. Según una de las justificaciones de esta forma de proceder, así se construye a lo largo del tiempo una comunidad y se va forjando un espíritu universitario. Otra es la esperanza de que los agradecidos padres que fueron alumnos concedan a su *alma mater* un apoyo económico generoso.

Para separar de otros motivos la justificación económica, pensemos en lo que las universidades llaman «admisiones para el desarrollo»: solicitantes que no son hijos de antiguos alumnos, pero que tienen padres adinerados que pueden hacer una contribución económica sustanciosa. Muchas universidades admiten a estudiantes así aunque sus notas de graduación y sus puntuaciones en los exámenes de ingreso no sean tan altas como, si no, se les exigiría. Para llevar la idea a su extremo imaginemos que una universidad decide subastar el 10 por ciento de las plazas de primer año y concedérselas a quienes pujen más alto.

¿Sería equitativo este sistema de admisión? Si se cree que el *mérito* consiste solo en la capacidad de hacer una contribución, de un tipo o otro, a la misión de la universidad, la respuesta debería ser que sí. Sea cual sea su misión, todas las universidades necesitan dinero para llevarla a cabo.

Según la amplia definición de mérito que ofrece Dworkin, una estudiante admitida a una universidad por la donación de diez millones de dólares para la construcción de una nueva biblioteca del centro tiene mérito; su admisión sirve a los buenos propósitos de la universidad en su conjunto. Los estudiantes rechazados en favor de la hija del filántropo quizá se quejen de que no se ha sido equitativo con ellos. Pero la réplica de Dworkin a Hopwood valdría también para ellos. Lo único que la equidad exige es que no se rechace a nadie a causa de un prejuicio o por desprecio, y que a los solicitantes se les juzgue conforme a criterios relacionados con la misión que la universidad se impone a sí misma. En este caso, se cumplen las condiciones. Los estudiantes que salen perdiendo no son víctimas de un prejuicio, solo de la mala suerte de no tener unos padres en condiciones de donar una biblioteca nueva y que además estén dispuestos a hacerlo.

Pero este patrón es demasiado débil. Sigue pareciendo que no es equitativo que unos padres adinerados puedan comprar el ingreso de su hija en la Ivy League. Pero ¿en qué consiste la injusticia? No en que los solicitantes que proceden de familias pobres o de clase media se encuentren por ello en una situación desventajosa que escapa a su control. Como señala Dworkin, hay muchos factores que escapan a nuestro control que legítimamente se toman en cuenta en las admisiones.

Quizá lo que inquieta de la subasta no tenga tanto que ver con las oportunidades de los solicitantes como con la integridad de la universidad. Vender las plazas a quienes más pujen es más apropiado para un concierto de rock o una competición deportiva que para una institución educativa. El modo justo de asignar el acceso a un bien puede que tenga algo que ver con la naturaleza de ese bien, con su propósito. El debate de la acción afirmativa refleja nociones opuestas de cuál es el objeto de las universidades: ¿en qué medida deben perseguir la excelencia académica y en cuál el bien cívico, y cómo se deben equilibrar esos propósitos? Aunque una educación universitaria sirve el bien de preparar a los estudiantes para que tengan éxito en sus carreras profesionales, su propósito principal no es comercial. Vender educación como si fuese un mero bien de consumo es una forma de corrupción.

¿Cuál, pues, es el propósito de la universidad? Harvard no es un gran almacén de Wal-Mart, ni siquiera de Bloomingdales. Su propósito no es maximizar los ingresos, sino servir al bien común por medio de la enseñanza y la investigación. Es verdad que la enseñanza y la investigación son caras, y las universidades dedican muchos esfuerzos a conseguir fondos. Pero cuando el objetivo de hacer dinero predomina hasta el punto de que la política de admisiones se rige por él, es que la universidad se ha apartado mucho de los bienes académicos y cívicos que son su principal razón de ser.

La idea de que la justicia en la asignación de las plazas universitarias guarda relación con los bienes que a las universidades les es propio perseguir explica por qué vender las admisiones es injusto. Explica también por qué cuesta separar las cuestiones relativas a la justicia y a los derechos de las cuestiones relativas a los honores y a las virtudes. Las universidades conceden titulaciones honoríficas con las que homenajean a quienes exhiben las virtudes para cuyo fomento existen las universidades. Pero, en cierto modo, cada titulación universitaria confiere un título honorífico.

Ligar los debates sobre la justicia a las discusiones sobre los honores, las virtudes y el significado de los bienes puede parecer solo el camino hacia desacuerdos irresolubles. Las personas tienen concepciones diferentes del honor y de la virtud. La de cuál ha de ser la misión de las instituciones sociales —se trate de las universidades, de las grandes empresas, de las fuerzas armadas, de las profesiones liberales o de la comunidad política en general— es una cuestión que suscita emociones y disensos. Hay la tentación, pues, de buscarle un fundamento a la justicia y a los derechos que mantenga las distancias con esas controversias.

Buena parte de la filosofía política moderna intenta hacer eso. Como hemos visto, las filosofías de Kant y Rawls son intentos audaces de encontrarle un fundamento a la justicia que sea neutral con respecto a las distintas formas contrapuestas de concebir la vida buena. Ha llegado el momento de ver si su proyecto logra lo que persigue.

8

¿Qué se merece cada cual? Aristóteles

Callie Smartt era una popular animadora en su primer año en el Instituto Andrews, en el oeste de Texas. Que padeciese de parálisis cerebral y se moviera en silla de ruedas no sofocaba el entusiasmo que su briosa presencia en las bandas inspiraba entre los jugadores y seguidores del equipo de fútbol americano durante los juegos escolares. Sin embargo, al final de la temporada, a Callie la echaron del equipo de animadoras.[1]

A instancias de otras animadoras y de sus padres, la dirección del instituto le dijo a Callie que si quería formar parte del equipo al año siguiente tendría que competir como las demás y realizar duros ejercicios de gimnasia en los que había que abrir las piernas ciento ochenta grados y hacer acrobacias. El padre de la jefa de animadoras encabezó la oposición a que se incluyese a Callie en el equipo. Decía que le preocupaba su seguridad. La madre de Callie, en cambio, sospechaba que la oposición se debía al resentimiento creado por las aclamaciones que recibía Callie.

La historia de Callie suscita dos preguntas. Una se refiere a la equidad. ¿Había que exigirle que realizase los ejercicios gimnásticos para que fuese animadora o tal requisito no era justo, habida cuenta de su discapacidad? Una forma de responder la pregunta se basaría en el principio de no discriminación: con tal de que desempeñase bien su papel, a Callie no se la debería haber excluido del equipo de animadoras solo porque carecía, y no por culpa suya, de la capacidad física que permite realizar ejercicios gimnásticos.

Pero el principio de no discriminación no sirve de mucho, ya que elude el problema en que se centra la controversia: ¿en qué consiste desempeñar bien el papel de animadora? Quienes querían excluir a Callie sostenían que una buena animadora debe poder hacer acrobacias y abrir las piernas ciento ochenta grados. Al fin y al cabo, así es como han exaltado siempre las animadoras a la multitud. Quienes apoyaban a Callie sostenían que esa actitud confunde el verdadero propósito de las animadoras con una forma concreta de lograrlo. El verdadero propósito de que haya animadoras es inspirar espíritu escolar y motivar a los aficionados. Cuando Callie jalea y recorre la banda arriba y abajo en la silla de ruedas, agitando los pompones, con una sonrisa de oreja a oreja, hace bien lo que las animadoras se supone que han de hacer: enardecer a la multitud. Así que para decidir las condiciones que requiere el ser animadora hay que haber determinado antes cuál es la razón esencial de que haya animadoras y qué hay de meramente incidental en sus actuaciones.

La segunda cuestión suscitada por la historia de Callie se refiere al resentimiento. ¿Qué tipo de resentimiento debió de motivar al padre de la jefa de animadoras? ¿Por qué le molestaba la presencia de Callie en el equipo? No podía ser por miedo a que la inclusión de Callie dejase a su hija fuera del equipo; ella ya estaba en él. Ni tampoco por mera envidia hacia una chica que hiciese sombra a su hija en los ejercicios gimnásticos, ya que Callie, claro está, no podía hacer tal cosa.

Esto es lo que yo intuyo: que su resentimiento probablemente reflejaba la sensación de que a Callie se le estaban concediendo honores que no se merecía, y de un modo que hacía burla del orgullo que sentía por la competencia como animadora de su hija. Si se podía ser una gran animadora sentada en una silla de ruedas, el honor que se confiere a quien es capaz de abrir las piernas ciento ochenta grados y efectuar acrobacias se depreciaba en cierta medida.

Que Callie deba ser animadora porque exhibe, pese a su discapacidad, las virtudes propias de ese cometido supone una cierta amenaza para los honores conferidos a las otras animadoras. Las habilidades gimnásticas que exhiben ya no parecerían esenciales para la excelencia como animadoras, sino solo una forma más de exaltar a la multitud. Muy poco generoso fue sin duda el padre de la jefa de animadoras, pero captó correctamente lo que estaba en juego. Una práctica social cuyo propósito hasta ese momento se podía tener por fijado, como fijadas estaban las recompensas que confería, ahora, gracias a Callie, se redefinía: había demostrado que había más de una forma de ser animadora.

Obsérvese el nexo entre la primera cuestión, la relativa a la equidad, y la segunda, la relativa a los honores y el resentimiento. Para determinar una manera equitativa de repartir los puestos de animadora tendremos que determinar el propósito de que haya animadoras y la naturaleza de sus actuaciones. En caso contrario, no habría manera de que pudiésemos decir qué cualidades son esenciales para ser animadora. Pero la determinación de la esencia de ser animadora puede dar lugar a la controversia porque nos enredará en discusiones sobre las cualidades que son dignas de que se las honre. Qué se tenga como propósito de la existencia de las animadoras dependerá en parte de las virtudes que se piense que merecen reconocimiento y recompensa.

Como muestra esta situación, las prácticas sociales, la actividad de las animadoras por ejemplo, no solo tienen un propósito instrumental (animar a un equipo deportivo), sino también un propósito honorífico o ejemplar (celebrar ciertas excelencias y virtudes). Al escoger a sus animadoras, el instituto no solo promueve el espíritu escolar, sino que declara cuáles son las cualidades que espera que quienes allí estudian admiren y emulen. Esto explica el ardor de la disputa. Explica también algo que, si no, resultaría desconcertante: por qué las que ya estaban en el equipo (y sus padres) sentían que les iba algo personal en el debate sobre la eligibilidad de Callie. Esos padres querían que la existencia de las animadoras sirviese para honrar las virtudes tradicionales de estas, que eran las que sus hijas poseían.

Justicia, *telos* y honor

Visto de esa forma, el revuelo sobre las animadoras en el oeste de Texas es un breve curso sobre la teoría de la justicia de Aristóteles. En el núcleo mismo de esta hay dos ideas que aparecen en el debate sobre Callie:

1. La justicia es teleológica. Para definir los derechos hemos de determinar el *telos* (el propósito, fin o naturaleza esencial) de la práctica en cuestión.
2. La justicia es honorífica. Razonar sobre el *telos* de una práctica —o discutir sobre él— es, al menos en parte, razonar o discutir sobre qué virtudes debe honrar y recompensar.

La clave para entender la ética y la política de Aristóteles está en ver la fuerza de estas dos consideraciones y la relación que hay entre ellas.

Las teorías modernas de la justicia intentan separar las cuestiones relativas a la equidad y los derechos, por una parte, de las discusiones relativas al honor, la virtud y el merecimiento moral, por la otra. Buscan unos principios de la justicia que sean neutrales en lo que se refiere a los fines, y autorizan a las personas a escoger y perseguir sus propios fines. Aristóteles (384-322 a.C.) no piensa que la justicia sea neutral en esos términos. Cree que los debates sobre la justicia son, inevitablemente, debates acerca del honor, la virtud y la naturaleza de la vida buena.

Ver por qué Aristóteles considera que debe haber un nexo entre la justicia y la vida buena nos servirá para ver qué hay en juego en el empeño por disociarlas.

Para Aristóteles, la justicia significa dar a las personas lo que se merecen, dar a cada una lo que le corresponde. Pero ¿qué le corresponde a una persona? ¿En qué razones se funda el mérito? Depende de lo que se esté distribuyendo. La justicia comprende dos factores: «las cosas y las personas a las que se asignan las cosas». Y, en general, decimos que «a las personas que son iguales se les deben asignar cosas iguales».[2]

Pero aquí surge un problema difícil: iguales ¿en qué sentido? Depende de lo que se esté distribuyendo y de las virtudes que resulten pertinentes habida cuenta de lo que se distribuye.

Supongamos que repartimos flautas. ¿A quiénes debemos darles las mejores? La respuesta de Aristóteles: a los mejores flautistas.

La justicia discrimina según el mérito, según la excelencia que resulte pertinente. Y en el caso de tocar la flauta, el mérito pertinente es la capacidad de tocar bien. Sería injusto discriminar por cualquier otra razón, como la riqueza o la nobleza de cuna o la belleza física o la suerte (una lotería).

> La cuna y la belleza pueden ser bienes mayores que la competencia en tocar la flauta, y quienes los poseen, si echáramos cuentas, quizá sobrepasen al flautista en esas cualidades más que el flautista les sobrepasa a ellos en su competencia al tocar la flauta; pero no por ello deja de ser *él* quien debe recibir las mejores flautas.[3]

Tiene algo de divertido el comparar excelencias en dimensiones muy dispares. Puede que ni siquiera tenga sentido una pregunta como esta: ¿soy más guapo que ella buena jugadora de lacrosse? O como esta: ¿fue Babe Ruth mejor jugador de béisbol que Shakespeare dramaturgo? Preguntas así solo tienen sentido en los juegos de salón. La idea de Aristóteles es que, si repartimos las flautas, no deberíamos buscar al más rico o al más apuesto, ni siquiera al que en conjunto sea mejor. Deberemos buscar al mejor flautista.

Esa idea resulta perfectamente familiar. Muchas orquestas realizan audiciones tras una pantalla para que se pueda juzgar la calidad de la música sin que medien sesgos o distracciones. La razón de Aristóteles no resulta tan familiar. La razón más evidente para darle las mejores flautas al mejor flautista es que así se producirá la mejor música, con lo que los oyentes saldremos ganando. Pero esa no es la razón de Aristóteles. Él piensa que las mejores flautas deben entregarse a los mejores flautistas porque *para eso* se hacen las flautas: para que se toque bien con ellas.

El propósito de las flautas es producir música excelente. Quienes son capaces de realizar ese propósito deben tener las mejores flautas.

Ahora bien, no es menos cierto que dar los mejores instrumentos a los mejores músicos tendrá el efecto, que será bien recibido, de que se produzca la mejor música, de la que todos disfrutarán: se producirá la mayor felicidad para el mayor número. Pero es importante que se entienda que la razón de Aristóteles va más allá de esta consideración utilitaria.

Su manera de razonar, que va del propósito de un bien a las asignaciones apropiadas a ese bien, es un ejemplo de razonamiento teleológico. («Teleológico» viene de la palabra griega *telos*, que significa «propósito», «fin» o «meta».) Según Aristóteles, para determinar la distribución justa de un bien hemos de indagar cuál es el *telos*, o propósito, del bien que se va a distribuir.

Pensamiento teleológico: Las pistas de tenis y *Winnie-the-Pooh*

El razonamiento teleológico quizá parezca una extraña manera de pensar en la justicia, pero tiene cierta verosimilitud. Supongamos que se tiene que decidir de qué manera se reparte el uso de las mejores pistas de tenis de una ciudad universitaria. Se podría dar prioridad a los que puedan pagar más por jugar en ellas; se pondría entonces una tarifa muy alta. O se podría dar prioridad a los peces gordos de la universidad: el rector, digamos, o los científicos que han ganado el Premio Nobel. Pero supongamos que dos prestigiosos científicos están jugando un partido de tenis bastante malo; a duras penas logran que la bola sobrepase la red. Mientras, aparece por allí el equipo de tenis que representa a la universidad en unos campeonatos; quieren usar la pista. ¿No diría usted que los científicos deberían trasladarse a una pista peor para que el equipo juegue en la buena? Y la razón por la que llegaría usted a esa conclusión, ¿no sería la de que esos excelentes tenistas aprovecharían mejor las mejores pistas, que se desperdician cuando las usan jugadores mediocres?

O supongamos que se vende un violín de Stradivarius y que un coleccionista rico puja por él más que Itzhak Perlman. El coleccionista quiere exhibir el violín en su sala de estar. ¿No nos parecerá una especie de pérdida, quizá hasta una injusticia, y no porque pensemos que la subasta no fue equitativa, sino porque su resultado fue inapropiado? Tras esa reacción quizá se esconda el pensamiento (teleológico) de que un Stradivarius está concebido para que lo toquen, no para que lo exhiban.

En el mundo antiguo, el pensamiento teleológico contaba más que hoy. Platón y Aristóteles pensaban que el fuego se alza porque hace por dirigirse al cielo, su hogar por naturaleza, y que las piedras caen porque ansían acercarse a la tierra, adonde pertenecen. Se veía en la naturaleza un orden cargado de significado. Entender la naturaleza, y nuestro lugar en ella, equivalía a captar su propósito, su significado esencial.

Con el advenimiento de la ciencia moderna, dejó de verse en la naturaleza un orden cargado de significado. Se vino a entenderla de un modo mecanicista, a verla regida por las leyes de la física. Explicar los fenómenos naturales mediante propósitos, significados y fines pasó a ser considerado una ingenuidad y un antropomorfismo. Pese a tal mutación, la tentación de concebir el mundo como si estuviese teleológicamente ordenado, como un todo con un propósito, no ha desaparecido por completo. Persiste especialmente en los niños, a los que hay que educar para que dejen de ver el mundo de esa forma. Me percaté de ello cuando mis hijos eran todavía muy pequeños y les leí el libro *Winnie-the-Pooh*, de A. A. Milne, con su visión infantil del mundo como un lugar encantado, animado por significados y propósitos.

Hacia el principio del libro, Winnie-the-Pooh anda por un bosque y ve un gran roble. De la copa «venía un sonoro zumbido».

> Winnie-the-Pooh se sentó al pie del árbol, y con la cabeza entre las manazas se puso a pensar.

> Primero se dijo: «El zumbido significa algo. No hay un zumbido como ese, zumba que te zumba, sin que signifique algo. Si hay un zumbido, es que alguien lo está haciendo, y la única razón para hacer un zumbido, que *yo* sepa, es que se sea una abeja».
>
> Entonces pensó otro largo rato, y dijo: «Y la única razón para ser una abeja, que *yo* sepa, es hacer miel».
>
> Y entonces se levantó y dijo: «Y la única razón para hacer miel es que *yo* me la coma». Así que se puso a trepar por el árbol.[4]

El infantil argumento de Pooh sobre las abejas es un buen ejemplo de razonamiento teleológico. Para cuando ya somos adultos, casi todos hemos dejado atrás esa forma de entender el mundo natural, y nos parece, aunque encantadora, estrafalaria. Y como hemos prescindido de los razonamientos teleológicos en las ciencias, estamos también inclinados a rechazarlos en la política y en la moral. Pero no es fácil prescindir de ellos cuando se piensa sobre las instituciones sociales y el proceder político. Hoy, ningún científico lee las obras de Aristóteles de biología o de física y se las toma en serio. Sin embargo, quienes estudian la ética y la política siguen leyendo y ponderando la filosofía moral y política de Aristóteles.

¿Cuál es el *telos* de una universidad?

El debate acerca de la acción afirmativa se puede reformular de un modo que recuerda al caso de las flautas de Aristóteles. Empezamos por buscar criterios justos para la distribución: ¿quién tiene derecho a ser admitido? Al abordar esa cuestión, nos vimos abocados a preguntarnos (al menos implícitamente) cuál era el propósito, o el *telos*, de una universidad.

Como suele ocurrir, el *telos* no es evidente, sino discutible. Algunos dicen que las universidades existen para fomentar la excelencia académica, así que el único criterio de admisión deberían ser las perspectivas académicas. Otros dicen que las universidades también existen para servir ciertos propósitos cívicos y que la capacidad de llegar a ser un líder en una sociedad donde impera la diversidad, por ejemplo, debería contar entre los criterios de admisión. Establecer cuál es el *telos* de una universidad parece esencial para determinar el criterio apropiado de admisión. Queda así claro el aspecto teleológico de la justicia en la admisión a una universidad.

Muy ligada al debate sobre el propósito de la universidad está una cuestión relativa al honor: ¿qué virtudes o excelencias es apropiado que honren y recompensen las universidades? Es probable que quienes creen que las universidades existen solo para celebrar y recompensar la excelencia académica rechacen la acción afirmativa, mientras que quienes creen que las universidades existen además para fomentar ciertos ideales cívicos es muy posible que la acepten.

Que las discusiones sobre las universidades —y sobre las animadoras y las flautas— procedan así de forma natural confirma la idea de Aristóteles: las discusiones sobre la justicia y los derechos son a menudo discusiones sobre el propósito, o *telos*, de una institución social, que a su vez refleja nociones contrapuestas de las virtudes que la institución debería honrar y recompensar.

¿Qué podemos hacer si se discrepa sobre el *telos*, o propósito, de la actividad en cuestión? ¿Resulta posible razonar acerca del *telos* de una institución social, o el propósito de una universidad es sencillamente, digamos, el que la autoridad fundadora o el consejo de gobierno declarasen en su momento?

Aristóteles creía que es posible razonar sobre el propósito de las instituciones sociales. Su esencia natural no queda fijada de una vez por todas, pero tampoco es una mera cuestión de opiniones. (Si el propósito del Harvard College quedase determinado sin más por la intención de sus fundadores, su propósito primario seguiría siendo la formación del clero congregacionista.)

¿Cómo podremos, entonces, razonar acerca del propósito de una práctica social teniendo en cuenta que hay desacuerdos al respecto? ¿Y cómo intervienen las nociones de honor y virtud? Aristóteles ofrece su respuesta más fundamentada a estas preguntas en su análisis de la política.

¿Cuál es el propósito de la política?

Cuando en estos días hablamos de la justicia distributiva nos preocupa principalmente la distribución de la renta, el patrimonio y las oportunidades. Para Aristóteles, la justicia distributiva no se refería sobre todo al dinero, sino a los cargos y a los honores. ¿Quién tiene derecho a mandar? ¿Cómo se debe repartir la autoridad política?

A primera vista, la respuesta parece evidente: por igual, claro está. Una persona, un voto. Cualquier otra forma sería discriminatoria. Pero Aristóteles nos recuerda que todas las teorías de la justicia distributiva discriminan. ¿Qué discriminaciones son justas? Y la respuesta depende del propósito de la actividad en cuestión.

Por lo tanto, antes de que podamos decir cómo hay que distribuir los derechos y la autoridad políticos habremos de indagar el propósito, o *telos*, de la política. Tendremos que preguntarnos *para qué* es una asociación política.

Quizá parezca una pregunta sin respuesta. A comunidades políticas diferentes les preocuparán asuntos diferentes. Una cosa es preguntarse por el propósito de una flauta o de una universidad. Aunque hay cierto margen para discrepar, sus propósitos están más o menos circunscritos. El propósito de una flauta tiene que ver con la música; el de una universidad, con la educación. Pero ¿podremos realmente determinar el propósito o meta de una actividad política en cuanto tal?

En estos días, no pensamos que la política tenga un fin particular, sustantivo; creemos que está abierta a los diversos fines que los ciudadanos puedan abrazar. ¿No tenemos acaso elecciones por esa razón, para que puedan elegir, en cualquier momento, los propósitos y fines que quieren perseguir colectivamente? Atribuir de antemano algún propósito o fin a la comunidad política parece que coartaría el derecho de los ciudadanos a decidir por sí mismos. Correría además el riesgo de imponer valores que no todos comparten. Nuestra renuencia a imbuir la política de un *telos*, o fin, determinado refleja una inquietud por la libertad individual. Consideramos que la política es un procedimiento que permite a las personas escoger sus propios fines.

Aristóteles no la concebía de ese modo. Para él, el propósito de la política no es establecer un marco de derechos que sea neutral entre unos fines y otros, sino formar buenos ciudadanos y cultivar un buen carácter.

> Toda *polis* digna de ese nombre, que no sea una *polis* solo de nombre, debe dedicarse al fin de fomentar lo bueno. Si no, una asociación política degenera en una mera alianza. [...] Si no, además, la ley se convierte en un mero pacto [...] «en la garante de los derechos de los hombres ante los demás», en vez de ser, como debería, una norma de vida tal que haga que los miembros de la *polis* sean buenos y justos.[5]

Aristóteles critica a los que, considera él, son los dos principales grupos que pueden reclamar la autoridad política: los oligarcas y los demócratas. Cada uno tiene su razón, pero solo parcial. Los oligarcas mantienen que ellos, los ricos, deben gobernar. Los demócratas mantienen que haber nacido libre debe ser el único criterio para acceder a la ciudadanía y a la autoridad política. Pero ambos grupos exageran su razón, pues ambos distorsionan el propósito de la comunidad política.

Los oligarcas se equivocan, porque la comunidad política no existe solo para proteger la propiedad o promover la prosperidad económica. Si solo hubiese esas dos cosas, los propietarios se merecerían la mayor tajada de la autoridad política. Por su parte, los demócratas se equivocan, porque la comunidad económica no existe solo para darle a la mayoría lo que quiera. Por «demócratas» entendía Aristóteles lo que nosotros llamaríamos «mayoritaristas». Niega que el propósito de la política sea satisfacer las preferencias de la mayoría.

Ambos lados pasan por alto el fin supremo de la asociación política, que, según Aristóteles, es cultivar la virtud de los ciudadanos. El fin del Estado no es «ofrecer una alianza para la mutua defensa [...] o facilitar el intercambio económico y promover los lazos económicos».[6] Para Aristóteles, la política existe para algo superior. Existe para aprender a llevar una vida buena. El propósito de la política es nada más y nada menos que posibilitar que las personas desarrollen sus capacidades y virtudes distintivamente humanas: deliberar sobre el bien común, adquirir un buen juicio práctico, participar en el autogobierno, cuidar del destino de la comunidad en su conjunto.

Aristóteles reconoce la utilidad de otras formas menores de asociación, como los pactos defensivos y los acuerdos de libre comercio. Pero insiste en que a las asociaciones de ese tipo no se las puede tener por verdaderas comunidades políticas. ¿Por qué no? Porque sus fines son limitados. Organizaciones como el TLC (el Tratado de Libre Comercio), la OTAN y la OMC se ocupan solo de la seguridad o del intercambio económico; no constituyen una forma compartida de vida que moldee el carácter de los que participan de ella. Y lo mismo se puede decir de una ciudad o de un Estado que se ocupe solo de la seguridad y del comercio, y sea indiferente a la educación moral y cívica de los individuos que lo componen. «Si el espíritu de su interrelación siguiese siendo tras su unión el mismo que cuando vivían separados», escribe Aristóteles, su asociación no puede ser considerada realmente una *polis*, o comunidad política.[7]

«Una *polis* no es una asociación para residir en un mismo lugar o para prevenir las injusticias mutuas y facilitar los intercambios.» Si bien esas consideraciones son necesarias para una *polis*, no son suficientes. «El fin y el propósito de una *polis* es la vida buena, y las instituciones de la vida social son un medio para ese fin».[8]

Si la comunidad política existe para promover la vida buena, ¿cuáles son los efectos en la distribución de cargos y honores? Lo que ocurre con las flautas, pasa también con la política: el razonamiento de Aristóteles va del propósito del bien en cuestión a la manera apropiada de distribuirlo. «Quienes más contribuyen a una asociación de ese tenor» son los que sobresalen en la virtud cívica, los mejores a la hora de deliberar sobre el bien común. Los más grandes por su excelencia cívica —no los más ricos, los más numerosos o los más atractivos— son los que se merecen la parte mayor del reconocimiento político y de la influencia.[9]

Puesto que el fin de la política es la vida buena, los cargos y honores más elevados deben de corresponder a quienes, como Pericles, eran más grandes por su virtud cívica y los mejores en descubrir el bien común. Los propietarios deberían tener voz. Las consideraciones mayoritarias deberían contar. Pero la mayor influencia debería corresponder a quienes posean las cualidades de carácter y juicio requeridas para decidir si hay que ir a la guerra contra Esparta, y cuándo y cómo.

La razón de que personas como Pericles (y Abraham Lincoln) deban ocupar los puestos más elevados no es, simplemente, que vayan a ejecutar las políticas más sabias, con las que saldrán ganando todos. Es también que la comunidad política existe, al menos en parte, para honrar y recompensar las virtudes cívicas. Acordar el reconocimiento público a quienes exhiban excelencia cívica sirve al papel educativo que le corresponde a una ciudad buena. Aquí, de nuevo, vemos que los aspectos teleológicos y honoríficos de la justicia van juntos.

¿Se puede ser una persona buena si no se participa en la política?

Si Aristóteles tiene razón en que el fin de la política es la vida buena, sería fácil concluir que quienes exhiben las mayores virtudes cívicas merecen los mayores cargos y honores. Pero ¿es cierto que el objeto de la política es la vida buena? Como poco, se trata de una aseveración controvertida. Hoy en día vemos la política, por lo general, como un mal necesario, no como un rasgo esencial de la vida buena. Cuando pensamos en la política pensamos en compromisos, actuaciones de cara a la galería, intereses especiales, corrupción. Incluso el uso idealista de la política —como instrumento de la justicia social, como forma de hacer del mundo un lugar mejor— convierte a la política en un medio para un fin, una vocación entre otras, no en un aspecto esencial del bien humano.

¿Por qué, entonces, pensaba Aristóteles que participar en la política era en cierta forma esencial para llevar una vida buena? ¿Por qué no podemos llevar vidas perfectamente buenas y virtuosas sin la política?

La respuesta se encuentra en nuestra naturaleza. Solo viviendo en una *polis* y participando en la política realizamos por completo nuestra naturaleza de seres humanos. Aristóteles nos ve como seres «concebidos para la asociación política en un grado superior a las abejas y demás animales gregarios». La razón que da es esta: la naturaleza no hace nada en vano, y los seres humanos, al contrario que los demás animales, están dotados de la facultad del lenguaje. Otros animales pueden emitir sonidos, y los sonidos pueden indicar placer y dolor. Pero el objeto del lenguaje, capacidad distintivamente humana, no es solo registrar el placer y el dolor. Objeto suyo es declarar qué es justo y qué no, y distinguir lo que es debido de lo que no lo es. No aprehendemos las cosas en silencio y luego las ponemos en palabras; el lenguaje es el medio por el que discernimos y deliberamos sobre el bien.[10]

Solo en la asociación política, proclama Aristóteles, podemos ejercer nuestra capacidad distintivamente humana del lenguaje, pues solo en la *polis* deliberamos con otros acerca de la justicia y la injusticia y la naturaleza de la vida buena. «Vemos, pues, que la *polis* existe por naturaleza y es anterior al individuo», escribe en el libro I de la *Política*.[11] Por «anterior» entendía anterior en cuanto a su función o propósito, no cronológicamente anterior. Los individuos, las familias y los clanes existían antes que las ciudades; pero solo en la *polis* podemos realizar nuestra naturaleza. No somos autosuficientes cuando estamos aislados, pues no podemos desarrollar nuestra capacidad de lenguaje y de practicar la deliberación moral.

> El hombre aislado —incapaz de participar de los beneficios de la asociación política o que no necesita esa participación porque ya es autosuficiente— no forma parte de la *polis* y, por lo tanto, o es una bestia o es un dios.[12]

Así pues, solo llevamos nuestra naturaleza a su cumplimiento cuando ejercemos la facultad del lenguaje, lo que a su vez requiere que deliberemos con otros acerca de lo que es debido y de lo que no lo es, de lo bueno y de lo malo, de la justicia y de la injusticia.

Pero ¿por qué, se preguntará usted quizá, solo en la política podemos ejercer esa capacidad de lenguaje y de deliberar moralmente? ¿Por qué no podemos hacerlo en la familia, en los clanes o en una asociación privada? Para responder, habremos de tener en cuenta cómo formula Aristóteles la virtud y la vida buena en la *Ética a Nicómaco*. Aunque esta obra trata esencialmente de filosofía moral, muestra que adquirir la virtud está ligado a ser un ciudadano.

La vida moral tiene como meta la felicidad, pero por *felicidad* Aristóteles no entiende lo mismo que los utilitaristas, es decir, maximizar el excedente de placer con respecto al dolor. La persona virtuosa es alguien que disfruta y sufre con las cosas debidas. Si alguien disfruta viendo una pelea de perros, por ejemplo, consideraremos que se trata de un vicio que debe superar, no de una verdadera fuente de felicidad. La excelencia moral no consiste en sumar placeres y penas, sino en disponer esos afectos de modo que nos deleitemos con cosas nobles y suframos con las despreciables. La felicidad no es un estado de la mente, sino una forma de ser, «una actividad del alma que concuerda con la virtud».[13]

Pero ¿por qué hay que vivir en una *polis* para llevar una vida virtuosa? ¿Por qué no podemos aprender unos principios morales correctos en casa o en una clase de filosofía o leyendo un libro de ética, y aplicarlos luego cuando haga falta? Aristóteles dice que no nos convertimos en virtuosos por esa vía. «La virtud moral surge como resultado de un hábito.» Es una de esas cosas que se aprenden haciéndolas. «Adquirimos virtudes practicándolas, tal y como ocurre con las artes.»[14]

Aprender haciendo

A ese respecto, adquirir una virtud es como aprender a tocar la flauta. Nadie aprende a tocar un instrumento musical por leer un libro o asistir a una clase. Hay que practicar. Y viene bien escuchar a músicos competentes y oír cómo tocan. Nadie se convierte en violinista sin haberse ejercitado con el arco. Lo mismo pasa con la virtud moral: «Nos volvemos justos haciendo actos justos, temperados haciendo actos temperados, valientes haciendo actos valientes».[15]

Se parece a otras actividades prácticas y destrezas, cocinar por ejemplo. Se publican muchos libros de cocina, pero nadie se convierte en un gran cocinero solo porque los haya leído. Hay que haber cocinado mucho. Contar chistes es otro ejemplo. No se convierte uno en cómico leyendo libros de chistes y recopilando anécdotas divertidas. Tampoco basta con aprender los principios del humor. Hay que practicar —el ritmo, los tiempos, los gestos, el tono— y fijarse mucho en Jack Benny, en Johnny Carson, en Eddy Murphy o en Robin Williams.

Si la virtud moral se aprende con la práctica, en primer lugar tendremos que adquirir de algún modo los hábitos debidos. Según Aristóteles, ese es el propósito primario de la ley: cultivar los hábitos que llevan a un carácter bueno. «Los legisladores hacen que los ciudadanos sean buenos formando en ellos hábitos, y ese es el deseo de todo legislador, y quienes no lo llevan a cabo no dan la talla, y es en esto en lo que difiere una buena constitución de una mala.» La educación moral no tiene por objeto tanto el promulgar reglas como el formar hábitos y moldear el carácter. «No supone una pequeña diferencia [...] que nos formemos unos hábitos u otros desde muy jóvenes; supone una muy grande o, mejor dicho, *toda* la diferencia.»[16]

Que Aristóteles resalte el hábito no significa que pensase que la virtud moral es una forma de conducta inculcada mediante la rutina. El hábito es el primer paso de la educación moral. Pero si todo va bien, el hábito acaba por prender y es entonces cuando le vemos el porqué. Judith Martin, conocida como «la señora Maneras», que escribe sobre cuestiones de etiqueta, se lamentó en una ocasión de que se hubiera perdido el hábito de enviar notas de agradecimiento. Hoy en día damos por sentado que los sentimientos son antes que las maneras; mientras sientas agradecimiento, no hará falta que te molestes con formalidades. La señora Maneras no está de acuerdo: «Pienso, por el contrario, que es más seguro esperar que la práctica de una conducta apropiada acabe por alentar los sentimientos virtuosos; si escribes un buen número de notas de agradecimiento, al final sentirás agradecimiento aunque sea por un momento».[17]

Precisamente así es como concibe Aristóteles la virtud moral. Inculcar una conducta virtuosa ayuda a adquirir la disposición de actuar virtuosamente.

Es habitual que se piense que actuar moralmente significa actuar según un precepto o regla. Pero Aristóteles cree que con esa manera de pensar se pierde un rasgo distintivo de la virtud moral. Se puede conocer la regla correcta y, sin embargo, no saber cómo o cuándo hay que aplicarla. El objeto de la educación moral es que se aprenda a discernir las características peculiares de una situación que requieren que se aplique tal regla en vez de tal otra. «Lo relativo a la conducta y a qué es bueno para nosotros carece de fijeza, como lo relativo a la salud. [...] Quienes actúan han de considerar en cada caso qué es lo más apropiado para la ocasión, tal y como ocurre también en la medicina y en la navegación.»[18]

Solo se puede decir una cosa de índole general acerca de la virtud moral, nos explica Aristóteles: que consiste en un punto medio entre los extremos. Pero enseguida concede que esta generalidad no nos lleva muy lejos, ya que discernir el punto medio en una situación dada no es fácil. El problema estriba en hacer lo debido «a la persona debida, en la medida debida, a la hora debida, por la razón debida y de la manera debida».[19]

Esto significa que el hábito, por esencial que sea, no lo es todo en la virtud moral. Siempre aparecen situaciones nuevas y hemos de saber qué hábito es el apropiado dadas las circunstancias. La virtud moral, pues, requiere del juicio, un tipo de conocimiento al que Aristóteles llama «sabiduría práctica». Al contrario que el conocimiento científico, que se refiere a «lo universal y necesario»,[20] el objeto de la sabiduría práctica es saber cómo hay que actuar. Debe «reconocer los particulares, pues es práctica, y la práctica se refiere a los particulares».[21] Aristóteles define la sabiduría práctica como «un estado, razonado y cierto, en el que se tiene la capacidad de actuar con vistas al bien humano».[22]

La sabiduría práctica es una virtud moral con implicaciones políticas. Quienes tienen sabiduría práctica pueden deliberar correctamente sobre lo que es un bien, no solo para sí mismos, sino para sus conciudadanos y para los seres humanos en general. Deliberar no es filosofar, pues atiende a lo cambiante y particular. Se orienta a la acción en el aquí y el ahora. Pero es más que calcular. Quiere descubrir cuál es el mayor bien humano que se puede conseguir dadas las circunstancias.[23]

La política y la vida buena

Podemos ver ahora con más claridad por qué, según Aristóteles, la política no es una vocación más, por qué es esencial para la vida buena. En primer lugar, las leyes de la *polis* inculcan buenos hábitos, forman un buen carácter y nos ponen en el camino de la virtud cívica. En segundo lugar, la vida de ciudadano posibilita que ejerzamos la capacidad de deliberar y de alcanzar la sabiduría práctica, una capacidad que, si no, permanecería dormida. No es este el tipo de cosas que podamos hacer en casa. Podemos sentarnos a un lado del camino y preguntarnos por las políticas que escogeríamos si tuviésemos que decidir. Pero eso no es lo mismo que participar en una actuación que realmente importe y cargar con la responsabilidad del destino de la comunidad entera. Solo llegaremos a ser buenos deliberadores si bajamos a la palestra, sopesamos las distintas posibilidades, defendemos nuestra postura, mandamos y somos mandados. En pocas palabras: si somos ciudadanos.

La noción de ciudadanía de Aristóteles es más elevada y exigente que la nuestra. Para él, la política no es la economía por otros medios. Su propósito es más elevado que maximizar la utilidad o proporcionar reglas justas para perseguir los intereses individuales. Consiste en una expresión de nuestra naturaleza, en una ocasión para el desenvolvimiento de nuestras capacidades humanas, en un aspecto esencial de la vida buena.

La defensa de la esclavitud por Aristóteles

No todos estaban incluidos en la ciudadanía que Aristóteles celebraba. Las mujeres no podían pertenecer a ella; tampoco los esclavos. Según Aristóteles, las naturalezas de aquellas y de estos no los hacían aptos para ser ciudadanos. Vemos ahora tal exclusión como una injusticia manifiesta. Debe recordarse que esas injusticias persistieron durante más de dos mil años después de que Aristóteles escribiese sus obras. La esclavitud no se abolió en Estados Unidos hasta 1865 y las mujeres obtuvieron el derecho de voto solo en 1920. Sin embargo, la persistencia histórica de tales injusticias no exonera a Aristóteles de haberlas aceptado.

En el caso de la esclavitud, no solo la aceptó, sino que ofreció una justificación filosófica. Merece la pena examinar su defensa de la esclavitud para ver qué luz arroja sobre el conjunto de su teoría política. Algunos ven en el argumento que Aristóteles ofrece a favor de la esclavitud un defecto de su pensamiento teleológico en sí; otros, una aplicación desencaminada de ese pensamiento en la que le obnubilaron los prejuicios de su época.

No creo que la defensa de la esclavitud que hace Aristóteles revele un fallo que condene al conjunto de su teoría política, pero conviene ver la fuerza de esta tajante aseveración.

Para Aristóteles, la justicia consiste en una concordancia. Asignar los derechos equivale a buscar el *telos* de las instituciones y hacer que las personas desempeñen los papeles sociales con los que concuerden mejor, los que posibiliten que lleguen a realizar su naturaleza. Dar a las personas lo que se les debe significa darles los cargos y honores que se merecen y los papeles sociales que sean acordes a su naturaleza.

Las teorías políticas modernas se sienten incómodas con la idea de concordancia. A las modernas teorías liberales de la justicia, de Kant a Rawls, les inquieta que las ideas teleológicas choquen con la libertad. Para ellas, el objeto de la justicia no es la concordancia, sino la elección. Asignar derechos no es hacer que las personas desempeñen los papeles que les convienen por naturaleza; es dejar que elijan sus papeles por sí mismas.

Desde este punto de vista, las nociones de *telos* y concordancia son sospechosas, peligrosas incluso. ¿Quién va a decirme el papel con el que estoy en concordancia o que es más apropiado a mi naturaleza? Si no tengo libertad para escoger mi propio papel social, bien puede ocurrir que se me fuerce a desempeñar un papel en contra de mi voluntad. Por lo tanto, el principio de la concordancia puede deslizarse con facilidad hacia la esclavitud si los que ocupan el poder deciden que un cierto grupo concuerda, por una razón u otra, con un papel subordinado.

Motivada por esa inquietud, la teoría política liberal sostiene que no hay que asignar los papeles sociales según la concordancia, sino conforme a lo que se escoja. En vez de hacer que las personas desempeñen los papeles que creamos que convengan a su naturaleza, debemos permitir que los escojan ellas. La esclavitud es mala, según este punto de vista, porque obliga a los individuos a desempeñar papeles que no han elegido. La solución consiste en prescindir de una ética del *telos* en favor de una ética de la elección y del consentimiento.

Pero esta conclusión es apresurada. La defensa que hizo Aristóteles de la esclavitud no es una prueba contra el pensamiento teleológico. Muy al contrario, la teoría de la justicia del propio Aristóteles ofrece abundantes recursos para criticar las opiniones que él tenía sobre la esclavitud. En realidad, su forma de concebir la justicia, como concordancia, es más exigente moralmente, y potencialmente más crítica de las asignaciones de trabajo existentes, que las teorías basadas en la elección y el consentimiento. Para ver que es así, examinemos el argumento de Aristóteles.

Para que la esclavitud sea justa, según Aristóteles, se deben cumplir dos condiciones: que sea necesaria y que sea natural. La esclavitud es necesaria, arguye Aristóteles, porque alguien tendrá que ocuparse de las tareas domésticas si los ciudadanos tienen que pasar mucho tiempo en la asamblea deliberando sobre el bien común. La *polis* requiere una división del trabajo. A no ser que se inventen máquinas que se encarguen de las tareas serviles, algunas personas deberán encargarse de las necesidades de la vida para que otros tengan las manos libres para participar en la política.

Aristóteles, pues, concluye que la esclavitud es necesaria. Pero la necesidad no basta. Para que la esclavitud sea justa, tiene también que ocurrir que ciertas personas concuerden por naturaleza con el papel de esclavos.[24] Así que Aristóteles se pregunta si hay «personas para las que la esclavitud es una condición mejor y justa, o si es cierto lo contrario y toda esclavitud se opone a la naturaleza».[25]

Aristóteles llega a la conclusión de que tales personas existen. Hay personas que han nacido para esclavas. Difieren de las personas comunes como el cuerpo difiere del alma. Tales personas «son esclavas por naturaleza, y lo mejor para ellas [...] es que estén sometidas a un amo».[26]

«Un hombre es, pues, por naturaleza esclavo si es susceptible de convertirse (y esta es la razón de que realmente se convierta) en la propiedad de otro, y si participa de la razón en la medida en que la aprehende de otro pero está desprovista de ella por sí mismo.»[27]

«Tal y como algunos son libres por naturaleza, otros por naturaleza son esclavos, y para estos últimos la condición de la esclavitud es a la vez benéfica y justa.»[28]

Aristóteles parece percibir que algo es cuestionable en lo que está diciendo, pues rápidamente lo descalifica: «Pero es fácil ver que quienes mantienen un punto de vista contrario tienen también en parte razón».[29] Aristóteles, al observar la esclavitud tal y como era en la Atenas de su tiempo, tenía que admitir que los críticos no andaban del todo desencaminados. Muchos esclavos se hallaban en esa condición por una razón puramente contingente: antes eran individuos libres, pero los habían capturado en una guerra. Su condición de esclavos no tenía nada que ver con que concordaran con ese papel. Para ellos, la esclavitud no era natural, sino el resultado de la mala suerte. Según las pautas del propio Aristóteles, su esclavitud era injusta: «No todos los que son en la realidad esclavos u hombres libres son por naturaleza esclavos u hombres libres».[30]

¿Cómo se puede decir quién concuerda con ser esclavo?, se pregunta Aristóteles. En principio, habría que ver quién florece como esclavo, si es que hay alguien, y quién se irrita o intenta huir. La necesidad de la fuerza es una buena indicación de que el esclavo en cuestión no concuerda con el papel.[31] Para Aristóteles, la coacción es signo de injusticia, no porque el consentimiento legitime todo papel, sino porque la necesidad de usar la fuerza da a entender que no hay una concordancia natural. A aquellos a quienes les toca un papel congruente con su naturaleza no hace falta forzarlos.

Para la teoría política liberal, la esclavitud es injusta porque es coactiva. Para las teorías teleológicas, es injusta porque choca con nuestra naturaleza; la coacción es un síntoma de la injusticia, no su fuente. Es perfectamente posible explicar, dentro de la ética del *telos* y de la concordancia, la injusticia de la esclavitud, y Aristóteles recorre parte del camino (pero no todo) en esa dirección.

La ética del *telos* y de la concordancia establece en realidad un patrón moral más exigente para la justicia en el lugar de trabajo que la ética liberal de la elección y el consentimiento.[32] Pensemos en un trabajo repetitivo, peligroso, por ejemplo el de quienes se pasan largas horas en la producción en cadena en una planta procesadora de pollos. Esa forma de trabajo, ¿es justa o injusta?

Para el libertario, la respuesta depende de que los trabajadores hayan intercambiado libremente su trabajo por un salario: si lo han hecho, el trabajo es justo. Para Rawls, el acuerdo sería justo solo si el libre intercambio de trabajo tuvo lugar con el trasfondo de unas condiciones equitativas. Para Aristóteles, ni siquiera basta con el consentimiento con un trasfondo de condiciones equitativas, pues para que el trabajo sea justo tiene que concordar con la naturaleza del trabajador que lo realice. Hay trabajos que no pasan esa prueba. Son tan peligrosos y repetitivos, aturden tanto, que no concuerdan con un ser humano. En esos casos, la justicia requiere que el trabajo se reorganice según nuestra naturaleza. Si no, el trabajo será injusto de la misma forma que la esclavitud lo es.

El cochecito de golf de Casey Martin

Casey Martin era un jugador profesional de golf que tenía una pierna mal. A causa de un problema de circulación, andar por el campo de golf hacía que sufriese bastante dolor y corriese un grave riesgo de sufrir hemorragias y fracturas. Pese a su discapacidad, Martin siempre había sido muy bueno en ese deporte. Formó parte del equipo universitario de golf de Stanford en sus días de estudiante y después se hizo profesional.

Martin pidió a la PGA (la Asociación Profesional de Golfistas) permiso para desplazarse en los torneos con un cochecito de golf. La PGA se lo negó; dio como razón una de sus reglas, que prohibía esos vehículos en los torneos profesionales. Martin llevó el caso a los tribunales. Argumentaba que la Ley de Estadounidenses con Discapacidades, de 1990, exigía que se acomodasen las cosas en grado razonable para los discapacitados siempre que ese cambio «no alterase en lo esencial la naturaleza» de la actividad de que se tratase.[33]

Testificaron algunas grandes figuras del golf. Arnold Palmer, Jack Nicklaus y Ken Venturi defendieron la prohibición de esos cochecitos. Sostenían que la fatiga es un factor importante en un torneo de golf y que montar en un vehículo en vez de andar le daría a Martin una ventaja injusta.

El caso fue al Tribunal Supremo de Estados Unidos, donde los jueces hubieron de vérselas con lo que parecía una tontería, inferior a su dignidad y al mismo tiempo ajena a sus conocimientos: «Alguien que va de hoyo en hoyo por el campo de golf con un vehículo, ¿es de verdad un golfista?».[34]

Sin embargo, lo cierto era que el caso suscitaba un problema relativo a la justicia concebida de un modo puramente aristotélico: para decidir si Martin tenía derecho a un cochecito de golf, el tribunal tenía que determinar la naturaleza esencial de la actividad en cuestión. Recorrer andando el campo, ¿pertenecía a la esencia del golf o solo le era incidental? Si, como aseveraba la PGA, caminar era un aspecto esencial de ese deporte, dejarle a Martin que montase en un vehículo «alteraría fundamentalmente la naturaleza» del juego. Para resolver un problema de derechos el tribunal tenía que determinar el *telos*, o naturaleza esencial, del juego.

El tribunal sentenció por siete votos contra dos que Martin tenía derecho a usar un cochecito de golf. El juez John Paul Stevens, que redactó el voto mayoritario, analizaba la historia del golf y llegaba a la conclusión de que el uso de vehículos no era incompatible con el carácter fundamental del juego. «Desde sus primeros tiempos, la esencia del juego han sido los lanzamientos, valerse de un palo para que una bola vaya del *tee* a un hoyo que está a cierta distancia por medio del menor número de golpes que sea posible.»[35] En cuanto a la afirmación de que caminar pone a prueba la resistencia física de los jugadores, Stevens citó el testimonio de un profesor de fisiología, que había calculado que solo se gastaban unas quinientas kilocalorías en recorrer andando los dieciocho hoyos, «nutricionalmente, menos que las que hay en una Big Mac».[36] Como el golf es «una actividad de baja intensidad, la fatiga es sobre todo un fenómeno psicológico en el que el estrés y la motivación son los elementos clave».[37] El tribunal llegó a la conclusión de que tener con la discapacidad de Martin la consideración de dejarle que montase en un cochecito de golf no alteraría en lo fundamental el juego ni le daría una ventaja injusta.

El juez Antonin Scalia discrepó. En un brioso voto particular, negó que el Tribunal Supremo pudiese determinar la naturaleza esencial del golf. No defendía simplemente que los jueces careciesen de la autoridad o competencia para dirimir esa cuestión, sino que ponía en entredicho la premisa aristotélica que se escondía bajo la opinión del tribunal, a saber, que es posible razonar sobre el *telos* o naturaleza esencial de un juego:

> De ordinario, decir de algo que es «esencial» equivale a decir que es necesario para la consecución de un cierto objetivo. Pero como está en la naturaleza misma de un juego que no tiene otro objetivo que el entretenimiento (eso es lo que distingue a los juegos de la actividad productiva), es completamente imposible decir de cualquiera de las arbitrarias reglas de un juego que es «esencial».[38]

Como las reglas del golf «son (como en todos los juegos) enteramente arbitrarias», escribía Scalia, no hay fundamento alguno para evaluar críticamente las reglas establecidas por la PGA. Si a los aficionados no les gustan, «pueden retirar su interés». Pero nadie puede decir que tal o cual regla carece de importancia en lo que se refiere a las habilidades que se supone que el golf pone a prueba.

El argumento de Scalia es cuestionable por varias razones. En primer lugar, hace de menos a los deportes. Ningún aficionado de verdad hablaría de los deportes de esa forma, como si se rigiesen por reglas completamente arbitrarias y no tuviesen ningún verdadero objeto o razón de ser. Si la gente creyese realmente que las reglas de su deporte favorito son arbitrarias, en el sentido de que no han sido concebidas para que se luzcan y celebren ciertas habilidades y ciertos tipos de talento que merece la pena admirar, le sería difícil interesarse por el resultado del juego. El deporte se rebajaría hasta convertirse en un mero espectáculo, una forma de entretenimiento en vez de algo que se aprecia.

En segundo lugar, es perfectamente posible discutir sobre el mérito de las diferentes reglas y preguntarse si mejoran o corrompen el juego. Esas discusiones tienen lugar todo el tiempo, sea entre quienes llaman a los programas de radio o entre quienes dirigen el deporte en cuestión. Fijémonos en el debate sobre una regla del béisbol, la del «bateador designado». Hay quienes dicen que mejora el juego porque gracias a ella son los mejores bateadores los que batean y a los que no lo son tanto se les evita que pasen por un calvario. Otros dicen que perjudica, ya que exagera el papel del bateo y elimina complejas consideraciones estratégicas. Cada una de esas posturas se basa en una cierta concepción del objeto del mejor béisbol: ¿qué habilidades pone a prueba y qué aptitudes y virtudes celebra y premia? El debate sobre la regla del bateador designado es, en última instancia, un debate sobre el *telos* del béisbol, tal y como el debate sobre la acción afirmativa es un debate sobre el propósito de las universidades.

Por último, Scalia, al negar que el golf tenga un *telos*, pasa por alto por completo el aspecto honorífico de la disputa. ¿Cuál fue el objeto, al fin y al cabo, de los cuatro años que duró el caso del cochecito de golf? Superficialmente, se discutió sobre la equidad. La PGA y los grandes del golf aseveraban que dejar que Martin se desplazase en un vehículo le conferiría una ventaja y no sería equitativo; Martin replicaba que, dada su discapacidad, el vehículo solamente igualaría las condiciones.

Si la equidad hubiera sido lo único en juego, sin embargo, habría habido una solución evidente: que todos los golfistas pudiesen desplazarse por el campo con un vehículo. Si todos pudiesen hacerlo, la acusación de inequidad desaparecería. Pero esa solución era un anatema para el golf profesional, más inconcebible aún que hacer una excepción con Casey Martin. ¿Por qué? Porque la disputa no era tanto por la equidad como por el honor y el reconocimiento, en concreto por el deseo de la PGA y de los jugadores más importantes de que su deporte fuese reconocido y respetado como una actividad atlética.

Déjeseme que lo diga de la manera más delicada posible: los golfistas son un tanto susceptibles en lo que se refiere a la naturaleza de su deporte. En él no hay que correr o saltar, y la bola se queda quieta. Nadie duda de que el golf requiere de mucha habilidad. Pero el honor y el reconocimiento que se les concede a los jugadores de golf más grandes dependen de que se pueda considerar que su deporte es una competición físicamente exigente. Si ese deporte en el que destacan se pudiese jugar moviéndose con un vehículo, se pondría en entredicho o disminuiría su reconocimiento como atletas. Esto explica quizá la vehemencia con que algunos golfistas profesionales se opusieron a la petición de Casey Martin de recorrer el campo montado en un vehículo. Tom Kite, que llevaba participando veinticinco años en las competiciones de la PGA, escribió lo siguiente en un artículo publicado por el *New York Times:*

> Me parece que quienes apoyan el derecho de Casey Martin a usar un vehículo ignoran que estamos hablando de un deporte de competición. [...] Estamos hablando de acontecimientos atléticos. Y quien piense que el golf profesional no es un deporte atlético es que no lo ha visto nunca o no se ha dedicado a él.[39]

Sea cierto lo que sea en cuanto a la naturaleza esencial del golf, el proceso federal por el vehículo de Casey Martin ilustra vivamente la teoría de la justicia enunciada por Aristóteles. Los debates sobre la justicia y los derechos son a menudo, es inevitable, debates sobre el propósito de alguna institución social, los bienes que asigna y las virtudes que honra y celebra. Por mucho que intentemos que la ley sea neutral en esas cuestiones, quizá no resulte posible decir qué es justo sin someter a discusión la naturaleza de la vida buena.

9

¿Qué nos debemos los unos a los otros? Los dilemas de la lealtad

Decir «lo siento» siempre cuesta. Pero decirlo en público, en nombre de la propia nación, puede ser especialmente difícil. En los últimos decenios han abundado los debates atormentados sobre si se debe pedir perdón públicamente por las injusticias históricas.

Disculpas y reparaciones

Buena parte de la tensa política del perdón guarda relación con los horrores cometidos durante la Segunda Guerra Mundial. Alemania ha pagado miles de millones de dólares en reparaciones por el Holocausto en forma de indemnizaciones a los supervivientes y al Estado de Israel.[1] A lo largo de los años, los dirigentes políticos alemanes han expresado sus disculpas y aceptado la responsabilidad por el pasado nazi en varios grados. En un discurso ante el Bundestag, el canciller alemán Konrad Adenauer afirmaba en 1951 que «la abrumadora mayoría del pueblo alemán abominaba de los crímenes cometidos contra los judíos y no participó en ellos». Pero reconocía que «en nombre del pueblo alemán se han cometido crímenes inexpresables, que exigen una indemnización moral y material».[2] En 2000, el presidente de Alemania, Johannes Rau, se disculpó por el Holocausto en un discurso ante la Knesset israelí, y pidió «perdón por lo que los alemanes hicieron».[3]

Japón ha sido más reacio a pedir disculpas por sus atrocidades durante la guerra. En los años treinta y cuarenta, decenas de miles de coreanas y de otras mujeres y jóvenes asiáticas fueron llevadas a la fuerza a burdeles donde, convertidas en esclavas sexuales, los soldados japoneses abusaban de ellas.[4] Desde los años noventa, Japón está sujeto a una creciente presión internacional para que exprese formalmente sus disculpas a las llamadas «mujeres de consuelo» y las resarza. En esa década, un fondo privado ofreció compensaciones económicas a las víctimas y algunos dirigentes japoneses expresaron unas disculpas limitadas.[5] Pero hace muy poco, en 2007, el primer ministro japonés Shinzo Abe aseveraba que el ejército de su nación no era responsable de haber impuesto a aquellas mujeres la esclavitud sexual. El Congreso de Estados Unidos reaccionó aprobando una resolución que instaba al gobierno japonés a reconocer formalmente el papel del ejército de Japón en la esclavización de las mujeres de consuelo y a que se disculpase por ello.[6]

Otras polémicas relacionadas con peticiones de perdón son las referidas a las injusticias históricas cometidas contra los pueblos indígenas. En Australia ha habido en los últimos años un encendido debate sobre las obligaciones que el Estado tiene con los aborígenes. Desde la década de 1910 hasta principios de los años setenta, a los niños aborígenes racialmente mixtos se los separaba a la fuerza de sus madres y se los entregaba a familias de acogida blancas o se los llevaba a campamentos (en la mayor parte de los casos, las madres eran aborígenes, y los padres, blancos). Esa política perseguía que los niños se asimilasen a la sociedad blanca y se acelerase la desaparición de la cultura aborigen.[7] Tales secuestros, avalados por el gobierno, se describen en la película *Generación robada*, de 2002, que cuenta la historia de tres niñas que se escaparon en 1931 de un campamento y emprendieron un viaje de dos mil kilómetros para volver con sus madres.

En 1997, una comisión australiana de derechos humanos documentó las crueldades sufridas por la «generación robada» de aborígenes, y recomendó que todos los años se celebrase un día de petición nacional de perdón.[8] John Howard, el primer ministro por entonces, se opuso a que se expresasen oficialmente disculpas. La petición de perdón se convirtió en una cuestión candente de la política australiana. En 2008, Kevin Rudd, recién elegido primer ministro, hizo pública una disculpa oficial ante los aborígenes. Aunque no les ofreció compensaciones personales, prometió que se tomarían medidas para superar la postración social y económica de la población indígena australiana.[9]

También en Estados Unidos han ganado importancia en los últimos años los debates sobre el ofrecimiento público de disculpas y reparaciones. En 1988, el presidente Ronald Reagan ofreció disculpas en forma de ley a los estadounidenses de origen japonés por su confinamiento durante la Segunda Guerra Mundial en campos de internamiento de la Costa Oeste.[10] Además de las disculpas, esa ley concedía una indemnización de 20.000 dólares a los internados que todavía vivían y fondos para la promoción de la cultura japonesa-americana y el conocimiento de la historia de los estadounidenses de origen japonés. En 1993, el Congreso pedía perdón por una injusticia histórica más lejana: el derrocamiento, un siglo antes, del reino independiente de Hawai.[11]

Quizá la más acuciante de las peticiones de perdón aún pendientes en Estados Unidos es la que se refiere a la herencia de la esclavitud. La promesa de la guerra civil, «cuarenta acres y una mula» para los ex esclavos, nunca se convirtió en realidad. En la década de 1990, el movimiento en favor de las reparaciones a los negros concitó un interés renovado.[12] Desde 1989, el congresista John Conyers viene proponiendo todos los años iniciativas legislativas para crear una comisión que estudie las reparaciones a los afroamericanos.[13] Aunque son muchas las organizaciones afroamericanas y los grupos de derechos civiles que apoyan la idea de las reparaciones, no ha prendido en el público en general.[14] Las encuestas muestran que una mayoría de los afroamericanos están a favor de las reparaciones, mientras que solo un 4 por ciento de los blancos opina lo mismo.[15]

Aunque el movimiento a favor de las reparaciones quizá se haya estancado, en los últimos años ha habido una oleada de peticiones oficiales de perdón. En 2007, Virginia, que fue el mayor estado esclavista, se convirtió en el primero en disculparse por la esclavitud.[16] Algunos otros estados —Alabama, Maryland, Carolina del Norte,

New Jersey, Florida— lo hicieron a continuación.[17] Y en 2008, la Cámara de Representantes aprobó una resolución en la que pedía perdón a los afroamericanos por la esclavitud y por la era de segregación racial llamada de Jim Crow, que se extendió hasta mediados del siglo XX.[18]

¿Deben disculparse las naciones por sus injusticias históricas? Para responder esta pregunta hemos de pensar en algunas arduas cuestiones relativas a la responsabilidad colectiva y las exigencias comunitarias.

Las principales justificaciones del ofrecimiento público de disculpas son: honrar el recuerdo de quienes sufrieron injusticias a manos (o en el nombre) de la comunidad política, reconocer los efectos persistentes de la injusticia en las víctimas y sus descendientes, y expiar el mal que hicieron los que infligían las injusticias o no las impidieron. Al ser gestos públicos, las peticiones de perdón oficiales pueden servir para restañar las heridas del pasado y crear los cimientos de la reconciliación moral y política. Las reparaciones y otras formas de restitución económica se pueden justificar de modo parecido, como expresiones tangibles de enmienda y del perdón pedido. Pueden aliviar también los efectos de la injusticia en las víctimas o en sus descendientes.

Que estas consideraciones tengan fuerza suficiente para justificar una petición de perdón depende de las circunstancias. En algunos casos, que se intente pedir perdón públicamente o reparar el mal infligido puede hacer más daño que otra cosa: inflama viejas animadversiones, consolida las enemistades históricas, enraíza el victimismo o genera resentimientos. Quienes se oponen a las peticiones públicas de perdón suelen expresar este tipo de inquietudes. Para el juicio político, supone un complejo problema determinar la probabilidad de que una petición de perdón o de que una restitución vayan a resultar beneficas para la comunidad política, una vez tomados en consideración todos los factores. La respuesta variará de unos casos a otros.

¿Debemos expiar los pecados de nuestros predecesores?

No obstante, me gustaría centrarme en otro argumento, al que suelen recurrir quienes se oponen a que se pidan públicamente disculpas por las injusticias históricas, un argumento de principio que no depende de las contingencias de la situación: que los individuos de la generación presente no tienen por qué —en realidad, ni siquiera pueden— pedir perdón por lo que hicieron generaciones anteriores.[19] Pedir perdón por una injusticia es, al fin y al cabo, aceptar cierta responsabilidad al respecto. No puede uno pedir perdón por algo que no ha hecho. Entonces, ¿cómo podría uno disculparse por algo que se hizo antes de que naciese?

John Howard, el primer ministro australiano, dio la siguiente razón para negarse a que se ofreciera una disculpa oficial a los aborígenes: «No creo que la actual generación de australianos deba pedir perdón formalmente y aceptar una responsabilidad por lo que hizo una generación anterior».[20]

En el debate estadounidense sobre las reparaciones por la esclavitud se presentó un argumento parecido. Henry Hyde, congresista republicano, criticó así la idea de pagar reparaciones: «Yo nunca he tenido un esclavo. Nunca he oprimido a nadie. No sé por qué tendría que pagar por alguien que los tuvo varias generaciones antes de que yo naciese».[21] Walter E. Williams, economista afroamericano que se opone a las reparaciones, expresó una opinión similar: «Si el Estado recibiese el dinero del ratoncito Pérez o de Santa Claus, me parecería de perlas. Pero el Estado ha de sacar el dinero de los ciudadanos, y no vive hoy ninguno que haya sido responsable de la esclavitud».[22]

Cobrar impuestos a los ciudadanos de hoy para pagar la reparación de una injusticia del pasado parece suscitar un problema especial. Pero la misma dificultad surge en los debates sobre peticiones de perdón que no implican compensaciones económicas.

En la petición de perdón, es el pensamiento lo que cuenta, en concreto el del reconocimiento de la responsabilidad. Todos podemos deplorar una injusticia. Pero solo alguien que de alguna forma haya participado en la injusticia pide perdón por ella. Los críticos de las peticiones de perdón perciben correctamente lo que está en juego moralmente. Y niegan que la generación actual pueda ser moralmente responsable de los pecados de sus antepasados.

Cuando la Asamblea Legislativa del estado de New Jersey debatió el asunto de la petición de perdón en 2008, un miembro de la asamblea republicano preguntó: «¿Quién que viva hoy es culpable de haber tenido esclavos y, por lo tanto, está en condiciones de pedir perdón por la ofensa?». La repuesta obvia, pensaba, era que nadie: «Los actuales habitantes de New Jersey, incluso los que pueden remontar su progenie hasta [...] poseedores de esclavos, no tienen una culpa o responsabilidad colectiva por hechos injustos en los que no tuvieron nada que ver personalmente».[23]

Cuando la Cámara de Representantes de Estados Unidos se disponía a votar una petición de perdón por la esclavitud y la segregación, un republicano que criticaba esa medida la comparó a pedir perdón por lo que hicieron nuestros «tataratatarabuelos».[24]

Individualismo moral

No es fácil desechar la objeción de principio a las peticiones oficiales de perdón. Se basa en la idea de que somos responsables solo de lo que nosotros mismos hagamos, no de las acciones de otros o de hechos que escapen de nuestro control. No hemos de responder por los pecados de nuestros padres o abuelos o, tanto vale, de nuestros compatriotas.

Pero el asunto se formula así de manera negativa. La principal objeción a las peticiones oficiales de disculpas tiene peso porque bebe de una idea moral atractiva y potente. La podríamos llamar la idea del «individualismo moral». La doctrina del individualismo moral no es un dar por sentado el egoísmo de los individuos, sino una formulación de lo que significa ser libre. Para el individualista moral, ser libre es estar sujeto solo a las obligaciones que voluntariamente hago mías; lo que les deba a otros, se lo debo solo en virtud de algún acto de consentimiento: haber optado por algo, una promesa o un acuerdo que he hecho, tácita o explícitamente.

La idea de que mis responsabilidades se limitan a las que yo mismo me impongo es liberadora. Presupone la libertad e independencia, en cuanto agente moral, de lo que cada uno es en sí mismo, su carencia de lazos morales previos, su capacidad de escoger sus propios fines. Ni la costumbre ni la tradición ni la condición social que se hereda: la fuente de las únicas obligaciones morales que nos ligan es la libre elección de cada individuo.

Puede verse que esta manera de concebir la libertad deja poco espacio para la responsabilidad colectiva o para un deber de cargar moralmente con las injusticias históricas perpetradas por nuestros antecesores. Si le prometí a mi abuelo que pagaría sus deudas o que pediría perdón por sus pecados, sería otra cosa. Mi deber de pechar con la reparación sería una obligación fundada en el consentimiento, no una obligación que surja de una identidad colectiva que se extienda a lo largo de las generaciones. A falta de una promesa tal, el individualista moral no encuentra sentido alguno en que se tenga la menor obligación de pagar por los pecados de los antecesores. Los pecados, al fin y al cabo, eran suyos, no míos.

Si la manera que tienen los individualistas morales de concebir la libertad es correcta, quienes critican las peticiones oficiales de disculpas no andan desencaminados: no tenemos por qué cargar con las culpas de nuestros predecesores. Pero de lo que se trata es de mucho más que disculpas y responsabilidades colectivas. El punto de vista individualista de la libertad aparece en las teorías de la justicia que más reconocibles son en la política contemporánea. Si esa concepción de la libertad es deficiente, y yo creo que lo es, habremos de repensar algunos de los rasgos fundamentales de nuestra vida pública.

Como hemos visto, las nociones de consentimiento y de libre elección pesan mucho, no solo en la política contemporánea, sino también en las teorías modernas de la justicia. Miremos hacia atrás y veamos cómo han acabado varias concepciones de la elección y el consentimiento por informar nuestras premisas actuales.

Una versión temprana de la idea de que cada uno es en sí mismo un ser que elige se debe a John Locke. Sostenía que el gobierno legítimo debe basarse en el consentimiento. ¿Por qué? Porque somos seres libres e independientes, que no están sujetos a la autoridad paterna o al derecho divino de los reyes. Como somos «por naturaleza todos libres, iguales e independientes, nadie puede ser expulsado de tal estado y quedar sometido al poder político de otro sin su propio consentimiento».[25]

Un siglo después, Immanuel Kant ofreció una versión más poderosa. Contra los filósofos utilitaristas y empiristas, Kant sostenía que debemos concebirnos a nosotros mismos como algo más que un haz de preferencias y deseos. Ser libre es ser autónomo, y ser autónomo es estar gobernado por una ley que me doy a mí mismo. La autonomía kantiana es más exigente que el consentimiento. Cuando me doy la ley moral, no me limito a escoger según mis deseos o adhesiones contingentes, sino que me aparto de mis intereses y apegos particulares y promulgo como partícipe de la razón práctica pura.

En el siglo XX, John Rawls adaptó la concepción kantiana de la autonomía de lo que uno es en sí mismo, y su teoría de la justicia bebió de ella. Como Kant, Rawls observaba que lo que escogemos refleja a menudo contingencias moralmente arbitrarias. Que alguien opte por trabajar en un taller de confección, digamos, del Tercer Mundo, con pésimas condiciones laborales, reflejará seguramente una necesidad económica asfixiante, no una libre decisión en algún sentido de la expresión digno de ser tenido en cuenta. Por lo tanto, si queremos que la sociedad consista en una ordenación voluntaria, no podremos basarla en el consentimiento real; deberemos preguntarnos, en cambio, qué principios de la justicia acordaríamos si dejásemos a un lado nuestros intereses y ventajas particulares, si escogiésemos tras el velo de la ignorancia.

La idea de Kant de una voluntad autónoma y la de Rawls de un acuerdo hipotético tras el velo de la ignorancia tienen esto en común: ambas conciben el agente moral de modo que sea independiente de sus fines y apegos particulares. Cuando promulgamos la ley moral (Kant) o escogemos los principios de la justicia (Rawls), lo hacemos sin referencia alguna a los papeles e identidades que nos sitúan en el mundo y hacen de nosotros quienes en particular somos.

Si al pensar en la justicia hemos de abstraernos de nuestras identidades particulares, costará defender que los alemanes de hoy tienen alguna obligación especial de pagar reparaciones por el Holocausto o que los estadounidenses de esta generación la tienen de enmendar la injusticia de la esclavitud y la segregación. ¿Por qué? Porque una vez que he dejado aparte mi identidad de alemán o de estadounidense y concibo que en mí mismo soy libre e independiente, no hay base alguna para que se diga que mi obligación de remediar esas injusticias históricas es mayor que la de cualquier otro.

Concebir a una persona como un ser que en sí mismo es libre e independiente no solo hace que se vea de manera distinta la responsabilidad colectiva entre las generaciones. Tiene además una derivación de mayor alcance: concebir a los agentes morales de esa manera afecta al modo en que concebimos la justicia más en general. La idea de que de cada uno es independiente en sí mismo y en sí mismo elige libremente respalda otra, la de que los principios de la justicia que definen nuestros derechos no deben descansar en ninguna concepción moral o religiosa particular; por el contrario, se debe intentar que sean neutrales entre las diferentes visiones de cuál pueda ser la vida buena.

¿Debe ser el Estado neutral moralmente?

La idea de que el Estado debe aspirar a la neutralidad en lo que se refiere al significado de la vida buena se aparta de las antiguas concepciones de la política. Para Aristóteles, el propósito de la política no consiste solo en facilitar el intercambio económico y cuidar de la defensa común, sino también en cultivar el buen carácter y formar buenos ciudadanos. Las discusiones y argumentos sobre la justicia son, pues, inevitablemente discusiones y argumentos sobre la vida buena. «Antes de que podamos [investigar] la naturaleza de una constitución ideal —escribía Aristóteles—, nos es necesario determinar la naturaleza del modo de vida más deseable. Mientras permanezca en la oscuridad, la naturaleza de la constitución ideal también seguirá siendo oscura.»[26]

En nuestros días, la idea de que el objeto de la política es el cultivo de la virtud les resulta a muchos chocante, hasta peligrosa. ¿Quién es nadie para decir en qué consiste la virtud? ¿Y si la gente discrepa? Si la ley buscase la promoción de ciertos ideales morales y religiosos, ¿no abriría el camino a la intolerancia y la coacción? Si pensamos en estados que intentan promocionar la virtud, no se nos vendrá primero a la cabeza la *polis* ateniense; pensaremos más bien en los fundamentalismos religiosos, del pasado y del presente: apedreamientos de adúlteras, burkas obligatorios, el juicio de las brujas de Salem, etcétera.

Para Kant y Rawls, las teorías de la justicia que se basan en una concepción determinada de la vida buena, sea religiosa o secular, no se compadecen con la libertad. Al imponer a unos los valores de otros, estas teorías no respetan a la persona como a un ser que en sí mismo es libre e independiente, capaz de escoger sus propósitos y fines. Por lo tanto, el ser que elige libremente por lo que en sí mismo es y el Estado neutral van de la mano: precisamente porque cada uno de nosotros es un ser en sí mismo libre e independiente necesitamos un marco legal que sea neutral en lo que se refiere a los fines, que renuncie a tomar partido en las controversias morales y religiosas, que deje a los ciudadanos en libertad de escoger sus valores por sí solos.

Algunos podrían objetar que ninguna teoría de la justicia y de los derechos puede ser moralmente neutral. Hay un nivel en el que esta afirmación es manifiestamente cierta. Kant y Rawls no son relativistas morales. La idea misma de que las personas deben ser libres de escoger sus fines por sí solas es una poderosa idea moral. Pero no le dice a usted cómo debe vivir su vida. Solo requiere que, sean cuales sean los fines que usted persiga, lo haga de modo que respete el derecho de los demás a hacer lo mismo. El atractivo de un marco neutral reside precisamente en que renuncia a establecer una forma preferida de vida o de concepción de qué se tenga por un bien.

Kant y Rawls no niegan que estén proponiendo ciertos ideales de orden moral. Su lucha es contra las teorías de la justicia que derivan los derechos de alguna concepción de qué haya de tenerse por un bien. El utilitarismo es una de esas teorías. Considera que el bien consiste en maximizar el placer o el bienestar, y se pregunta cuál es el sistema de derechos que más probable es que lo consiga. Aristóteles ofrece una teoría muy diferente de qué haya de tenerse por un bien. No es un bien maximizar el placer, sino realizar nuestra naturaleza y desarrollar nuestras capacidades humanas distintivas. El razonamiento de Aristóteles es teleológico en el sentido de que parte de una concepción determinada del bien humano.

Ese es el modo de razonar que Kant y Rawls rechazan. Sostienen que lo que es debido precede a qué se tenga por un bien. Los principios que especifican nuestros deberes y derechos no deben basarse en ninguna concepción de la vida buena. Kant escribe acerca de «la confusión de los filósofos en lo que concierne al principio supremo de la moral». Los filósofos antiguos cometieron el error de «dedicar sus investigaciones éticas por completo a la definición del concepto de bien supremo», y luego intentaron hacer de ese bien «el fundamento determinante de la ley moral».[27] Sin embargo, según Kant, así se invertía el orden de las cosas. Además, no se compadece con la libertad. Para que nos concibamos como seres autónomos, primero tenemos que promulgar la ley moral. Solo entonces, una vez hayamos llegado al principio que define nuestros deberes y derechos, podremos preguntarnos qué concepciones de qué se ha de tener por un bien son compatibles con tal principio.

Rawls expresa algo parecido con respecto al principio de la justicia: «Las libertades de la ciudadanía igual para todos no están seguras cuando se fundamentan en principios teleológicos».[28] Es fácil ver por qué cimentar los derechos en cálculos utilitarios hace que los derechos sean vulnerables. Si la única razón para respetar mi derecho a la libertad religiosa es la promoción de la felicidad general, ¿qué sucede si un día una gran mayoría desprecia mi religión y quiere prohibirla?

Pero las teorías utilitaristas de la justicia no son los únicos blancos de Rawls y Kant. Si lo que es debido precede a qué se tenga por un bien, también será errónea la forma de Aristóteles de concebir la justicia. Para Aristóteles, razonar sobre la justicia es razonar a partir del *telos*, o naturaleza, del bien en cuestión. Para concebir un orden político justo hemos de razonar a partir de la naturaleza de la vida buena. No podremos encontrar las directrices para una constitución justa mientras no sepamos cuál es la mejor manera de vivir. Rawls discrepa: «La estructura de las doctrinas teleológicas está radicalmente mal concebida: desde el principio, relacionan lo que es debido y qué se tenga por un bien de manera equivocada. No debemos intentar dar forma a nuestra vida fijándonos primero en lo que, según una definición independiente, sea un bien».[29]

Justicia y libertad

En este debate está en juego algo más que el problema abstracto de cómo deberíamos razonar sobre la justicia. El debate sobre la prioridad de lo que es debido sobre qué se tenga por un bien es en última instancia un debate sobre el significado de la libertad humana. Kant y Rawls rechazan la teleología de Aristóteles porque no parece dejar sitio para que escojamos nuestro bien. Es fácil ver que la teoría de Aristóteles engendra esa inquietud. Para él, la justicia consiste en que haya una concordancia entre lo que se asigna a las personas y los fines o bienes apropiados a su naturaleza. Pero nos inclinamos a considerar que la justicia tiene que ver con la elección, no con la concordancia.

La defensa de Rawls de la prioridad de lo que es debido sobre qué se tenga por un bien refleja la convicción de que «una persona moral es un sujeto con fines que él mismo ha escogido».[30] En cuanto agentes morales, estamos definidos no por nuestros fines, sino por nuestra capacidad de escoger. «No son nuestras metas las que, antes que nada, revelan nuestra naturaleza», sino el armazón que escogeríamos para los derechos si pudiésemos abstraernos de nuestras metas. «Pues lo que uno es en sí mismo viene antes que los fines a que se adhiere; hasta un fin dominante habrá de ser escogido entre numerosas posibilidades. [...] Por lo tanto, deberíamos invertir la relación entre lo que es debido y qué se tiene por un bien propuesta por las doctrinas teleológicas y considerar que lo que es debido viene antes.»[31]

La idea de que la justicia debe ser neutral con respecto a las distintas concepciones de la vida buena corresponde a una concepción de la persona como un ser que en sí mismo carece de ataduras morales previas y escoge con libertad. Estas ideas, tomadas en su conjunto, caracterizan el pensamiento político liberal moderno. En Estados Unidos, en el debate político, liberal significa lo contrario de conservador. No empleo de ese modo la palabra cuando hablo del «pensamiento político liberal». En realidad, uno de los rasgos distintivos del debate político en Estados Unidos es que los ideales del Estado neutral y de quien en sí mismo tiene la libertad de elegir se pueden encontrar a lo largo de todo el espectro político. Buena parte de la discusión por el papel del Estado y de los mercados trata de cuál es la mejor manera de capacitar a los individuos para que persigan sus fines por sí mismos.

Los liberales igualitarios están a favor de las libertades civiles y de los derechos sociales y económicos básicos: el derecho a la atención sanitaria, a la educación, a un puesto de trabajo, a unos ingresos garantizados, y así otros muchos. Sostienen que los individuos estarán en condiciones de perseguir sus propios fines solo si el Estado garantiza las circunstancias materiales que permitan una elección verdaderamente libre. Desde los tiempos del New Deal, los defensores del Estado del bienestar en Estados Unidos basan sus argumentos menos en la solidaridad social y las obligaciones comunitarias que en los derechos individuales y la libertad de elección. Cuando Franklin D. Roosevelt puso en marcha la Seguridad Social en 1935, no la anunció diciendo que expresaba las obligaciones mutuas que hay entre los ciudadanos, sino que la diseñó de forma que se pareciese a un plan privado de pensiones, financiado por «contribuciones» de la nómina y no por los ingresos fiscales generales.[32] Y cuando, en 1944, presentó las líneas generales del Estado del bienestar estadounidense, lo hizo bajo la denominación de «declaración de derechos económicos». No ofreció una justificación comunitaria; arguyó que esos derechos eran esenciales para la «verdadera libertad económica», añadiendo que «un hombre necesitado no es un hombre libre».[33]

Por su parte, los libertarios pro libre mercado (a los que se suele llamar conservadores en la política estadounidense contemporánea, al menos en cuestiones económicas) defienden también un Estado neutral que respete lo que los individuos elijan. (El filósofo libertario pro libre mercado Robert Nozick escribe que el Estado debe ser «escrupulosamente [...] neutral entre sus ciudadanos».)[34] Pero discrepan de los liberales igualitarios acerca de las políticas que esos ideales requieren. Los libertarios, partidarios del *laissez-faire* y contrarios al Estado del bienestar, defienden los mercados libres y sostienen que los individuos tienen derecho a quedarse con el dinero que ganen. «¿Cómo puede un hombre ser realmente libre —se preguntaba Barry Goldwater, conservador libertario y candidato republicano a la presidencia en 1964— si no puede contar con los frutos de su trabajo para disponer de ellos como quiera, si se los trata como si fuesen parte de un fondo común de riqueza pública?»[35] Para los libertarios, un Estado neutral requiere libertades civiles y un régimen estricto de derechos de la propiedad privada. El Estado del bienestar, sostienen, no permite a los individuos escoger sus propios fines, sino que fuerza a algunos por el bien de otros.

Las teorías de la justicia que aspiran a la neutralidad, sean igualitarias o libertarias pro libre mercado, tienen un gran atractivo. Ofrecen la esperanza de que la política y la Justicia se libren de quedar empantanadas en las controversias morales y religiosas que abundan en las sociedades pluralistas. Y expresan una embriagadora concepción de la libertad humana, que nos presenta como los autores de la única obligación moral que nos constriñe.

Pese a su atractivo, sin embargo, esta visión de la libertad es deficiente, como lo es la aspiración a encontrar principios de justicia que sean neutrales entre las concepciones de la vida buena que rivalizan entre sí.

Esta es al menos la conclusión a la que me veo arrastrado. Tras lidiar con los argumentos filosóficos que he expuesto y habiendo observado cómo resultan en la vida pública, no creo que la libertad de elegir —ni siquiera la libertad de elegir en condiciones equitativas— sea un fundamento adecuado para una sociedad justa. Más aún, el intento de dar con principios neutrales de la justicia me parece desencaminado. No siempre es posible definir nuestros derechos y deberes sin abordar cuestiones morales sustantivas; y cuando es posible, no es deseable. Ahora intentaré explicar por qué.

Las exigencias de la comunidad

La debilidad de la concepción liberal de la libertad está unida a su atractivo. Si entendemos que cada uno es en sí mismo libre e independiente y no está sujeto a ataduras morales que no haya escogido, no podremos dar sentido a una variedad de obligaciones morales y políticas que por lo común reconocemos e incluso apreciamos. Entre ellas están las obligaciones que dimanan de la solidaridad y de la lealtad, de la memoria histórica y de la fe religiosa, esas exigencias morales que surgen de las comunidades y tradiciones que moldean nuestra identidad. A no ser que pensemos que, aun en sí mismo, cada uno tiene sus ataduras y está abierto a exigencias morales que no ha promulgado él mismo, resulta difícil dar sentido a esos aspectos de nuestra moral y de nuestra experiencia política.

En los años ochenta, una década después de que *Teoría de la justicia* de Rawls diese al liberalismo igualitario estadounidense su plena expresión filosófica, fueron varios —entre ellos yo mismo— quienes pusieron en entredicho el ideal del que está libre en sí mismo de ataduras y elige libremente, y lo hicieron siguiendo la pauta que acabo de esbozar. Rechazaban que lo que es debido preceda a qué se tenga por un bien, y sostenían que no podemos razonar sobre la justicia haciendo abstracción de nuestras metas y apegos. A estos críticos del liberalismo contemporáneo se les llamó «comunitaristas».

La mayoría de ellos no se sentía a gusto con esa etiqueta, pues parecía insinuar una concepción relativista de la justicia, como si fuese sencillamente lo que una comunidad concreta definiera que es. Pero esa inquietud suscita una cuestión de peso: las ataduras comunitarias pueden ser opresivas. La libertad liberal nació como antídoto a las teorías políticas que consignaban a las personas a destinos fijados por la casta o la clase, el lugar en la vida o el rango, la costumbre, la tradición o la categoría social heredada. Entonces, ¿cómo es posible que se reconozca el peso moral de la comunidad sin coartar la libertad humana? Si la concepción voluntarista de la persona es demasiado parca —si no todas nuestras obligaciones son el producto de nuestra voluntad—, ¿cómo podremos vernos a nosotros mismos con una situación y a la vez, sin embargo, libres?

Seres que cuentan historias

Alasdair MacIntyre ofrece una poderosa respuesta a esa pregunta. En su libro *Tras la virtud* (1981) expone cómo hacemos nuestros, en cuanto agentes morales, propósitos y fines. Como alternativa a la concepción voluntarista de la persona, McIntyre presenta una concepción narrativa. Los seres humanos somos seres que cuentan historias. Vivimos nuestras vidas como andanzas en un relato. «Solo puedo responder la pregunta "¿qué voy a hacer?" si puedo responder una pregunta previa, "¿de qué historia o historias resulta que formo parte?".»[36]

Todas las narraciones vividas, observa MacIntyre, tienen algo de teleológicas. No quiere decir que tengan un fin o propósito fijo establecido por una autoridad externa. La teleología y la impredecibilidad coexisten. «Como los personajes de una narración ficticia, no sabemos qué pasará a continuación, pero no por ello dejan nuestras vidas de tener una cierta forma que se proyecta hacia nuestro futuro.»[37]

Vivir una vida es proseguir una andanza narrable que aspira a una cierta unidad o coherencia. Cuando me encuentro con caminos divergentes intento saber cuál dará más sentido a mi vida como un todo y a aquello por lo que me preocupo. La deliberación moral consiste más en interpretar la historia de mi vida que en ejercer mi voluntad. Lleva a elegir, pero la elección deriva de la interpretación; no es un acto soberano de la voluntad. En cualquier momento, puede que otros vean con mayor claridad que yo qué camino de los que hay ante mí concuerda mejor con la trayectoria de mi vida; tras reflexionar, puede que tenga que decir que mi amigo me conoce mejor que yo mismo. La concepción narrativa de la capacidad de actuar en el orden moral tiene la virtud de permitir esta posibilidad.

Muestra además que la deliberación moral supone una reflexión que tiene lugar dentro de esas historias más vastas de las que mi vida forma parte, historias que son además el objeto de esa misma reflexión. Como escribe MacIntyre, «nunca podré buscar el bien o ejercer las virtudes *qua* individuo».[38] Puedo dar sentido a la narración de mi vida solo si llego a saldar las cuentas con las historias en que me encuentro inmerso. Para MacIntyre (como para Aristóteles), el aspecto narrativo, o teleológico, de la reflexión moral está ligado a la adscripción y al ser parte de algo.

> Todos nos acercamos a nuestras propias circunstancias siendo portadores de una identidad social particular. Soy el hijo o la hija de alguien, el primo o el tío; soy un ciudadano de esta ciudad o de tal otra, estoy adscrito a tal o cual gremio o profesión; pertenezco a este clan, a esta tribu, a esta nación. Por tanto, bueno para mí tendrá que ser lo que lo sea para quien desempeñe esos papeles. Como tal, heredo del pasado de mi familia, de mi ciudad, de mi tribu, de mi nación, una variedad de deudas, herencias, expectativas justificadas y obligaciones. Constituyen lo que le ha sido dado a mi vida, mi punto de partida moral. Esto es lo que, en parte, le da a mi propia vida su particularidad moral.[39]

MacIntyre reconoce sin tapujos que la concepción narrativa choca con el individualismo moderno. «Desde el punto de vista del individualismo, soy lo que yo mismo elijo ser.» Según el punto de vista individualista, la reflexión moral requiere que deje aparte o que abstraiga mis identidades y ataduras: «No se me puede tener por responsable de lo que mi país hace o ha hecho a menos que yo haya escogido implícita o explícitamente asumir tal responsabilidad. Tal individualismo es el que expresan esos estadounidenses de hoy que niegan cualquier responsabilidad por las consecuencias de la esclavitud para los americanos negros porque, dicen, "yo nunca he tenido esclavos"».[40] (Debe señalarse que MacIntyre escribió estas líneas casi veinte años antes de que el congresista Henry Hyde dijese precisamente eso mismo al oponerse a las reparaciones.)

MacIntyre ofrece otro ejemplo, el del «joven alemán que, por haber nacido después de 1945, cree que lo que los nazis les hicieron a los judíos no tiene relevancia moral en su relación con sus contemporáneos judíos». MacIntyre ve en esta postura una superficialidad moral. Presupone erróneamente que «lo que cada uno es en sí mismo resulta separable de sus papeles y situaciones sociales e históricas».[41]

> El contraste con la concepción narrativa de lo que cada uno es en sí mismo está claro, ya que la historia de mi vida está siempre inmersa en la historia de las comunidades de las que derivo mi identidad. Nací con un pasado, e intentar desligarme de ese pasado, al modo individualista, es deformar mis relaciones presentes.[42]

La concepción de la persona de MacIntyre, la concepción narrativa, ofrece un claro contraste con la concepción voluntarista; esta entiende que, en sí misma, en su meollo, una persona es un ser sin ataduras que elige libremente. ¿Cómo decidiremos entre ambas? Podríamos preguntarnos cuál capta mejor la experiencia de la deliberación moral, pero esa es una pregunta que resulta difícil de contestar en abstracto. Otra forma de evaluar las dos perspectivas consiste en preguntarse cuál ofrece una explicación más convincente de la obligación moral y política. ¿Nos ata algún lazo moral que no hemos escogido y del que no cabe pensar que derive de un contrato social?

Obligaciones más allá del consentimiento

Rawls respondería que no. Según la concepción liberal, solo puede surgir una obligación de dos maneras: como un deber natural ante los seres humanos en cuanto tales y como obligaciones voluntarias que contraemos por consentimiento.[43] Los deberes naturales son universales. Los tenemos ante las personas porque son personas, porque son racionales. Entre ellos están los deberes de tratar a las personas con respeto, de hacer justicia, de evitar la crueldad, y otros de ese tipo. Como surgen de una voluntad autónoma (Kant) o de un hipotético contrato social (Rawls), no se requiere un acto de consentimiento. Nadie diría que tengo el deber de no matarte solo porque he prometido que no lo haría.

Al contrario que los deberes naturales, las obligaciones voluntarias son particulares, no universales, y surgen del consentimiento. Si acuerdo que le pintaré la casa (a cambio de un jornal, digamos, o para pagar un favor), tendré la obligación de hacerlo. Pero no tendré la obligación de pintarle la casa a todo el mundo. Según la concepción liberal, debemos respetar la dignidad de las personas, pero más allá de eso, habremos de cumplir solo lo que hayamos acordado cumplir. La justicia liberal requiere que respetemos los derechos de las personas (tal y como los defina el marco neutral), no que fomentemos lo que para ellas sea un bien. Que debamos ocuparnos del bien de otros dependerá de que hayamos acordado hacerlo así y de con quién lo hayamos acordado.

Una consecuencia llamativa de este punto de vista es la idea de que «para los ciudadanos en general, no hay obligaciones políticas, estrictamente hablando». Aunque quienes se presentan voluntariamente para desempeñar un cargo contraen una obligación política (es decir, servir a su país si se les elige), los ciudadanos corrientes no la contraen. Como escribe Rawls: «No está claro cuál es el acto requerido para fundar esa ligazón ni quién lo ha realizado».[44] Si la concepción liberal de las obligaciones es correcta, el ciudadano medio no tendrá obligaciones especiales para con sus conciudadanos más allá del deber universal y natural de no cometer injusticias.

Desde el punto de vista de la concepción narrativa de la persona, la formulación liberal de las obligaciones es demasiado superficial. No puede explicar las responsabilidades especiales que unos tenemos con los otros en cuanto conciudadanos. Más aún, ni siquiera abarca esas lealtades y responsabilidades a las que la fuerza moral les viene, en parte, de que atenerse a ellas en la vida es inseparable de que nos concibamos como las personas que en particular somos, como miembros de esta familia o de esta nación o de este pueblo, como portadores de esta historia, como ciudadanos de esta república. Según la concepción narrativa, esas identidades no son contingencias que debamos dejar aparte cuando deliberemos sobre la moral y la justicia; son parte de lo que somos, y deben, pues, conformar nuestras responsabilidades morales.

Por lo tanto, una manera de decidir entre la concepción voluntarista y la concepción narrativa de la persona consiste en preguntarse si hay una tercera categoría de obligaciones —llamémoslas obligaciones de la solidaridad o de la adscripción— que no se pueden explicar refiriéndose a un contrato. Al contrario que los deberes naturales, las obligaciones de la solidaridad son particulares, no universales; comprenden responsabilidades morales que tenemos, no ante los seres racionales en cuanto tales, sino ante aquellos con quienes compartimos cierta historia. Pero al contrario que las obligaciones voluntarias, no dependen de que se preste un consentimiento. Su peso moral deriva, en cambio, de los aspectos de la reflexión moral que responden a la situación, de que se reconozca que la historia de mi vida se entrelaza con la vida de otros.

Tres categorías de la responsabilidad moral

1. Deberes morales: universales; no requieren consentimiento.
2. Obligaciones voluntarias: particulares; requieren consentimiento.
3. Obligaciones de la solidaridad: particulares; no requieren consentimiento.

La solidaridad y el sentimiento de ser parte de una comunidad

A continuación se van a exponer algunos ejemplos elementales de obligaciones de la solidaridad o de la adscripción. Vea usted si le parece que tienen peso moral y si, en caso de que lo tengan, esa fuerza moral se puede explicar refiriéndose a un contrato.

Las obligaciones familiares

El ejemplo más elemental es la obligación especial que los miembros de una familia tienen los unos con los otros. Suponga que dos niños se están ahogando y que a usted solo le da tiempo a salvar a uno. Uno de ellos es hijo suyo, el otro es hijo de un extraño. ¿Estaría mal que rescatase a su hijo? ¿Sería mejor echar una moneda al aire? La mayoría dirá que no habría nada de malo en que rescatase a su hijo; les parecería extraño que se pensase que la equidad exige que se arrojase una moneda al aire. Tras esa reacción se esconde la idea de que los padres tienen responsabilidades especiales respecto al bienestar de sus hijos. Algunos arguyen que esa responsabilidad nace del consentimiento; cuando eligen tener hijos, acuerdan voluntariamente que velarán por ellos con especial atención.

Para dejar aparte el consentimiento, pensemos en la responsabilidad de los hijos para con sus padres. Supongamos que unas progenitoras ancianas necesitan cuidados. Se trata de dos madres, una es la mía, la otra es la madre de otro. La mayoría estará de acuerdo en que, si bien sería admirable que pudiese atender a ambas, tengo una responsabilidad especial de cuidar de mi madre. En este caso, no está claro que el consentimiento pueda explicar la razón de que sea así: no escogí a mis padres.

Se puede argüir que la responsabilidad moral de atender a mi madre deriva de que ella me cuidó cuando yo era pequeño. Como me crió y me atendió, tengo la obligación de devolverle lo que hizo por mí. Al aceptar los beneficios que me reportó, consentí implícitamente en devolvérselos cuando tuviese necesidad de ello. Habrá a quienes este cálculo de consentimientos y beneficios mutuos les parezca una forma demasiado fría de ver las obligaciones familiares. Pero supongamos que usted la acepta. ¿Qué diría usted de una persona cuyos padres fueron negligentes o indiferentes? ¿Diría que la calidad de la crianza determina en qué grado son los hijos responsables de ayudar a los padres cuando estos lo necesiten? En la medida en que los hijos estén obligados a ayudar incluso a unos malos padres, la exigencia moral sobrepasará seguramente lo que pide la ética liberal de la reciprocidad y el consentimiento.

La Resistencia francesa

Pasemos de las obligaciones familiares a las comunitarias. Durante la Segunda Guerra Mundial, miembros de la Resistencia francesa pilotaron bombarderos sobre la Francia ocupada por los nazis. Aunque descargaban las bombas sobre fábricas y otros blancos militares, no podían evitar que hubiese bajas civiles. Un día, el piloto de un bombardero ve, al recibir las órdenes, que el blanco era su pueblo natal. (Esta historia quizá sea apócrifa, pero suscita interesantes cuestiones morales.) Pide que se le retire de esa misión. Está de acuerdo en que bombardear su pueblo es tan necesario para el objetivo de liberar a Francia como la misión que llevó a cabo ayer, y sabe que si él no lo hace, lo hará otro. Pero se resiste porque él no puede ser el que lo bombardee y mate quizá a algunos de sus convecinos, a su gente. Aunque sea por una causa justa, piensa que estaría mal que fuera él quien efectuase el bombardeo, conforme a un modo especial y no universal de estar mal.

¿Qué le parece la postura del piloto? ¿La admira o cree más bien que fue una forma de debilidad? Deje aparte la cuestión más amplia de cuántas bajas civiles justificaba la causa de liberar Francia. El piloto no cuestionaba la necesidad de la misión o el número de vidas que se perderían. El problema lo veía en que no podía ser él quien acabara con esas vidas en concreto. La renuencia del piloto, ¿no era más que un mero escrúpulo o, por el contrario, refleja algo que tiene importancia moral? Si admiramos al piloto, será porque veamos en su postura un reconocimiento de las ataduras que su propia identidad tenía por ser miembro de su pueblo y admiremos entonces el carácter que su renuencia refleja.

El rescate de los judíos etíopes

A principios de los años ochenta, una hambruna en Etiopía hizo que unas cuatrocientas mil personas huyeran al vecino Sudán, donde malvivían en campos de refugiados. En 1984, el gobierno de Israel llevó a cabo una operación aérea encubierta, la operación Moisés, para rescatar a los judíos etíopes, llamados falashas, y traérselos a Israel.[45] Antes de que el plan se suspendiese —los gobiernos árabes presionaron a Sudán para que no cooperase con Israel en la evacuación—, se había rescatado a unos siete mil judíos etíopes. Shimon Peres, el entonces primer ministro israelí, dijo: «No descansaremos hasta que todos nuestros hermanos y hermanas de Etiopía hayan vuelto sanos y salvos a casa».[46] En 1991, cuando la guerra civil y el hambre amenazaron a los demás judíos etíopes, Israel organizó un puente aéreo de mayor magnitud aún, que llevó a catorce mil falashas a Israel.[47]

¿Hizo bien Israel rescatando a los judíos etíopes? Cuesta no ver en la operación una acción heroica. Los falashas estaban en circunstancias desesperadas y querían ir a Israel. E Israel, Estado judío fundado tras el Holocausto, se creó para darles a los judíos una tierra que fuese su tierra. Pero supongamos que alguien pusiera la siguiente pega: cientos de miles de refugiados etíopes pasaban hambre. Si, habida cuenta de sus recursos limitados, Israel solo podía rescatar a una pequeña parte de ellos, ¿por qué no eligió mediante un sorteo a los siete mil etíopes a los que iba a salvar? ¿Por qué no se considera el rescate de los judíos etíopes, en vez de los etíopes en general, un acto de injusta discriminación?

Si aceptamos las obligaciones de la solidaridad y del ser parte de algo, la repuesta está clara: Israel tiene una responsabilidad especial de rescatar a los judíos etíopes que va más allá de su deber (y el deber de las demás naciones) de ayudar a los refugiados en general. Todas las naciones tienen el deber de respetar los derechos humanos, lo que requiere que ayuden, según su capacidad, a los seres humanos allá donde estén sufriendo hambre o persecución o hayan tenido que desplazarse de sus casas. Es un deber universal que se puede justificar con razones kantianas, como un deber que tenemos hacia las personas en cuanto personas, en cuanto seres humanos como nosotros (categoría 1). Lo que estamos intentando determinar es si las naciones tienen una responsabilidad adicional de ayudar a su gente. Al llamar a los judíos etíopes «nuestros hermanos y hermanas», el primer ministro israelí recurrió a una metáfora familiar para expresar la solidaridad. A menos que aceptemos una noción de ese tipo, nos costará explicar por qué Israel no realizó un sorteo en su rescate aéreo. Costará también defender el patriotismo.

El patriotismo, ¿es una virtud?

El patriotismo es un sentimiento moral muy criticado. Hay quienes creen que el amor al propio país es una virtud más allá de toda duda, mientras que otros consideran que lleva a la obediencia ciega, al chovinismo y a la guerra. Nuestro problema es más concreto: los ciudadanos, ¿tienen obligaciones los unos con los otros que van más allá de los deberes que tienen con las demás personas del mundo? Y si es así, ¿pueden basarse esas obligaciones solo en el consentimiento?

Jean-Jacques Rousseau, ardiente defensor del patriotismo, sostiene que el apego y las identidades comunitarias son complementos necesarios de nuestra humanidad universal. «Parece que el sentimiento de humanidad se evapora y debilita en cuanto se extiende al mundo entero, y que no nos afectarían las calamidades de Tartaria o Japón como las de un pueblo de Europa. Hay que acotar y comprimir en cierta manera el interés y la conmiseración para que sean activos.» El patriotismo, propone, es un principio limitador que intensifica el sentimiento de compañerismo: «... es bueno que la humanidad concentrada en los conciudadanos tome en ellos nuevas fuerzas gracias al hábito de verse y al interés común que les une».[48] Pero si los conciudadanos están ligados por lazos de lealtad y comunidad, querrá decir que se deben más los unos a los otros que a los de fuera.

> ¿Queremos que los pueblos sean virtuosos? Empecemos por hacer que amen a la patria. Pero ¿cómo van a amarla, si la patria no es para ellos más de lo que es para los extranjeros y si ella solo les reconoce lo que no puede negar a nadie?[49]

Los países dan más a su pueblo que a los extranjeros. Los ciudadanos de Estados Unidos, por ejemplo, pueden optar a muchas prestaciones públicas —la educación pública, el seguro de desempleo, la formación profesional, las pensiones de la Seguridad Social, Medicare (la sanidad para jubilados), cupones de alimentos, etc.— y los extranjeros no. A quienes se oponen a una política de inmigración más generosa les preocupa que los recién llegados se beneficien de los programas sociales que pagan los contribuyentes estadounidenses. Pero esto lleva a preguntarse por qué los contribuyentes estadounidenses son más responsables de sus conciudadanos necesitados que de quienes viven en otras partes.

A algunos les desagrada toda forma de asistencia pública y querrían reducir el Estado del bienestar. Otros creen que deberíamos ser más generosos a la hora de prestar ayuda a los países en vías de desarrollo. Pero casi todo el mundo distingue entre el Estado del bienestar y la ayuda exterior. Y la mayoría acepta que tenemos una responsabilidad especial de satisfacer las necesidades de nuestros conciudadanos que no se extiende a todo el que viva en el mundo. Esta distinción, ¿es moralmente defendible o es un mero favoritismo, un prejuicio a favor de los que son de la misma cepa? ¿Cuál es, realmente, el significado moral de las fronteras nacionales? En lo que se refiere a la pura necesidad, los mil millones de personas que viven en el mundo con menos de un dólar al día están peor que nuestros pobres.

El Paso, de Texas, y Juárez, de México, son dos ciudades contiguas, separadas por el Río Grande. Un niño que nazca en El Paso podrá disfrutar de todos los beneficios sociales y económicos del Estado del bienestar estadounidense y tendrá derecho a buscar en su día un puesto de trabajo en cualquier parte de Estados Unidos. Un niño que nazca al otro lado del río no tendrá derecho a nada de eso. Tampoco tendrá derecho a cruzar el río. Aunque no será por razones atribuibles al uno o al otro, lo que les esperará en la vida a los dos niños será muy diferente por el mero hecho de haber nacido donde han nacido.

La desigualdad de las naciones complica la defensa de la primacía de la comunidad nacional. Si todos los países tuviesen una riqueza comparable y si todas las personas fuesen ciudadanas de un país o de otro, la obligación de atender en especial a la propia gente no plantearía problemas, al menos no desde el punto de vista de la justicia. Pero en un mundo con vastas disparidades entre los países ricos y los pobres, lo que la comunidad demanda puede entrar en tensión con lo que demanda la igualdad. La explosiva cuestión de la inmigración refleja esa tensión.

Patrullas fronterizas

La reforma de la inmigración es un campo de minas político. Solo hay, casi, un aspecto de la política de inmigración que concite un apoyo político amplio: fortalecer la frontera de Estados Unidos para limitar el flujo ilegal de inmigrantes. Los sheriffs de Texas inventaron hace poco un nuevo uso de internet que les sirve para vigilar la frontera. Instalaron cámaras de vídeo en lugares por los que se sabe que se cruza ilegalmente la frontera e hicieron que sus imágenes se pudiesen ver en directo en un sitio de la red. Los ciudadanos que quieran ayudar a vigilar la frontera pueden entrar en esa página y hacer de «ayudantes de policía virtuales de Texas». Cuando ven que alguien cruza la frontera, envían un informe a la oficina del sheriff, que actúa en consecuencia, a veces con la ayuda de la policía de fronteras de Estados Unidos.

Cuando oí en la Radio Pública Nacional hablar de ese sitio de la red, me pregunté qué podía mover a alguien a sentarse ante la pantalla de su ordenador y quedarse mirándola. Debe de ser una tarea bastante tediosa, con largos períodos de inactividad y sin remuneración alguna. El periodista entrevistó a un camionero del sur de Texas, una de las decenas de miles de personas que se han inscrito. Tras un largo día de trabajo, el camionero «llega a casa, sienta su metro noventa y cinco y sus cien kilos ante el ordenador, abre un Red Bull [...] y se pone a proteger a su país». «¿Por qué lo hace?», le preguntó el periodista. «Me hace sentir algo dentro —contestó el camionero—, como que estoy haciendo algo por que se cumpla la ley y por nuestro país.»[50]

Quizá sea una expresión de patriotismo un tanto extraña, pero remite a una pregunta de importancia básica en el debate sobre la inmigración: ¿qué justificación puede tener que las naciones impidan a los extranjeros incorporarse a ellas?

El mejor argumento en favor de limitar la inmigración es comunitario. Como escribe Michael Walzer, la potestad de regular las condiciones de la adscripción, de establecer las cláusulas de admisión y exclusión, «está en la raíz de la independencia comunitaria». Si no, «no podría haber *comunidades de carácter*, estables históricamente, asociaciones que se prolongan en el tiempo de hombres y mujeres con cierto compromiso especial entre sí y cierta sensación especial de una vida en común».[51]

Sin embargo, en las naciones ricas las políticas de inmigración restrictivas sirven también para proteger privilegios. Muchos estadounidenses se temen que si se permitiese que inmigrara a Estados Unidos un número mayor de mexicanos, los servicios sociales se sobrecargarían y se reduciría el bienestar económico de quienes hoy son ciudadanos. No está claro que ese temor esté justificado. Pero supongamos, por mor del argumento, que la inmigración libre redujese el nivel de vida estadounidense. ¿Sería una razón suficiente para restringirla? Solo si usted cree que los nacidos en el lado rico del Río Grande tienen derecho a su buena suerte. Pero como el accidente de dónde se haya nacido no es fundamento para un derecho, cuesta ver cómo se podrían justificar las restricciones a la inmigración por la razón de que preservan la prosperidad.

Un argumento más poderoso para limitar la inmigración es el de que así se protegen los puestos de trabajo y niveles salariales de los trabajadores estadounidenses poco cualificados, los más vulnerables cuando entra un flujo de inmigrantes dispuestos a trabajar por menos. Pero este argumento nos devuelve al problema que intentamos resolver: ¿por qué debemos proteger a nuestros trabajadores más vulnerables si ello significa negar oportunidades de trabajo a gentes que vienen de México y están todavía peor?

Desde el punto de vista de la ayuda a los más desfavorecidos, cabe argumentar en favor de la inmigración libre. Y, sin embargo, incluso quienes simpatizan con el igualitarismo vacilan antes de aceptarla.[52] Esta renuencia, ¿tiene algún fundamento moral? Sí, pero solo si se admite que tenemos una obligación especial hacia el bienestar de nuestros conciudadanos en virtud de la vida en común y de la historia que compartimos. Y eso a su vez depende de que se acepte una concepción narrativa de en qué consiste ser persona, según la cual nuestra identidad como agentes morales está ligada a las comunidades en que vivimos. Como escribe Walzer: «Solo si el sentimiento patriótico tiene algún fundamento moral, solo si la cohesión comunitaria conduce a obligaciones y significados compartidos, solo si hay miembros y hay extraños, tendrán alguna razón las autoridades del Estado para ocuparse en especial del bienestar de su propio pueblo […] y del éxito de su propia cultura y su propia política».[53]

¿Es injusto «comprar americano»?

La inmigración no es la única forma en que los puestos de trabajo de los estadounidenses pueden ir a parar a gente de fuera. En estos días, el capital y las mercancías cruzan las fronteras nacionales con mayor facilidad que las personas. Esa circulación también suscita cuestiones acerca de la condición moral del patriotismo. Piénsese en el conocido lema «compra americano». ¿Es patriótico comprarse un Ford en vez de un Toyota? Como los coches y otros bienes fabricados se producen cada vez más por medio de cadenas de suministros globales, cada día resulta más difícil saber qué quiere decir que un coche está fabricado en Estados Unidos. Pero supongamos que podemos saber qué productos crean puestos de trabajo para estadounidenses. ¿Es una buena razón para comprarlos? ¿Por qué debe interesarnos más la creación de puestos de trabajo para los trabajadores estadounidenses que para los japoneses, los indios o los chinos?

A principios de 2009, el Congreso de Estados Unidos aprobó y el presidente Obama firmó un plan de estímulo económico por 787.000 millones de dólares. La ley contenía un requisito: que las obras públicas costeadas por el plan —carreteras, puentes, escuelas y edificios públicos— usasen hierro y acero fabricados en Estados Unidos. «Es natural que, cuando sea posible, intentemos estimular nuestra economía en vez de la de otros países», explicó el senador Byron Dorgan, demócrata de Dakota del Norte y defensor de la cláusula de «comprar americano».[54] Los que se oponían a la cláusula temían que desencadenase represalias contra los productos americanos por parte de otros países, lo que empeoraría la crisis económica y acabaría costando puestos de trabajo en Estados Unidos.[55] Pero nadie puso en entredicho la premisa de que el propósito del estímulo era crear puestos de trabajo en Estados Unidos y no en ultramar. Esta premisa encontraba viva expresión en la palabra que los economistas empezaron a usar para describir el riesgo de que el gasto federal estadounidense pagase puestos de trabajo afuera: *fuga*. Un artículo de portada de *Business Week* se centraba en ese problema de la fuga: «¿Qué parte del mastodóntico estímulo fiscal de Obama se "fugará" y creará puestos de trabajo en China, Alemania o México en vez de en Estados Unidos?».[56]

En una época en que los trabajadores se quedan en todas partes en paro, es comprensible que los políticos estadounidenses tengan como prioridad la protección de los puestos de trabajo en Estados Unidos. Pero que se hable de fugas nos devuelve a la condición moral del patriotismo. Cuando se adopta exclusivamente el punto de vista de la necesidad, cuesta defender que se ayude a los desempleados de Estados Unidos antes que a los trabajadores chinos. Y, sin embargo, pocos le pondrán un pero a la idea de que los estadounidenses tienen una obligación especial de ayudar a sus conciudadanos a que salgan adelante en tiempos difíciles.

Es difícil explicar esa obligación remitiéndose al consentimiento. Yo no he acordado nunca que se ayude a los trabajadores del metal de Indiana o a los trabajadores agrícolas de California. Algunos dirían que lo he acordado implícitamente; ya que me beneficio del complejo entramado de interdependencias de una economía nacional, tengo una obligación de reciprocidad con los demás que participan de esa economía, aunque no los conozca de nada, aunque nunca haya intercambiado realmente ningún bien o servicio con la mayor parte de ellos. Si intentásemos seguir la larga madeja de intercambios económicos del mundo contemporáneo, seguramente nos encontraríamos con que no dependemos menos de quienes viven en el otro lado del mundo que de quienes viven en Indiana.

Por lo tanto, si usted cree que el patriotismo tiene un fundamento moral, si usted cree que tiene responsabilidades especiales con el bienestar de sus conciudadanos, deberá aceptar la tercera categoría de obligaciones: las obligaciones de la solidaridad, o de ser parte de algo, que no se pueden reducir a un consentimiento.

La solidaridad con los congéneres, ¿es un prejuicio?

Claro está, no todo el mundo acepta que tengamos obligaciones especiales con nuestra familia, nuestros camaradas o nuestros conciudadanos. Algunos sostienen que las llamadas obligaciones de la solidaridad son en realidad meros ejemplos de egoísmo colectivo, un prejuicio a favor de los congéneres. Quienes hacen esta crítica reconocen que de ordinario nos preocupamos más por la familia, los amigos y los compañeros que por los demás. Pero, se preguntan, ¿no es ese preocuparse con creces por la propia gente una actitud localista, una introversión que deberíamos superar en vez de valorarla en el nombre del patriotismo y de la fraternidad?

No, no necesariamente. Las obligaciones de la solidaridad y de ser parte de algo apuntan tanto hacia fuera como hacia dentro. Algunas de las responsabilidades especiales que dimanan de las comunidades donde en particular habito puede que las tenga ante quienes son miembros de ellas como yo. Pero otras las tengo ante aquellos con los que la historia de mi comunidad ha sido moralmente insufrible, como ocurre con la relación de los alemanes con los judíos y de los estadounidenses blancos con los afroamericanos. Las peticiones de perdón y las reparaciones colectivas por las injusticias históricas son buenos ejemplos del modo en que la solidaridad puede crear responsabilidades morales hacia comunidades que no son la mía. Enmendar las malas acciones que mi país cometió en el pasado es una manera de reafirmar mi vinculación con él.

A veces la solidaridad puede darnos razones especiales para criticar a nuestra propia gente o las acciones de nuestro gobierno. El patriotismo puede conducir al disenso. Consideremos, por ejemplo, dos razones distintas que llevaban a oponerse a la guerra de Vietnam y a protestar contra ella. Una era la creencia en que la guerra era injusta; la otra, la creencia en que era indigna de nosotros y contradictoria con lo que somos como pueblo. La primera razón podrán compartirla quienes se opongan a la guerra, sean quienes sean y vivan donde vivan. La segunda, en cambio, solo la pueden sentir y expresar los ciudadanos del país responsable de la guerra. Un sueco pudo oponerse a la guerra de Vietnam y considerarla injusta, pero solo a un estadounidense pudo avergonzarle.

El orgullo y la vergüenza son sentimientos morales que presuponen una identidad compartida. A los estadounidenses que viajan al extranjero puede resultarles embarazoso el comportamiento grosero de unos turistas americanos aunque no los conozcan personalmente. A quienes no sean estadounidenses quizá les parezca también poco decoroso ese mismo comportamiento, pero no podrá resultarles embarazoso.

La facultad de sentir orgullo y vergüenza por los actos de los parientes y de los conciudadanos guarda relación con la facultad de sentir una responsabilidad colectiva. Ambas requieren que se vea que lo que uno mismo es tiene una situación, que está sometido a las exigencias de lazos morales que no ha escogido, que forma parte de las narraciones que moldean nuestra identidad en cuanto agentes morales.

Dada la estrecha conexión entre una ética del orgullo y la vergüenza y una ética de la responsabilidad colectiva, es desconcertante que los políticamente conservadores rechacen por razones individualistas las peticiones colectivas de perdón (como hicieron Henry Hyde, John Howard y otros mencionados anteriormente). Cuando se insiste en que, como individuos, somos responsables solo de lo que nosotros mismos hayamos elegido y hecho, resulta difícil que se pueda sentir orgullo por la historia y las tradiciones del propio país. Cualquiera, en cualquier parte, podrá admirar la Declaración de Independencia, la Constitución, el discurso de Lincoln en Gettysburg, los caídos a los que se honra en el Cementerio Nacional de Arlington, etcétera. Pero el orgullo patriótico requiere que se sienta que se pertenece a una comunidad que se extiende en el tiempo.

Con el sentimiento de ser parte de la comunidad viene la responsabilidad. No podrá sentirse realmente orgulloso de su país y de su pasado si no está dispuesto a reconocer responsabilidad alguna en proyectar su historia hasta el presente y descargar el fardo moral que pueda arrastrar consigo.

La lealtad, ¿puede imponerse a los principios morales universales?

En la mayor parte de los casos que hemos considerado, lo que la solidaridad demanda parece que complementa los derechos naturales o los derechos humanos; no rivaliza con ellos. Podría sostenerse, pues, que estos casos ponen de manifiesto algo que los filósofos liberales reconocen gustosamente: mientras no violemos los derechos de nadie, podremos cumplir con el deber general de ayudar a los demás ayudando a quienes tenemos más a mano, los parientes o los conciudadanos. No hay nada de malo en que un padre rescate a su hijo en vez de al hijo de otro, con tal de que no atropelle al hijo de un desconocido de camino a rescatar al suyo. De modo semejante, no hay nada de malo en que un país rico cree un Estado del bienestar generoso con sus ciudadanos con tal de que respete los derechos humanos de las personas de otras partes. Las obligaciones de la solidaridad son criticables solo si nos conducen a violar un derecho natural.

Pero si la concepción narrativa de la persona es correcta, las obligaciones de la solidaridad pueden ser más exigentes de lo que se desprende de la liberal, tanto que hasta rivalicen con los derechos naturales.

Robert E. Lee

Pensemos en Robert E. Lee, comandante en jefe del ejército confederado. Antes de la guerra civil, Lee era oficial del ejército de la Unión. Se opuso a la secesión; más aún: la consideró una traición. Cuando la guerra se avecinaba, el presidente Lincoln le pidió que dirigiese las fuerzas de la Unión. Lee rehusó. Había llegado a la conclusión de que sus obligaciones con Virginia pesaban más que sus obligaciones con la Unión y que la postura que mantenía contra la esclavitud. Explicó su decisión en una carta a sus hijos:

> Pese a toda mi devoción por la Unión, no he sido capaz de hacerme a la idea de levantar la mano contra mis parientes, mis hijos, mi casa. [...] Si la Unión se disuelve y el gobierno se desmorona, volveré a mi estado natal y compartiré las miserias de los míos. Salvo en su defensa, no empuñaré más la espada.[57]

Como el piloto de la Resistencia francesa, Lee no podía concebir que tuviese que hacer daño a sus parientes, a sus hijos, a su casa. Pero su lealtad fue aún más lejos, hasta el punto de dirigir a su gente en una causa a la que se oponía.

Como la causa de la Confederación no solo incluía la secesión, sino la esclavitud, cuesta defender la decisión de Lee. Con todo, cuesta también no admirar la lealtad que dio lugar a ese dilema. Pero ¿por qué debemos admirar la lealtad a una causa injusta? Es muy posible que usted se pregunte si a la lealtad, en semejantes circunstancias, se le debe dar peso moral alguno. ¿Por qué, se preguntará usted quizá, es la lealtad una virtud y no un mero sentimiento, una sensación, una atracción emocional que nubla nuestro juicio moral y estorba el hacer lo que se debe?

Esta es la razón: a menos que nos tomemos la lealtad en serio, como una exigencia con relevancia moral, no podremos entender el dilema de Lee como un dilema moral en absoluto. Si la lealtad es un sentimiento sin auténtico peso moral, el dilema de Lee será solo un conflicto entre la moralidad y un mero sentimiento o prejuicio. Pero si lo concebimos de esa manera, malinterpretaremos lo que moralmente está en juego.[58]

La lectura exclusivamente psicológica del dilema de Lee deja escapar el hecho de que no solo simpatizamos con personas como él, sino que las admiramos, no necesariamente por lo que deciden hacer, sino por la calidad de su carácter, reflejada en lo consciente que es su actuación. Lo que admiramos es la disposición a ver y padecer las circunstancias de la propia vida como un ser que reflexivamente tiene una situación, un ser al que reclama una historia que le implica en una vida particular, pero que es consciente de esa particularidad de su condición y, por ello, está abierto a otros llamados y horizontes más amplios. Tener carácter es vivir reconociendo las propias ataduras, a veces contradictorias.

Los que velan por sus hermanos I: Los hermanos Bulger

Una piedra de toque más reciente del peso moral de la lealtad la ofrecen dos historias de hermanos: la primera es la de William y James «Whitey» Bulger. Bill y Whitey se criaron en una familia de nueve hermanos en un complejo de viviendas sociales del sur de Boston. Bill era un estudiante concienzudo; se leyó los clásicos y se licenció en Derecho en el Boston College. Su hermano mayor, Whitey, abandonó los estudios sin haber acabado el bachillerato y se pasaba el tiempo en las calles cometiendo hurtos y otros delitos.

Ambos llegaron al poder en sus respectivos mundos. William Bulger se dedicó a la política, llegó a presidir el Senado del estado de Massachusetts (1978-1996) y fue luego el rector de la Universidad de Massachusetts durante siete años. Whitey pasó tiempo en una prisión federal por robo a bancos y luego se convertiría en el jefe de la despiadada banda de Winter Hill, un grupo criminal organizado que controlaba en Boston la extorsión, el tráfico de drogas y otras actividades ilegales. Acusado de haber cometido diecinueve asesinatos, se escapó en 1995 para que no lo arrestasen. Todavía sigue desaparecido y es uno de los «diez más buscados» del FBI.[59]

Aunque William Bulger hablaba con su hermano fugitivo por teléfono, decía que no sabía cuál era su paradero y se negó a colaborar con las autoridades para que lo encontrasen. Cuando testificó ante un gran jurado en 2001, un fiscal federal le conminó sin éxito a que aportase información sobre su hermano: «Así que, para ser claros, ¿usted siente más lealtad hacia su hermano que hacia el pueblo del estado de Massachusetts?».

«Nunca lo he visto de ese modo —contestó Bulger—. Pero soy francamente leal a mi hermano y me preocupo por él. [...] Tengo la esperanza de que nunca ayudaré a nadie en contra suya. [...] No tengo obligación alguna de ayudar a nadie a que lo capture.»[60]

En los bares del sur de Boston, los clientes expresaban su admiración por la lealtad de Bulger. «No le culpo por no decir nada de su hermano —le decía un vecino de allí al periódico *Boston Globe*—. Los hermanos son los hermanos. ¿Va uno a cantar sobre su propia familia?»[61] Editorialistas e informadores eran más críticos. «En vez de seguir el buen camino —escribía un columnista—, prefirió la ley de la calle.»[62] Bulger, ante la presión pública que se ejercía sobre él por haberse negado a ayudar en la búsqueda de su hermano, dimitió como rector de la Universidad de Massachusetts en 2003, si bien no se le acusó de obstruir la investigación.[63]

En la mayor parte de las circunstancias, se debe ayudar a que se lleve a un sospechoso ante la justicia. La lealtad familiar, ¿puede imponerse a este deber? William Bulger parece que pensaba que sí.

Pero unos años antes, otro personaje con un hermano desviado tomó una decisión diferente.

Los que velan por sus hermanos II: Unabomber

Durante más de diecisiete años, las autoridades estadounidenses intentaron dar con el terrorista nacional que envió varios paquetes bomba y mató a tres personas e hirió a veintitrés. Como se los mandaba a científicos y otros universitarios, se le llamó Unabomber. Para explicar la razón de que actuase de esa manera, colgó un manifiesto antitecnológico de treinta y cinco mil palabras en internet y prometió que dejaría de mandar bombas si el *New York Times* y el *Washington Post* lo publicaban, cosa que hicieron.[64]

Cuando David Kaczynski, un asistente social de Schenectady, Nueva York, que por entonces tenía cuarenta y seis años, leyó el manifiesto, le resultó misteriosamente familiar. Había frases y opiniones que le recordaban mucho a las de su hermano mayor, Ted, de cincuenta y cuatro años, matemático formado en Harvard que se había convertido en ermitaño. Ted despreciaba la civilización industrial moderna y vivía en una cabaña en Montana. Hacía diez años que David no lo veía.[65]

Tras una gran agonía, David informó en 1996 al FBI de su sospecha de que Unabomber era su hermano. Agentes federales vigilaron la cabaña de Ted Kaczynski y lo arrestaron. Aunque a David se le dio a entender que los fiscales no pedirían la pena de muerte, lo hicieron. La idea de que quizá había llevado a su hermano a la muerte le atormentaba. Al final, los fiscales permitieron que Ted Kaczynski se declarase culpable a cambio de la cadena perpetua sin libertad condicional.[66]

Ted Kaczynski se negó a reconocer a su hermano en el juicio y en el manuscrito de un libro que escribió en prisión le llamaba «otro Judas Iscariote».[67] David Kaczynski intentó reconstruir su vida, indeleblemente marcada por lo sucedido. Tras esforzarse en librar a su hermano de la pena de muerte, se convirtió en portavoz de un grupo opuesto a la pena de muerte. «Se supone que los hermanos han de protegerse entre sí —dijo ante un público al que describía su dilema—, y hete aquí que lo mismo estaba mandando al mío a la muerte.»[68] Aceptó la recompensa de un millón de dólares que ofrecía el Departamento de Justicia a quien ayudase a prender a Unabomber, pero donó la mayor parte a las familias de los asesinados y heridos por su hermano. Y en nombre de la suya, pidió perdón por los crímenes de su hermano.[69]

¿Qué cabe pensar de cómo actuaron William Bulger y David Kaczynski con sus hermanos? Para Bulger, la lealtad familiar podía más que el deber de llevar un criminal ante la justicia; para Kaczynski, fue al revés. Quizá haya una diferencia moral en que el hermano al que no se encuentra siga suponiendo una amenaza. Parece que eso contó mucho para David Kaczynski. «Supongo que cabe decir que me sentía obligado. Que muriera otra persona cuando yo tenía la posibilidad de impedirlo... no podía vivir con esa idea.»[70]

Juzgue como juzgue las decisiones que tomaron estos hermanos, cuesta leer ambas historias sin llegar a la siguiente conclusión: los dilemas que tuvieron que encarar solo pueden entenderse como dilemas morales si se acepta que las exigencias de la lealtad y la solidaridad pueden contrapesar otras exigencias morales, incluido el deber de llevar los criminales ante la justicia. Si todas nuestras obligaciones se fundamentasen en el consentimiento o en deberes universales ante las personas en cuanto tales, costaría explicar estas encrucijadas fraternas.

La justicia y la vida buena

Hemos estado viendo una variedad de ejemplos con los que se pretendía poner en entredicho la idea, ligada a la de contrato, de que somos nosotros mismos los autores de las únicas obligaciones morales que nos atan: las peticiones de perdón y las reparaciones públicas; la responsabilidad colectiva por las injusticias históricas; las responsabilidades especiales de los miembros de una familia y de los conciudadanos entre sí; la solidaridad con los compañeros; la vinculación con la localidad, la comunidad o el país de uno; el patriotismo; el orgullo y la vergüenza por la propia nación o la propia gente; las lealtades fraternas y filiales. Las exigencias de la solidaridad que hemos visto en los ejemplos precedentes son rasgos de nuestra experiencia moral y política que nos resultan familiares. Sería difícil vivir, o dar sentido a nuestra vida, sin ellas. Pero no es menos difícil dar razón de ellas en el lenguaje del individualismo moral. Una ética del consentimiento no las capta. De ahí les viene a esas exigencias, al menos en parte, su fuerza moral. Se alimentan de nuestras ataduras. Reflejan nuestra naturaleza de seres que cuentan historias, de seres que hasta en sí mismos tienen una situación específica.

¿Qué tiene todo esto que ver, se preguntará, con la justicia? Para responder, recordemos las cuestiones que nos llevaron por este camino. Hemos intentado determinar si todos nuestros deberes y obligaciones se remontan a un acto de la voluntad o a una elección. He sostenido que no puede ser así; las obligaciones de la solidaridad o la adscripción nos plantean exigencias que no están relacionadas con una elección, sino que dimanan de razones ligadas a las narraciones con las que interpretamos nuestras vidas y las comunidades en que vivimos.

¿Qué está de verdad en juego en este debate entre la formulación narrativa de la capacidad de actuar en el orden moral y la que pone en primer plano el papel de la voluntad y del consentimiento? Una cuestión en juego es la de cómo se concibe la libertad humana. Al ponderar los ejemplos que pretendían ilustrar las obligaciones de la solidaridad y de la adscripción, quizá usted se haya resistido a ellos. Si usted es como muchos de mis alumnos, seguramente le habrá disgustado la idea, o habrá desconfiado de ella, de que estamos atados por lazos morales que no hemos escogido. Ese desagrado quizá le conduzca a rechazar las pretensiones del patriotismo, de la solidaridad, de la responsabilidad colectiva y demás responsabilidades por el estilo; o las habrá reformulado de modo que surjan de alguna forma de consentimiento. Tienta rechazar o reformular esas exigencias para que así no estorben a una idea de la libertad que nos es familiar, la idea de que no nos ata lazo moral alguno que no hayamos escogido, de que ser libre es ser el autor de las únicas obligaciones que nos constriñen.

Estoy intentando dar a entender, con esos ejemplos y otros que hemos visto a lo largo del libro, que esa concepción de la libertad es deficiente. Pero la libertad no es lo único que está en juego aquí. También lo está la manera en que hayamos de concebir la justicia.

Recuerde las dos formas de concebir la justicia que hemos tenido en cuenta. Para Kant y Rawls, lo que es debido precede a qué se tenga por un bien. Los principios de la justicia que definen nuestros deberes y derechos han de ser neutrales con respecto a las diversas y contrapuestas maneras de concebir la vida buena. Para llegar a la ley moral, sostiene Kant, debemos abstraernos de nuestros intereses y fines contingentes. Para deliberar sobre la justicia, mantiene Rawls, debemos dejar aparte nuestras metas, apegos y maneras particulares de concebir qué cuenta como un bien. Ese es el motivo de que se conciba la justicia tras el velo de la ignorancia.

Esta manera de concebir la justicia choca con la de Aristóteles, quien no creía que los principios de la justicia puedan o deban ser neutrales con respecto a la vida buena. Muy al contrario, mantiene que uno de los propósitos de una constitución justa es formar buenos ciudadanos y cultivar un carácter bueno. No cree que sea posible deliberar sobre la justicia sin deliberar sobre el significado de los bienes —cargos, honores, derechos y oportunidades— que la sociedad asigna.

Una de las razones por las que Kant y Rawls rechazan la manera de pensar en la justicia propuesta por Aristóteles es que no les parece que deje lugar para la libertad. Una constitución que intente cultivar el carácter bueno o que haga suya una concepción particular de qué cuenta como un bien corre el riesgo de imponer a algunos los valores de otros. No respeta a la persona en cuanto ser que en sí mismo es libre e independiente, capaz de escoger sus fines.

Si Kant y Rawls tienen razón en concebir la libertad de esa forma, también la tendrán en lo que se refiere a la justicia. Si cada uno es en sí mismo independiente y capaz de elegir libremente, sin ataduras morales que precedan a lo que elija, necesitaremos un marco de derechos que sea neutral con respecto a los fines. Si lo que uno es en sí mismo precede a sus fines, lo que es debido tendrá que preceder a lo que se tenga por un bien.

Si, en cambio, resulta más persuasiva la concepción narrativa de la capacidad de actuar en el orden moral, merecerá seguramente la pena reconsiderar la manera de concebir la justicia propuesta por Aristóteles. Si deliberar sobre lo que es un bien para mí implica reflexionar sobre lo que es un bien para las comunidades a las que mi identidad está ligada, la aspiración a la neutralidad quizá sea un error. Quizá no sea posible, ni siquiera deseable, deliberar sobre la justicia sin deliberar sobre la vida buena.

La perspectiva de introducir formas concretas de concebir la vida buena en el discurso público sobre la justicia y los derechos quizá le resulte muy poco atractiva, temible incluso. Al fin y al cabo, en las sociedades pluralistas las personas discrepan acerca de cuál es la mejor manera de vivir. La teoría política liberal nació de un intento de ahorrarles a la política y el derecho los embrollos de las controversias morales y religiosas. Las filosofías de Kant y Rawls representan la expresión más plena y clara de esa ambición.

Pero tal ambición no puede llegar a realizarse. No se puede debatir sobre muchos de los problemas de justicia y de derechos por los que más ardientemente se discute sin abordar cuestiones morales y religiosas sujetas a polémica. Para decidir cómo se definen los derechos y los deberes de los ciudadanos, no siempre es posible dejar aparte las maneras contrapuestas de concebir la vida buena. Y cuando es posible, quizá no sea deseable.

Puede que parezca que pedir a los ciudadanos democráticos que dejen sus convicciones morales y religiosas a un lado cuando entran en la esfera pública es una forma de garantizar la tolerancia y el respeto mutuo. En la práctica, sin embargo, lo cierto puede ser lo contrario. Decidir sobre importantes cuestiones públicas pretendiendo una neutralidad inasequible es una receta para el resentimiento y las reacciones viscerales en sentido contrario. Una política vaciada de un compromiso moral sustantivo conduce a una vida civil empobrecida. Además, brinda una invitación a los moralismos estrechos de miras e intolerantes. Los fundamentalistas vuelan donde los liberales no osan ni pisar.

Si al debatir sobre la justicia hemos de enredarnos inevitablemente en cuestiones morales sustantivas, habrá aún que ver cómo procederían los debates así conformados. ¿Es posible razonar en público sobre qué debe tenerse por un bien sin caer en las guerras de religión? ¿Cómo sería una conversación pública más comprometida moralmente y en qué se diferenciaría del tipo de argumentación política al que nos hemos acostumbrado? No se trata de cuestiones meramente filosóficas. Se encuentran en la raíz misma de todo intento de dar nuevo vigor al discurso político y de renovar nuestra vida civil.

10

La justicia y el bien común

El 12 de septiembre de 1960, John F. Kennedy, el candidato demócrata a la presidencia, dio un discurso en Houston, Texas, sobre el papel de la religión en la política. La «cuestión religiosa» había estado asediando su campaña. Kennedy era católico, y nunca se había elegido presidente a un católico. Algunos votantes albergaban un callado prejuicio; otros expresaban el miedo de que Kennedy se sometiese al Vaticano en el desempeño de su cargo o que impusiese la doctrina católica en las decisiones públicas.[1] Con la esperanza de calmar esos miedos, aceptó hablar ante una reunión de pastores protestantes sobre el papel que la religión en que creía representaría en su presidencia en caso de que fuera elegido. Su respuesta era bien simple: ninguno. La fe religiosa era un asunto privado y no tendría ningún peso en sus responsabilidades públicas.

«Creo en un presidente cuyas opiniones religiosas sean un asunto privado —afirmó—. Sean cuales sean las cuestiones que puedan llegar ante mí como presidente (el control de la natalidad, el divorcio, la censura, el juego o cualquier otro problema), tomaré mi decisión [...] de acuerdo con lo que mi conciencia me diga que es el interés nacional y sin prestar consideración a presiones o dictados externos de índole religiosa.»[2]

Kennedy no dijo si su conciencia no podía acaso estar moldeada por sus convicciones religiosas y, si lo estaba, de qué forma. Pero parecía dar a entender que sus creencias acerca del interés nacional tenían poco o nada que ver con la religión, que él asociaba a «presiones o dictados externos». Quiso dejarles claro a los pastores protestantes, y al pueblo americano, que podían estar seguros de que no impondría sus creencias religiosas, cualesquiera que fuesen.

Por lo común, se consideró que el discurso fue un éxito político. Kennedy acabó ganando la presidencia. Theodore H. White, el gran cronista de las campañas presidenciales, alabó el discurso porque definía «la doctrina personal de un católico moderno en una sociedad democrática».[3]

Cuarenta y seis años después, el 28 de junio de 2006, Barack Obama, que pronto se convertiría en candidato a la nominación a la presidencia por su partido, dio un discurso muy diferente sobre el papel de la religión en la política. Primero recordó cómo había abordado la cuestión religiosa en su campaña al Senado de Estados Unidos dos años antes. El contrincante de Obama, un conservador religioso bastante estridente, había atacado el apoyo de Obama a los derechos de los gays y al derecho a abortar afirmando que Obama no era un buen cristiano y que Jesucristo no habría votado por él.

«Le respondí con la que ha venido a ser la respuesta liberal típica en debates así —recordó Obama—. Le dije que vivíamos en una sociedad pluralista y que yo no podía imponer mis opiniones religiosas a otros, que estaba haciendo campaña para ser el senador de Illinois y no el pastor de Illinois.»[4]

Aunque ganó fácilmente la elección al Senado, Obama pensaba ahora que su respuesta fue inadecuada, que «no recogía adecuadamente el papel que la fe ha tenido de guía de mis valores y mis creencias».[5]

A continuación describió su fe cristiana y defendió la relevancia de la religión en el debate político. Era un error, pensaba, que los progresistas abandonasen «el terreno del discurso religioso» en la política. «La incomodidad que sienten algunos progresistas ante el menor atisbo de religión nos ha impedido a menudo abordar con eficiencia los problemas en términos morales.» Si los progresistas, al expresarse políticamente, prescinden de todo contenido religioso, «renunciarán a las imágenes y la terminología por medio de las cuales millones de americanos entienden tanto su moral personal como la justicia social».[6]

La religión no era solo una fuente de sonora retórica política. La solución a ciertos problemas sociales requería una transformación moral. «El miedo a que parezca que "hablamos como un cura" puede [...] llevarnos a olvidar el papel que los valores y la cultura desempeñan en algunos de nuestros problemas sociales más urgentes», dijo Obama. Encarar problemas como «la pobreza y el racismo, o que haya quienes no tienen seguro médico o un trabajo», requerirá «que cambiemos en nuestro corazón y en nuestra cabeza».[7] Fue un error, pues, haberse empeñado en que a las convicciones morales y religiosas no les toca ningún papel en la política y el derecho.

> Los laicistas se equivocan cuando les piden a los creyentes que dejen su religión en la puerta antes de entrar en la plaza pública. A Frederick Douglass, Abraham Lincoln, William Jennings Bryan, Dorothy Day, Martin Luther King —en realidad, a la mayoría de los grandes reformadores de la historia americana— no solo les movía la fe, sino que repetidamente usaban el lenguaje religioso para defender su causa. Así pues, decir que hombres y mujeres no deberían insertar su «moral personal» en los debates sobre asuntos públicos es absurdo en la práctica. Nuestras leyes son, por definición, una codificación de la moral, buena parte de la cual se fundamenta en la tradición judeocristiana.[8]

Muchos han señalado las semejanzas entre John F. Kennedy y Barack Obama. Ambos eran políticos jóvenes, elocuentes, inspiradores, cuya elección supuso el advenimiento de una nueva generación de líderes. Y ambos perseguían movilizar a los estadounidenses en una nueva era de compromiso cívico. Pero sus opiniones sobre el papel de la religión en la política no podían ser más diferentes.

La aspiración a la neutralidad

La manera en que Kennedy veía la religión, no como un asunto público, sino como uno privado, correspondía a algo más que la necesidad de desarmar el prejuicio anticatólico. Reflejaba una filosofía pública que llegaría a su plena expresión en los años sesenta y setenta, una filosofía que mantenía que el Estado tenía que ser neutral en las cuestiones morales y religiosas para que así los individuos pudieran ser libres de escoger su propia manera de concebir la vida buena.

Los dos grandes partidos políticos de Estados Unidos apelaban a la neutralidad, pero de modo distinto. Los republicanos, en términos generales, lo hacían en la política económica, mientras que los demócratas la aplicaban a las cuestiones sociales y culturales.[9] Los republicanos argüían en contra de la intervención del Estado en los mercados libres basándose en que los individuos deben ser libres de elegir económicamente lo que quieran y de gastar su dinero como les apetezca; que el gobierno gaste el dinero de los contribuyentes o regule la actividad económica para fines públicos equivalía a imponer, con el sello del Estado, una idea del bien común que no todos aceptaban. Las reducciones de impuestos eran preferibles al gasto del Estado, ya que daban a los individuos la libertad de decidir los fines que querían perseguir y cómo gastarse su dinero.

Los demócratas rechazaban la idea de que los mercados libres eran neutrales con respecto a los fines y defendían una intervención mayor del Estado en la economía. Pero cuando se trataba de cuestiones sociales y culturales, también ellos sacaban a colación la neutralidad. El Estado no debía «legislar sobre la moral» en lo que se refería al comportamiento sexual o las decisiones reproductivas, mantenían, ya que cuando lo hace impone a algunos las convicciones morales y religiosas de otros. En vez de restringir el aborto o las relaciones homosexuales, el Estado debía ser neutral en esas cuestiones morales que suscitaban fuertes emociones. Debía dejar a los individuos que escogiesen.

En 1971, John Rawls ofrecía con *Teoría de la justicia* una defensa filosófica de esa concepción liberal de la neutralidad que se trasluce en el discurso de Kennedy.[10] En los años ochenta, los críticos comunitaristas de la neutralidad liberal cuestionaron la premisa en que parecía basarse la teoría de Rawls: que lo que uno es en sí mismo carece de ataduras y tiene la capacidad de elegir libremente. Defendían no solo unas nociones de comunidad y solidaridad más fuertes, sino también una implicación pública más firme en las cuestiones morales y religiosas.[11]

En 1993, Rawls publicó un libro titulado *Liberalismo político* que remodelaba su teoría en algunos aspectos. Reconocía que las personas, en sus vidas privadas, a menudo tenían «afectos, devociones y lealtades que, creen, no dejarían aparte, más aún, que no podrían y no deberían dejar aparte. [...] Quizá les parezca sencillamente impensable la posibilidad de dejar aparte ciertas convicciones religiosas, filosóficas y morales, o ciertos apegos y lealtades duraderos».[12] Hasta ahí, Rawls aceptaba la posibilidad de que tenga un espesor, de que tenga ataduras morales lo que cada uno es en sí mismo. Pero seguía insistiendo en que esas lealtades y apegos no debían contar en nuestra identidad en cuanto ciudadanos. Al debatir sobre la justicia y los derechos, debemos dejar aparte nuestras convicciones morales y religiosas, y hemos de argumentar desde el punto de vista de «una concepción política de la persona», independiente de las lealtades, apegos o maneras de concebir la vida buena que se tengan personalmente.[13]

¿Por qué no debemos llevar nuestras convicciones morales y religiosas a la conversación pública sobre la justicia y los derechos? ¿Por qué hemos de separar nuestra identidad en cuanto ciudadanos de nuestra identidad en cuanto personas morales (en un sentido más amplio)? Rawls sostiene que debemos proceder así para respetar «el hecho de que existe [en el mundo moderno] un pluralismo razonable» en lo que se refiere a la vida buena. En las sociedades democráticas modernas se discrepa por cuestiones morales y religiosas; además, esas discrepancias son razonables. «No cabe esperar que personas conscientes, con pleno uso de su razón, aun tras una discusión libre, lleguen a la misma conclusión.»[14]

Según este argumento, la neutralidad liberal debe defenderse por la necesidad de la tolerancia ante el desacuerdo moral y religioso. «Qué juicios morales son verdaderos, una vez considerados todos los aspectos, no es asunto del que se ocupe el liberalismo político», escribe Rawls. Para mantener la imparcialidad entre doctrinas morales y religiosas contrapuestas, el liberalismo político no «encara las cuestiones morales que dividen a esas doctrinas».[15]

La exigencia de que separemos nuestra identidad de ciudadanos de nuestras convicciones morales y religiosas significa que, al implicarnos en la conversación pública sobre la justicia y los derechos, hemos de atenernos a los límites de la razón pública liberal. No solo no debe el Estado hacer suya ninguna concepción particular de lo bueno; ni siquiera los ciudadanos deben introducir sus convicciones religiosas y morales en el debate público sobre la libertad y los derechos,[16] pues si lo hacen, y sus argumentos prevalecen, estarán imponiendo a todos los efectos a sus conciudadanos una ley que se basa en una doctrina moral o religiosa particular.

¿Cómo podremos saber que la argumentación en nuestros debates públicos está a la altura de lo que la razón pública requiere, adecuadamente despojada de toda dependencia de puntos de vista morales o religiosos? Rawls sugiere un nuevo criterio para determinarlo. «Para comprobar que nos atenemos a la razón pública —escribe—, podríamos preguntarnos: ¿qué impresión nos causarían nuestros argumentos si se presentasen en la forma de una sentencia de un Tribunal Supremo?»[17] Como explica Rawls, esta comprobación es una manera de garantizar que nuestros argumentos son neutrales en el sentido que la razón pública liberal exige: «Los jueces del Tribunal Supremo no pueden, claro está, referirse a sus propios criterios morales, ni a los ideales y virtudes morales en general. Deberán tenerlos por irrelevantes. Igualmente, no pueden referirse a sus propios puntos de vista religiosos o filosóficos, o a los de otros».[18] Cuando participemos como ciudadanos en un debate público, deberíamos observar una contención semejante. Como los jueces del Tribunal Supremo, deberíamos dejar aparte nuestras convicciones morales o religiosas, y limitarnos a esgrimir argumentos de los que quepa esperar razonablemente que puedan ser aceptados por todos los ciudadanos.

Este es el ideal de neutralidad liberal que John Kennedy invocó y que Barack Obama rechazó. Desde los años sesenta hasta los ochenta, los demócratas fueron derivando hacia el ideal de la neutralidad; en muy buena medida suprimieron los argumentos morales y religiosos de su discurso político. Hubo algunas excepciones notables: Martin Luther King Jr. recurrió a argumentos morales y religiosos para promover la causa de los derechos civiles, el discurso moral y religioso dio impulso al movimiento contra la guerra de Vietnam, y Robert F. Kennedy, en pos de la nominación presidencial en 1968, intentó convocar a la nación para que adoptase ideales morales y cívicos más exigentes. Pero para los años setenta el centroizquierda había hecho suyo el lenguaje de la neutralidad y la elección, y cedió el discurso moral y religioso a la emergente derecha cristiana.

Con la elección de Reagan en 1980, los conservadores cristianos se convirtieron en una voz prominente de la política republicana. La Mayoría Moral de Jerry Falwell y la Coalición Cristiana de Pat Robertson perseguían vestir «la desnuda plaza pública»[19] y combatir la permisividad moral que le veían a la vida estadounidense. Apoyaban la oración en las escuelas, las exhibiciones de símbolos religiosos en lugares públicos y las restricciones legales a la pornografía, el aborto y la homosexualidad. Por su parte, los progresistas se oponían a esas medidas, pero no criticando los correspondientes juicios morales caso a caso, sino con el argumento de que los juicios morales y religiosos no tienen lugar en la política.

Esta manera de argumentar les vino bien a los cristianos conservadores y desprestigió a los progresistas. En los años noventa y a principios de la década siguiente, los progresistas sostuvieron, un tanto defensivamente, que también ellos estaban a favor de los «valores», y con esa palabra se referían por lo común a los valores de tolerancia, equidad y libertad de elección. (En un torpe intento de resultar más solemne, John Kerry, el candidato presidencial por el partido demócrata en 2004, se valió de las palabras *valor* y *valores* treinta y dos veces en su discurso de aceptación ante la Convención Demócrata.) Pero se trataba de los valores asociados a la neutralidad liberal y a las restricciones que la razón pública liberal impone. No conectaban con los anhelos morales y espirituales comunes en la calle ni respondían a la aspiración a una vida pública más preñada de significado.[20]

Al contrario que otros demócratas, Barack Obama comprendió esos anhelos y les dio voz política. Así, su política se apartaba del progresismo de sus días. La clave de su elocuencia no estribaba solo en que fuese hábil con las palabras, sino también en que su lenguaje político estaba impregnado de una dimensión moral y espiritual que apuntaba más allá de la neutralidad liberal.

> Cada día, parece, miles de americanos salen a su trasiego diario —dejar a los niños en el colegio, ir a la oficina, volar a una reunión de negocios, comprar en un centro comercial, seguir la dieta o intentarlo—, y a la vuelta comprenden que falta algo. Van llegando a la conclusión de que su trabajo, sus bienes, sus diversiones, su mero estar ocupados, no bastan. Quieren sentir que hay un propósito, que su vida sigue el hilo de una narración. [...] Si de verdad esperamos hablar a la gente allí donde se encuentra, comunicarles nuestras esperanzas y nuestros valores de modo que les resulten afines, no podremos, como progresistas, abandonar el terreno del discurso religioso.[21]

Que Obama dijese que los progresistas deben abrazar una forma de razón pública más abarcadora y más amistosa con la fe refleja un instinto políticamente sensato. También es una buena filosofía política. El intento de desligar los argumentos sobre la justicia y los derechos de los argumentos sobre la vida buena es un error por dos razones: en primer lugar, no siempre se pueden zanjar las cuestiones referentes a la justicia y a los derechos sin resolver cuestiones morales sustantivas; y en segundo lugar, incluso cuando es posible, puede que no sea deseable.

El debate del aborto y el de las células madre

Fijémonos en dos problemas de política familiar que no se pueden resolver sin tomar partido sobre una controversia moral y religiosa de fondo: el aborto y la investigación con células madre embrionarias. Algunos creen que habría que prohibir el aborto porque supone eliminar una vida humana inocente. Otros discrepan; sostienen que la ley no debe tomar partido en una controversia moral y teológica sobre el momento en que empieza la vida humana; como la condición del feto en desarrollo desde un punto de vista moral es un problema moral y religioso que despierta fuertes emociones, sostienen, el Estado debe ser neutral al respecto y dejar a las mujeres que decidan si van a abortar.

La segunda posición se corresponde con el bien conocido argumento liberal acerca del derecho a abortar. Dice que resuelve el problema del aborto basándose en la neutralidad y la libertad de elección, sin entrar en la controversia moral y religiosa. Pero no lo resuelve. Pues, si es cierto que el feto en desarrollo es moralmente equivalente a un niño, el aborto será moralmente equivalente al infanticidio. Y pocos sostendrán que el Estado tiene que dejar a los padres que decidan si van a matar o no a sus hijos. Así, la postura «a favor de la libertad de elección» en el debate del aborto no es en realidad neutral en lo tocante a la cuestión moral y teológica de fondo; implícitamente, descansa en la premisa de que la enseñanza de la Iglesia católica sobre la condición del feto desde el punto de vista moral —que es una persona desde el primer momento de la concepción— es falsa.

Reconocer esa premisa no equivale a defender la prohibición del aborto. Es, sencillamente, reconocer que la neutralidad y la libertad de elección no son razones suficientes para aceptar el derecho a abortar. Quienes defienden el derecho de las mujeres a decidir el fin de su embarazo deben enzarzarse con el argumento de que el feto en desarrollo es equivalente a una persona e intentar refutarlo. No basta con decir que la ley debe ser neutral en lo que se refiere a las cuestiones morales y religiosas. El argumento a favor de permitir el aborto no es más neutral que el argumento a favor de prohibirlo. Ambas posiciones presuponen una respuesta u otra a la controversia moral y religiosa de fondo.

Lo mismo vale para el debate sobre la investigación con células madre. Quienes quieren prohibir la investigación con células madre embrionarias sostienen que, sean cuales sean las expectativas clínicas, una investigación que ha de destruir embriones humanos no es moralmente permisible. Muchos de los que mantienen esta postura creen que la persona empieza en la concepción, de modo que destruir un embrión, por poco desarrollado que esté, es moralmente equiparable a matar a un niño.

La réplica de los partidarios de la investigación con células madre embrionarias consiste en señalar los beneficios médicos que esa investigación podría reportar, entre los que se contarían posibles tratamientos y curas de la diabetes, la enfermedad de Parkinson y las lesiones de la médula espinal. Y argumentan que la ciencia no debería verse estorbada por interferencias religiosas o ideológicas; a quienes plantean objeciones religiosas no se les debería permitir que impusiesen sus puntos de vista por medio de leyes que prohíban investigaciones científicas prometedoras.

Sin embargo, como ocurre con el debate del aborto, no se puede defender que se permita la investigación con células madre embrionarias sin tomar partido en la controversia moral y religiosa acerca de cuándo empieza la persona. Si el embrión, por poco desarrollado que esté, es equivalente moralmente a una persona, los que se oponen a la investigación con células madre embrionarias tienen donde sustentar su postura: ni siquiera una investigación médica muy prometedora puede justificar que se desmiembre a una persona. Pocos dirán que tendría que ser legal extraer órganos de niños de cinco años para que se prosiga con investigaciones que podrían salvar vidas. Por lo tanto, el argumento a favor de que se permita la investigación con células madre embrionarias no es neutral en lo tocante a la controversia moral y religiosa acerca de cuándo empieza la persona. Presupone una respuesta a esa controversia, a saber, que el embrión aún no implantado que se destruye en el curso de la investigación con células madre embrionarias no es todavía un ser humano.[22]

En lo que se refiere al aborto y a la investigación con células madre embrionarias, no es posible resolver la cuestión legal sin abordar la cuestión moral y religiosa de fondo. En ambos casos, la neutralidad es imposible porque el problema estriba en si el acto en cuestión supone quitarle la vida a un ser humano. Claro está, la mayoría de las controversias morales y políticas no tienen que ver con cuestiones de vida y muerte. Por lo tanto, los partidarios de la neutralidad liberal podrían replicar que los debates del aborto y de las células madre son casos especiales; salvo cuando está en juego la definición de la persona humana, podremos resolver las discusiones sobre la justicia y los derechos sin tener que tomar partido en las controversias morales y religiosas.

El matrimonio entre personas del mismo sexo

Pero tampoco eso es verdad. Pensemos en el debate sobre el matrimonio entre personas del mismo sexo. ¿Se puede decidir si el Estado debe o no reconocer el matrimonio entre personas del mismo sexo sin entrar en las controversias morales y religiosas sobre el propósito del matrimonio y sobre la condición moral de la homosexualidad? Algunos dicen que sí, y argumentan a favor del matrimonio entre personas del mismo sexo basándose en razones liberales, sin enjuiciar: apruebe uno o no personalmente las relaciones de gays y lesbianas, los individuos deben tener libertad para escoger a sus parejas maritales. Que solo puedan casarse las parejas heterosexuales y se les impida hacerlo a las homosexuales discrimina indebidamente a gays y lesbianas y les niega la igualdad ante la ley.

Si este argumento ofreciese fundamento suficiente para acordar que el Estado reconozca el matrimonio entre personas del mismo sexo, la cuestión se podría resolver dentro de los límites de la razón pública liberal, sin tener que recurrir a ideas controvertidas acerca del propósito del matrimonio y de los bienes que honra. Pero el matrimonio entre individuos del mismo sexo no puede defenderse por razones que no enjuicien. Su defensa depende de cierta concepción del *telos* del matrimonio, de su propósito o razón de ser. Y, como nos recuerda Aristóteles, discutir sobre el propósito de una institución social equivale a discutir sobre las virtudes que honra y recompensa. El debate sobre el matrimonio entre personas del mismo sexo es, fundamentalmente, un debate sobre si las uniones entre gays o entre lesbianas son dignas del honor y el reconocimiento que en nuestra sociedad confiere el matrimonio sancionado por el Estado. La cuestión moral de fondo es ineludible, pues.

Para ver por qué, debe tenerse presente que un Estado puede adoptar tres políticas distintas en lo que se refiere al matrimonio, no solo dos. Puede adoptar la política tradicional y reconocer solo los matrimonios entre un hombre y una mujer; o puede hacer lo que han hecho varios estados y reconocer el matrimonio entre personas del mismo sexo tal y como reconoce el matrimonio entre un hombre y una mujer; o puede renunciar a reconocer el matrimonio, del tipo que sea, y dejar ese papel a asociaciones privadas.

Estas tres políticas se pueden resumir como sigue:

1. Reconocer solo los matrimonios entre un hombre y una mujer.
2. Reconocer los matrimonios entre personas del mismo y de distinto sexo.
3. No reconocer el matrimonio de ningún tipo, y dejar esa función a asociaciones privadas.

Aparte de las leyes del matrimonio, los estados pueden adoptar leyes para las uniones civiles, por las que concedan protección legal, el derecho a heredar, derechos de visita en hospitales y la custodia infantil a parejas que no se hayan casado pero que vivan juntas y adopten un arreglo legal. Diversos estados han puesto en Estados Unidos esos arreglos a disposición de las parejas de gays y lesbianas. En 2003, Massachusetts, conforme a una sentencia de su Tribunal Supremo, se convirtió en el primer estado de Estados Unidos que concedía reconocimiento legal al matrimonio entre personas del mismo sexo (política 2). En 2008, el Tribunal Supremo de California también sentenció a favor del derecho al matrimonio entre personas del mismo sexo, pero unos meses después una mayoría del electorado californiano revocó la decisión en un referéndum convocado por iniciativa popular en ese estado. En 2009, Vermont se convirtió en el primer estado de Estados Unidos que legalizaba el matrimonio gay por medio de la legislación en vez de mediante una decisión judicial.[23]

La política 3 es puramente hipotética, al menos en Estados Unidos; ninguno de sus estados ha dejado por ahora de reconocer que oficiar matrimonios sea una de sus funciones. Pero merece, no obstante, que se la examine, ya que arroja luz sobre los argumentos a favor y en contra del matrimonio entre personas del mismo sexo.

La política 3 es la solución libertaria ideal al debate del matrimonio. No pide la abolición del matrimonio, pero sí del matrimonio en cuanto institución sancionada por el Estado. La mejor forma de definirla sería diciendo que «desoficializa» el matrimonio.[24] Así como desoficializar la religión significa prescindir de una Iglesia oficial del Estado (mientras se deja que haya Iglesias independientes del Estado), desoficializar el matrimonio significaría prescindir del matrimonio como función oficial del Estado.

El periodista Michael Kinsley defiende esta política como forma de salir de lo que a él le parece un conflicto sobre el matrimonio del que no cabe esperar que se zanje. Los que abogan por el matrimonio gay alegan que restringir el matrimonio a los heterosexuales es una forma de discriminación. Los que se oponen aseveran que si el Estado avala el matrimonio gay, de tolerar la homosexualidad pasará a apoyarla y a darle «un marchamo de aprobación por el Estado». La solución, escribe Kinsley, consiste en «acabar con la institución del matrimonio sancionado por el Estado» y «privatizar el matrimonio».[25] Que la gente se case como le apetezca, sin que el Estado haya de sancionarlo o de interferir.

> Que las Iglesias y otras instituciones religiosas sigan celebrando ceremonias matrimoniales. Que los grandes almacenes y los casinos lo hagan también si quieren. [...] Que las parejas celebren su unión como les parezca y se consideren casadas cuando quieran. [...] Y sí, que tres quieren casarse, o uno quiere casarse consigo mismo, y hay alguien que quiere oficiar una ceremonia y declarar que se han casado, pues déjeseles.[26]

«Si el matrimonio fuese un asunto enteramente privado —razona Kinsley—, todas las disputas sobre el matrimonio gay serían irrelevantes. El matrimonio gay no tendría la sanción oficial del Estado, pero tampoco la tendría el matrimonio de heterosexuales.» Kinsley sugiere que las leyes de uniones civiles podrían encargarse de los problemas económicos, de seguros, de herencias y de mantenimiento de los hijos que se producen cuando las personas cohabitan y crían niños juntas. Propone, pues, que se sustituyan todos los matrimonios sancionados por el Estado, de gays o de heterosexuales, por uniones civiles.[27]

Desde el punto de vista de la neutralidad liberal, la propuesta de Kinsley tiene una clara ventaja sobre las otras dos posibilidades (las políticas 1 y 2) más comunes: no requiere que los jueces o los ciudadanos se enreden en la polémica religiosa y moral acerca del propósito del matrimonio y de la moralidad de la homosexualidad. Como el Estado ya no conferiría a ningún tipo de unidad familiar el título honorífico de matrimonio, los ciudadanos se librarían de participar en los debates sobre el *telos* del matrimonio y sobre si gays y lesbianas pueden llevarlo a su cumplimiento.

No son muchos quienes, a un lado o al otro del debate sobre los matrimonios entre personas del mismo sexo, han abrazado la idea de la desoficialización. Pero arroja luz sobre lo que se juega en tal debate; nos ayuda a comprender que tanto quienes abogan por los matrimonios entre personas del mismo sexo como quienes se oponen a ellos tienen que vérselas con la controversia sustantiva, moral y religiosa, acerca del propósito del matrimonio y de los bienes que lo definen. Ninguna de las dos posturas más comunes se puede defender dentro de los límites de la razón pública liberal.

Claro está, quienes rechazan el matrimonio entre personas del mismo sexo porque avala el pecado y deshonra el verdadero significado del matrimonio no es que sean precisamente reacios a reconocer que están defendiendo una postura moral o religiosa. Pero quienes defienden el derecho de dos personas del mismo sexo a casarse entre sí a menudo se basan en razones neutrales y evitan juzgar el significado moral del matrimonio. El intento de encontrar una defensa del matrimonio entre personas del mismo sexo que no lo juzgue recurre sobre todo a las ideas de no discriminación y de libertad de elección. Pero esas ideas no pueden justificar por sí mismas el matrimonio entre personas del mismo sexo. Para ver por qué, fijémonos en la reflexiva y matizada sentencia escrita por Margaret Marshall, presidenta del Tribunal Supremo de Massachusetts, en el caso *Goodridge contra el Departamento de Salud Pública*, de 2003, el caso del matrimonio entre personas del mismo sexo.[28]

Marshall empieza por reconocer el profundo desacuerdo moral y religioso que el asunto provoca, e indica que el tribunal no puede tomar partido en el debate:

> Muchos poseen convicciones religiosas, morales y éticas muy arraigadas por las cuales consideran que el matrimonio debería limitarse a la unión de un hombre y una mujer, y que la conducta homosexual es inmoral. Muchos poseen convicciones religiosas, morales y éticas igualmente arraigadas por las cuales consideran que las parejas de personas del mismo sexo tienen derecho a casarse y que a los homosexuales no se les debe tratar de modo diferente que a sus vecinos heterosexuales. Ninguna de estas formas de ver las cosas responde la cuestión a que nos enfrentamos. «Nuestra obligación es definir la libertad de todos, no imponer nuestro código moral.»[29]

Como si no quisiera entrar en la controversia moral y religiosa sobre la homosexualidad, Marshall describe a la manera liberal el problema moral presentado ante el tribunal: como una cuestión de autonomía y libertad de elección. Excluir del matrimonio a las parejas de personas del mismo sexo es incompatible con «el respeto a la autonomía individual y la igualdad ante la ley», escribe.[30] La libertad de «escoger con quién y cuándo casarse no valdría nada» si el Estado pudiese «impedirle a una persona escoger con libertad la persona con quien compartirá un compromiso exclusivo».[31] El problema, mantiene Marshall, no es el valor moral de la elección, sino el derecho del individuo a elegir, es decir, el derecho de los demandantes a «casarse con quien ellos han elegido».[32]

Pero la autonomía y la libertad de elección no bastan para justificar el derecho a casarse con alguien del mismo sexo. Si el Estado fuese neutral de verdad en lo que se refiere al valor moral de toda relación íntima voluntaria, no habría razón alguna para que limitase el matrimonio a dos personas; las uniones polígamas con libre consentimiento de los contrayentes valdrían también. Más aún, si el Estado de verdad quisiera ser neutral y respetar cualquier elección que los individuos hiciesen, tendría que adoptar la propuesta de Michael Kinsley y dejar de conferir reconocimiento a los matrimonios, sean como sean.

El verdadero meollo del debate del matrimonio gay no es la libertad de elección, sino la cuestión de si las uniones entre personas del mismo sexo merecen que la comunidad las honre y reconozca; es decir, si cumplen el propósito de la institución social del matrimonio. Tal y como diría Aristóteles, de lo que se trata es de la justa distribución de cargos y honores. De lo que se trata es del reconocimiento social.

Pese a que pusiera en primer plano la libertad de elección, el tribunal de Massachusetts dejó claro que no pretendía abrir la puerta al matrimonio polígamo. No ponía en duda que el Estado puede conferir reconocimiento social a ciertas uniones íntimas y a otras no. Tampoco pedía la abolición, o la desoficialización, del matrimonio.

Muy al contrario, la opinión de la jueza Marshall elogia el matrimonio por ser «una de las instituciones sociales de nuestra comunidad más queridas y satisfactorias».[33] Sostiene que eliminar la validación estatal del matrimonio «desmantelaría un principio organizador de nuestra sociedad que es vital».[34]

En vez de abolir la validación del matrimonio por el Estado, Marshall defiende que se extienda su definición tradicional para que incluya a contrayentes del mismo sexo. De ese modo, abandona la neutralidad liberal, afirma que las uniones de personas del mismo sexo tienen valor moral y ofrece una visión del propósito del matrimonio, propiamente concebido. Más que un arreglo privado entre dos adultos que dan su consentimiento, observa, el matrimonio es una forma de reconocimiento y aprobación públicos. «En verdad, hay tres contrayentes en todo matrimonio civil: los cónyuges que actúan conforme a su voluntad y el Estado que lo aprueba.»[35] De este modo, el matrimonio adquiere un aspecto honorífico: «El matrimonio civil es, a la vez, un compromiso hondamente personal con otro ser humano y una celebración muy pública de los ideales de reciprocidad, compañerismo, intimidad, fidelidad y familia».[36]

Si el matrimonio es una institución honorífica, ¿qué virtudes honra? Preguntar esto es preguntar por el propósito, o *telos*, del matrimonio en cuanto institución social. Muchos de los que se oponen al matrimonio entre personas del mismo sexo alegan que el propósito primario del matrimonio es la procreación. Según este argumento, como las parejas de personas del mismo sexo no pueden procrear por sí mismas, no tienen derecho a casarse. Les falta, por así decirlo, la virtud pertinente.

Esta línea teleológica de razonamiento está en la raíz misma del argumento en contra de los matrimonios entre personas del mismo sexo. Marshall lo aborda directamente. No pretende ser neutral en lo que se refiere al propósito del matrimonio: ofrece una interpretación opuesta. La esencia del matrimonio, mantiene, no es la procreación, sino el compromiso, exclusivo, amoroso, entre los dos contrayentes, sean heterosexuales o gays.

Ahora bien, ¿cómo, cabría preguntarse, es posible dirimir la pugna entre distintas descripciones del propósito, o esencia, del matrimonio? ¿O es, simplemente, un choque frontal de meras aserciones —unos dicen que consiste en la reproducción, los otros en el compromiso amoroso— y no hay forma de demostrar que una es más aceptable que la otra?

La sentencia de Marshall ilustra bien el modo en que pueden discurrir los argumentos al respecto. En primer lugar, pone en entredicho que la procreación sea el propósito primario. Lo hace mostrando que el matrimonio, tal y como hoy se realiza bajo la regulación del Estado, no requiere que se pueda procrear. A las parejas heterosexuales que piden una licencia matrimonial no se les pregunta si «pueden concebir hijos, o si piensan concebirlos, por medio del coito. La fertilidad no es una condición del matrimonio ni motivo de divorcio. Se puede estar casado sin haber consumado el matrimonio y seguir estándolo aun sin tener la intención de hacerlo. Puede casarse hasta alguien que no puede moverse de su lecho de muerte». Aunque «muchas, quizá la mayoría, de las parejas casadas tienen hijos (con ayuda clínica o no) —concluye Marshall—, el *sine qua non* del matrimonio no es el engendrar hijos, sino el compromiso exclusivo y permanente de cada contrayente con el otro».[37]

Parte del argumento de Marshall, pues, consiste en una interpretación del propósito o esencia del matrimonio tal y como hoy existe. Ante las interpretaciones contrapuestas de esta práctica social —el matrimonio para la procreación frente al matrimonio como compromiso exclusivo y permanente—, ¿de qué forma podremos determinar cuál es más aceptable? Un modo de hacerlo es preguntarse a la luz de cuál de ellas tienen más sentido las actuales leyes del matrimonio como un todo. Otra es preguntarse cuál celebra virtudes dignas de que se las honre. El propósito que se entienda que tiene el matrimonio dependerá en parte de las cualidades que creamos que el matrimonio debería celebrar y hacer suyas. Por eso es ineludible la controversia moral y religiosa de fondo: ¿cuál es la condición moral de las relaciones de gays y lesbianas?

Marshall no es neutral en esa cuestión. Sostiene que las relaciones entre personas del mismo sexo son tan dignas de respeto como las heterosexuales. Restringir el matrimonio a los heterosexuales «confiere un sello oficial de aprobación al destructivo tópico que dice que las relaciones entre personas del mismo sexo son inestables en sí mismas e inferiores a las relaciones entre sexos opuestos, y no son dignas de respeto».[38]

Así que, cuando observamos de cerca el argumento a favor del matrimonio entre personas del mismo sexo, vemos que no descansa en las ideas de no discriminación y libertad de elección. Para decidir quiénes deben poder optar al matrimonio, hemos de pensar en el propósito del matrimonio y las virtudes que honra. Y esto nos lleva a un terreno moral disputado, donde no podemos permanecer neutrales entre concepciones contrapuestas de la vida buena.

La justicia y la vida buena

En el curso de este viaje hemos explorado tres maneras de enfocar la justicia. Una dice que la justicia consiste en maximizar la utilidad o el bienestar (la mayor felicidad para el mayor número). La segunda dice que la justicia consiste en respetar la libertad de elegir, se trate de lo que realmente se elige en un mercado libre (el punto de vista libertario) o de las elecciones hipotéticas que se harían en una situación de partida caracterizada por la igualdad (el punto de vista igualitario liberal). La tercera dice que la justicia supone cultivar la virtud y razonar acerca del bien común. Como ya habrá imaginado llegados a este punto, me inclino por una versión del tercer enfoque. Déjeme que intente explicar por qué.

El enfoque utilitarista tiene dos defectos: en primer lugar, hace de la justicia y de los derechos cosa de cálculos, no de principios; en segundo, al intentar traducir todos los bienes humanos a una medida simple y uniforme de valor los allana sin tener en cuenta las diferencias cualitativas que hay entre ellos.

Las teorías basadas en la libertad resuelven el primer problema pero no el segundo. Se toman los derechos en serio e insisten en que la justicia es más que un mero cálculo. Aunque discrepan entre sí sobre *qué* derechos deben pesar más que las consideraciones utilitaristas, coinciden en que ciertos derechos son fundamentales y deben ser respetados. Pero más allá de singularizar ciertos derechos como dignos de respeto, aceptan las preferencias, tal y como son, de las personas. No nos exigen que cuestionemos las preferencias y deseos con los que participamos en la vida pública o que les plantemos cara. Según estas teorías, la dignidad moral de los fines que perseguimos, el significado y la importancia de nuestras vidas, y la calidad y carácter de la vida en común que todos compartimos caen más allá de lo que a la justicia le corresponde.

Me parece un error. No se llega a una sociedad justa solo con maximizar la utilidad o garantizar la libertad de elección. Para llegar a una sociedad justa hemos de razonar juntos sobre el significado de la vida buena y crear una cultura pública que acoja las discrepancias que inevitablemente surgirán.

Tienta buscar un principio o procedimiento que pueda justificar, de una vez por todas, cualquier distribución de la renta, o del poder, o de las oportunidades, que resulte de su aplicación. Con un principio de esa índole, si pudiésemos encontrarlo, nos evitaríamos el tumulto y las disputas que el intercambio de argumentos sobre la vida buena inevitablemente crea.

Pero tales discusiones no se pueden evitar. La justicia, no hay más remedio, enjuicia. En nuestras discusiones —traten de los rescates financieros o los Corazones Púrpura, los vientres de alquiler o el matrimonio entre personas del mismo sexo, la acción afirmativa o el servicio militar, los ingresos de los consejeros delegados o el derecho a usar un cochecito de golf—, las cuestiones relativas a la justicia se ligan a ideas contrapuestas sobre el honor y la virtud, el orgullo y el reconocimiento. La justicia no solo trata de la manera debida de distribuir las cosas. Trata también de la manera debida de valorarlas.

Una política del bien común

Si una sociedad justa implica que se razone sobre la vida buena, quedará por preguntarse qué tipo de discurso político nos orientaría hacia esa dirección. No tengo una respuesta completamente elaborada, pero puedo ofrecer unas cuantas sugerencias. En primer lugar, una constatación: en su mayor parte, la discusión política gira hoy alrededor del bienestar y de la libertad, de aumentar la producción económica y de respetar los derechos de las personas. A muchos, hablar de virtud en política les recuerda a los conservadores religiosos que le dicen a la gente cómo debe vivir. Pero ese no es el único modo en que una concepción de la virtud y el bien común pueden informar la política. El problema estriba en imaginar una política que se tome las cuestiones morales y espirituales en serio, pero las aplique a las dificultades económicas y cívicas en general, no solo al sexo y el aborto.

En mi vida, la voz más prometedora en esa dirección fue la de Robert F. Kennedy cuando perseguía la nominación presidencial por los demócratas en 1968. Para él, la justicia suponía más que el volumen y la distribución del producto nacional; tocaba también propósitos morales superiores. En un discurso que dio en la Universidad de Kansas el 18 de marzo de 1968 habló de la guerra de Vietnam, de los motines en las ciudades de Estados Unidos, de la desigualdad racial y de la pobreza abrumadora que había visto en Mississippi y los Apalaches. A continuación, pasó de esas explícitas cuestiones de justicia a argumentar que los estadounidenses habían acabado valorando lo que no debían. «Aunque actuemos para borrar la pobreza material —dijo—, hay otra gran tarea: enfrentarnos a la pobreza de satisfacción [...] que nos aflige a todos.» Los estadounidenses se habían dado a «la mera acumulación de cosas».[39]

> Nuestro producto nacional bruto es ahora de más de 800.000 millones de dólares al año. Pero el producto nacional bruto cuenta la contaminación del aire, la publicidad de cigarrillos y las ambulancias que limpian la carnicería de las carreteras. Cuenta las cerraduras de seguridad de nuestras puertas y las cárceles para quienes las descerrajan. Cuenta la destrucción de las secuoyas y la pérdida de las maravillas de nuestra naturaleza por la caótica dispersión urbana. Cuenta el napalm y las cabezas nucleares, y los vehículos blindados de la policía que combate los motines de nuestras ciudades. Cuenta [...] los programas de televisión que glorifican la violencia para vender juguetes a nuestros hijos. Sin embargo, el producto nacional bruto no tiene sitio para la salud de nuestros hijos, la calidad de su educación o la alegría de sus juegos. No incluye la belleza de nuestra poesía o la solidez de nuestros matrimonios, la inteligencia de nuestros debates públicos o la integridad de nuestros cargos públicos. No mide ni nuestro ingenio ni nuestro valor, ni nuestra sabiduría ni nuestra cultura, ni nuestra compasión ni la devoción que sentimos por nuestro país. Lo mide todo, en pocas palabras, menos lo que hace que la vida merezca ser vivida. Y puede decirnos todo sobre América salvo por qué estamos orgullosos de ser americanos.[40]

Al escuchar a Kennedy, o al leer este pasaje, quizá cabría decir que la crítica moral que dirigía contra la autosatisfacción y las preocupaciones materiales de su tiempo era independiente de lo que afirmaba sobre las injusticias de la pobreza, de la guerra de Vietnam y de la discriminación racial. Pero, para él, lo uno iba con lo otro. Para acabar con esas injusticias, Kennedy pensaba que era necesario poner en entredicho el complaciente modo de vida que veía a su alrededor. No dudaba en enjuiciar. Y, sin embargo, al invocar el orgullo de los americanos por su país, apelaba al mismo tiempo a un sentimiento comunitario.

Le asesinaron menos de tres meses después. Solo podemos hacer cábalas sobre esa política con resonancias morales que daba a entender que habría llevado a cabo si hubiese vivido.

Cuarenta años después, en la campaña presidencial de 2008, también Barack Obama explotó el hambre de los estadounidenses por una vida pública guiada por propósitos de mayor calado, y propuso una política de aspiraciones morales y espirituales. Está por ver si la necesidad de atajar una crisis financiera y una profunda recesión no le impedirá convertir el ímpetu moral y cívico de su campaña en una nueva política del bien común.

¿Cómo sería una nueva política del bien común? Veamos algunos de sus posibles puntos.

1. *Ciudadanía, sacrificio y servicio*

Si una sociedad justa requiere un intenso sentimiento comunitario, tendrá que encontrar una forma de cultivar en los ciudadanos una preocupación por el conjunto, una dedicación al bien común. No puede ser indiferente a las actitudes y disposiciones, a los «hábitos del corazón», que los ciudadanos llevan consigo a la vida pública. Debe encontrar una forma de apartarse de las nociones puramente privatizadas de la vida buena y cultivar la virtud cívica.

Tradicionalmente, la escuela pública ha sido un lugar para la educación cívica. En algunas generaciones otro fue el ejército. No me refiero principalmente a la enseñanza explícita de la virtud cívica, sino a la educación cívica práctica, a menudo inadvertida, que se produce cuando jóvenes de diferentes clases económicas, contextos religiosos y comunidades étnicas se juntan en instituciones comunes.

Cuando tantos colegios públicos están en penosas condiciones y cuando solo una pequeña parte de los estadounidenses sirve en las fuerzas armadas, es un problema grave el de cómo va una sociedad democrática tan vasta y dispar como la nuestra a tener la esperanza de cultivar la solidaridad y el sentimiento de mutua responsabilidad que una sociedad justa requiere. Esta cuestión ha reaparecido hace poco en nuestro discurso político, al menos en cierta medida.

Durante la campaña de 2008, Barack Obama afirmó que los acontecimientos del 11 de septiembre de 2001 excitaron en los americanos un sentimiento patriótico, un orgullo, una nueva disposición a servir a su país. Y criticó al presidente George W. Bush por no convocarlos a alguna forma de sacrificio compartido. «En vez de que se nos llamara a prestar un servicio —dijo Obama—, se nos pidió que nos fuésemos de compras. En vez de que se nos llamase a un sacrificio compartido, se nos dio por primerísima vez en nuestra historia una reducción de impuestos en tiempo de guerra para los americanos más ricos.»[41]

Obama propuso que se alentase el servicio nacional ofreciendo a los estudiantes una ayuda para pagar la universidad a cambio de cien horas de servicio público. «Inviertes en América y América invierte en ti», les decía a los jóvenes mientras hacía campaña por el país. Esta sería una de sus propuestas más populares, y en abril de 2009 firmaba una ley que extendía AmeriCorps, un servicio civil voluntario, y subvencionaba la carrera a los estudiantes que se ofreciesen como voluntarios en sus municipios. Pese a la resonancia de la llamada de Obama al servicio nacional, sin embargo, no se han abierto paso políticamente propuestas más ambiciosas de establecer un servicio nacional obligatorio.

2. *Los límites morales de los mercados*

Una de las tendencias más llamativas de nuestro tiempo es la expansión de los mercados y del razonamiento orientado por el mercado en esferas de la vida que tradicionalmente se gobernaban por normas que no tenían que ver con ellos. En capítulos anteriores hemos reflexionado sobre las cuestiones morales que surgen, por ejemplo, cuando los países encargan el servicio militar y el interrogatorio de los prisioneros a mercenarios o al personal de contratas privadas; o cuando los padres dejan el embarazo y el parto a trabajadoras del mundo en desarrollo a las que pagan por ello; o cuando se compran y venden riñones en un mercado abierto. Abundan los ejemplos: a los alumnos de un centro de enseñanza que tiene resultados inferiores a la media, ¿se les puede dar dinero si sacan una nota buena en un examen estandarizado? ¿Y primas a los maestros que mejoren los resultados de sus alumnos en esos exámenes? Los estados de Estados Unidos, ¿deben recurrir a empresas para encarcelar a sus presos? Estados Unidos, ¿debe simplificar su política de inmigración aplicando la propuesta de un economista de la Universidad de Chicago de vender la ciudadanía estadounidense por cien mil dólares?[42]

Estas preguntas no plantean solo problemas relativos a la utilidad y el consentimiento. También se refieren al modo debido de valorar prácticas sociales clave: el servicio militar, tener hijos, enseñar y aprender, el castigo de los crímenes, la admisión de nuevos ciudadanos, etcétera. Como llevar una actividad social al mercado puede corromper o degradar las normas que la definen, tenemos que preguntarnos qué normas ajenas al mercado queremos proteger de la intromisión de este. Esta es una cuestión que requiere un debate público acerca de las maneras contrapuestas de concebir el modo debido de valorar los bienes. Los mercados son instrumentos útiles para organizar la actividad productiva. Pero a no ser que queramos que el mercado reescriba las normas que gobiernan las instituciones sociales, necesitaremos un debate público sobre los límites morales del mercado.

3. *Desigualdad, solidaridad y virtudes cívicas*

En Estados Unidos, la brecha entre ricos y pobres ha crecido en los últimos decenios y alcanzado niveles desconocidos desde los años treinta. Sin embargo, la desigualdad no ha tenido mucho peso como problema político. Hasta la modesta propuesta de Barack Obama de devolver los tipos del impuesto de la renta adonde estaban en los años noventa hizo que sus contrincantes republicanos de 2008 le llamasen socialista que quiere repartir la riqueza.

La poca atención que la política contemporánea le presta a la desigualdad no refleja un desinterés al respecto entre los filósofos políticos. La justa distribución de la renta y del patrimonio es uno de los aspectos principales del debate en la filosofía política desde los años setenta hasta hoy. Pero la tendencia de los filósofos a abordar la cuestión desde el punto de vista de la utilidad o del consentimiento les lleva a pasar por alto el argumento contra la desigualdad al que más probable es que se haga caso políticamente, un argumento que se encuentra en el núcleo mismo del proyecto de una renovación moral y cívica.

Algunos filósofos cobrarían impuestos a los ricos para ayudar a los pobres en aras de la mayor utilidad; tomar cien dólares de un rico y dárselos a un pobre apenas disminuirá la felicidad del rico, conjeturan, pero aumentará mucho la felicidad del pobre. John Rawls también defiende la redistribución, pero basándose en un consentimiento hipotético. Argumenta que, a la hora de crear un hipotético contrato social en una imaginada situación originaria de igualdad, todos acordarían un principio que respaldase alguna forma de redistribución.

Pero hay una tercera razón, y más importante, para preocuparse por la creciente desigualdad de la vida en Estados Unidos: una brecha excesiva entre ricos y pobres socava la solidaridad que la ciudadanía democrática requiere. Por lo siguiente: a medida que aumenta la desigualdad, ricos y pobres viven vidas cada vez más separadas. Quienes tienen dinero mandan a sus hijos a colegios privados (o a los colegios públicos de las urbanizaciones de gente pudiente) y dejan las escuelas públicas de los barrios a los niños de las familias a las que no les queda otro remedio que llevarlos a ellas. Una tendencia similar conduce a la secesión de los privilegiados de los demás centros e instituciones públicas.[43] Los clubes privados sustituyen a los polideportivos y las piscinas municipales. Las zonas residenciales de alto nivel económico contratan guardas de seguridad y dependen menos de la protección de la policía. Un segundo o tercer coche elimina la necesidad del transporte público.Y así sucesivamente. Los que tienen dinero se apartan de los lugares y servicios públicos, que quedan solo para los que no pueden pagar otra cosa.

Esto tiene dos efectos nocivos, uno fiscal y otro cívico. En primer lugar, los servicios públicos se deterioran, ya que quienes ya no los usan están menos dispuestos a costearlos con sus impuestos. En segundo lugar, las instalaciones públicas —escuelas, parques, áreas de juegos infantiles, centros cívicos— dejan de ser lugares donde se encuentran ciudadanos que siguen caminos diferentes en la vida. Los centros públicos que antes reunían a la gente y hacían las veces de escuela informal de virtudes cívicas ahora abundan menos y están más lejos los unos de los otros. El vaciado de la esfera pública dificulta que se cultiven la solidaridad y el sentimiento comunitario de los que depende la ciudadanía democrática.

Así pues, aparte de sus efectos en la utilidad o en el consenso público, la desigualdad puede corroer las virtudes cívicas. Los conservadores enamorados de los mercados y los liberales igualitarios partidarios de la redistribución pasan por alto esa pérdida.

Si la erosión de la esfera pública es el problema, ¿cuál es la solución? Una política del bien común tomaría como una de sus primeras metas la reconstrucción de la infraestructura de la vida cívica. En vez de centrarse en la redistribución con la intención de ampliar el acceso al consumo privado, gravaría a las personas de posibles para reconstruir los servicios e instituciones públicos, a fin de que, así, ricos y pobres disfruten de ellas por igual.

Una generación anterior hizo inversiones masivas en el programa federal de carreteras que, si bien dio a los estadounidenses una movilidad y libertad individuales sin precedentes, contribuyó también a que se dependiese del automóvil privado, a la dispersión de las urbanizaciones alrededor de las ciudades, a la degradación medioambiental y a unas pautas de vida que corroen la comunidad. La generación presente podría comprometerse a invertir, las consecuencias no serían menores, en infraestructuras para la renovación cívica: escuelas públicas a las que tanto ricos como pobres quieran enviar a sus hijos, sistemas de transporte público lo suficientemente fiables para atraer a quienes, para ir a trabajar, han de desplazarse desde las afueras acomodadas al centro, y hospitales, áreas de juegos infantiles, parques, polideportivos, bibliotecas y museos que, al menos idealmente, saquen a la gente de sus urbanizaciones cerradas y la lleven a los espacios comunes de una ciudadanía democrática compartida.

Centrarse en las consecuencias cívicas de la desigualdad, y en las formas de deshacerlas, podría generar un ímpetu político que los argumentos sobre la distribución de la riqueza en cuanto tal no son capaces de crear. Serviría además para resaltar el nexo entre la justicia distributiva y el bien común.

4. *Una política del compromiso moral*

Algunos piensan que la implicación pública en los problemas de la vida buena es una transgresión cívica, un viaje más allá de los límites de la razón pública liberal. La política y el derecho no deberían enredarse en disputas morales y religiosas, solemos pensar, pues si lo hiciesen se abriría el camino hacia la coerción y la intolerancia. Es una preocupación legítima. Los ciudadanos de las sociedades pluralistas discrepan sobre la moralidad y la religión. Pero si, como he defendido, no es posible que el Estado sea neutral en esas discrepancias, ¿será posible, no obstante, guiar nuestra política por la vía del respeto mutuo?

La respuesta, creo, es afirmativa. Pero necesitamos una vida cívica más robusta y comprometida que esta a la que nos hemos acostumbrado. En los últimos decenios hemos llegado a dar por sentado que respetar las convicciones morales y religiosas de nuestros conciudadanos significa ignorarlas (al menos para fines políticos), dejarlas en paz y llevar nuestra vida pública sin referirnos —en la medida de lo posible— a ellas. Pero eludirlas de esta manera no consiste sino en un respeto espurio. A menudo, consiste más en suprimir la discrepancia moral que en eludirla. Ello puede provocar una reacción en contra y mucho resentimiento. Puede también conducir a un discurso público empobrecido, que se precipita de las noticias del día a las del siguiente atento a lo escandaloso, lo sensacionalista y lo trivial.

Una más decidida implicación pública en nuestras discrepancias morales proporcionaría un fundamento más sólido, no más débil, al respeto mutuo. En vez de hacer caso omiso de las convicciones morales y religiosas que nuestros conciudadanos llevan consigo a la vida pública, deberíamos tratarlas más directamente, a veces poniéndolas en entredicho y plantándoles cara, a veces escuchándolas y aprendiendo de ellas. No hay garantía alguna de que la deliberación pública sobre arduas cuestiones morales conduzca en toda situación a un acuerdo, o siquiera a que se aprecien los puntos de vista morales y religiosos de los otros. Siempre es posible que conocer mejor una doctrina moral o religiosa haga que nos guste menos. Pero no lo sabremos si no lo intentamos.

Una política basada en el compromiso moral no solo es un ideal que entusiasma más que una política de la elusión. Es también un fundamento más prometedor de una sociedad justa.

Notas

1. Hacer lo que es debido

1. Michael McCarthy, «After Storm Come the Vultures», *USA Today*, 20 de agosto de 2004, p. 6B.

2. Joseph B. Treaster, «With Storm Gone, Floridians Are Hit with Price Gouging», *New York Times*, 18 de agosto de 2004, p. A1; McCarthy, «After Storm Come the Vultures».

3. McCarthy, «After Storm Come the Vultures»; Treaster, «With Storm Gone, Floridians Are Hit with Price Gouging»; Crist citado por Jeff Jacoby, «Bring on the "Price Gougers"», *Boston Globe*, 22 de agosto de 2004, p. F11.

4. McCarthy, «After Storm Come the Vultures»; Allison North Jones, «West Palm Days Inn Settles Storm Gouging Suit», *Tampa Tribune*, 6 de octubre de 2004, p. 3.

5. Thomas Sowell, «How "Price Gouging" Helps Floridians», *Tampa Tribune*, 15 de septiembre de 2004; publicado también como «"Price Gouging" in Florida», *Capitalism Magazine*, 14 de septiembre de 2004, en www.capmag.com/article.asp?ID=3918.

6. *Ibidem*.

7. Jacoby, «Bring on the "Price Gougers"».

8. Charlie Crist, «Storm Victims Need Protection», *Tampa Tribune*, 17 de septiembre de 2004, p. 17.

9. *Ibidem*.

10. Jacoby, «Bring on the "Price Gougers"».

11. Lizette Alvarez y Erik Eckholm, «Purple Heart Is Ruled Out for Traumatic Stress», *New York Times*, 8 de enero de 2009.

12. *Ibidem.*

13. Tyler E. Boudreau, «Troubled Minds and Purple Hearts», *New York Times*, 26 de enero de 2009, p. A21.

14. Alvarez y Eckholm, «Purple Heart Is Ruled Out».

15. Boudreau, «Troubled Minds and Purple Hearts».

16. S. Mitra Kalita, «Americans See 18% of Wealth Vanish», *Wall Street Journal*, 13 de marzo de 2009, p. A1.

17. Jackie Calmes y Louise Story, «418 Got AIG Bonuses; Outcry Grows in Capital», *New York Times*, 18 de marzo de 2009, p. A1; Bill Saporito, «How AIG Became Too Big to Fail», *Time*, 30 de marzo de 2009, p. 16.

18. La cita del consejero delegado de AIG, Edward M. Liddy, procede de Edmund L. Andrews y Peter Baker, «Bonus Money at Troubled AIG Draws Heavy Criticism», *New York Times*, 16 de marzo de 2009; véase también Liam Pleven, Serena Ng y Sudeep Reddy, «AIG Faces Growing Wrath Over Payments», *Wall Street Journal*, 16 de marzo de 2009.

19. *New York Post*, 18 de marzo de 2009, p. 1.

20. Shailagh Murray y Paul Kane, «Senate Will Delay Action on Punitive Tax on Bonuses», *Washington Post*, 24 de marzo de 2009, p. A7.

21. Mary Williams Walsh y Carl Hulse, «AIG Bonuses of $50 Million to Be Repaid», *New York Times*, 24 de marzo de 2009, p. A1.

22. Greg Hitt, «Drive to Tax AIG Bonuses Slows», *Wall Street Journal*, 25 de marzo de 2009.

23. No todos los que recibieron las criticadas primas de AIG eran responsables de las inversiones arriesgadas que causaron el desastre. Algunos se habían incorporado a la división de productos financieros tras el hundimiento, para poner orden en el desbarajuste. Uno de esos ejecutivos publicó en la prensa un artículo en el que se quejaba de que la indignación pública no distinguiese entre los responsables de las inversiones imprudentes y quienes no habían participado en ellas. Véase Jake DeSantis, «Dear AIG, I Quit!», *New York Times*, 24 de marzo de 2009. Al contrario que DeSantis, Joseph Cassano, que fue presidente de productos financieros de AIG durante trece años, ganó 280 millones de dólares antes de abandonar la compañía en marzo de 2008, poco antes de que las permutas de incumplimientos de créditos, tan de su gusto, arruinasen la compañía.

24. Citan al senador Sherrod Brown Jonathan Weisman, Naftali Bendavid y Deborah Solomon, «Congress Looks to a Tax to Recoup Bonus Money», *Wall Street Journal*, 18 de marzo de 2009, p. A2.

25. Presidente Barack Obama, comentarios del presidente, la Casa Blanca, 16 de marzo de 2009, en www.whitehouse.gov/the_press_offi ce/ Remarks-by-the-President -to-small-business-owners.

26. Michael Shnayerson, «Wall Street's $16 Billion Bonus», *Vanity Fair*, marzo de 2009.

27. Presidente Barack Obama, comentarios del presidente sobre la remuneración de los ejecutivos, Casa Blanca, 4 de febrero de 2009, en www.whitehouse.gov/blog_post/ new_rules.

28. El senador Grassley hizo esos comentarios en la radio WMT de Iowa. Se puede leerlos en *The Caucus*, un blog del sitio en la red del *New York Times*. Véase Kate Phillips, «Grassley: AIG Must Take Its Medicine (Not Hemlock)», 17 de marzo de 2009, en www.thecaucus.blogs.nytimes. com/2009/03/17/grassley-aig-should-take -its-medicine-not-hemlock.

29. *Ibidem*. Véase también Kate Phillips, «Senator Wants Some Remorse from C.E.O.'s», *New York Times*, 18 de marzo de 2009, p. A15.

30. Alan Schwartz, ex consejero delegado de Bear Stearns, según lo cita William D. Cohen, «A Tsunami of Excuses», *New York Times*, 12 de marzo de 2009.

31. *Ibidem*.

32. Shnayerson, «Wall Street's $16 Billion Bonus».

33. David R. Francis, «Should CEO Pay Restrictions Spread to All Corporations?», *Christian Science Monitor*, 9 de marzo de 2009.

34. *Ibidem*.

35. Las remuneraciones de los directores generales se han sacado del análisis de los datos de los años 2004-2006 realizado por Towers Perrin y citado por Kenji Hall, «No Outcry About CEO Pay in Japan», *Business-Week*, 10 de febrero de 2009.

36. Los enunciados clásicos del caso del tranvía son los de Philippa Foot, «The Problem of Abortion and the Doctrine of Double Effect», en *Virtues and Vices and Other Essays in Moral Philosophy*, Basil Blackwell, Oxford, Reino Unido, 1978, p. 19, y Judith Jarvis Thomson, «The Trolley Problem», *Yale Law Journal* 94 (mayo de 1985), pp. 1.395-1.415.

37. La exposición que sigue está tomada de la obra de Marcus Luttrell, con Patrick Robinson, *Lone Survivor: The Eyewitness Account of Operation Redwing and the Lost Heroes of SEAL Team 10*, Little, Brown and Company, Nueva York, 2007.

38. *Ibid.*, p. 205.

39. *Ibidem.*

40. *Ibid.*, pp. 206-207.

2. El principio de la máxima felicidad. El utilitarismo

1. *Queen v. Dudley and Stephens*, 14 Queens Bench Division 273, 9 de diciembre de 1884. Citas de «The Story of the Mignonette», *The Illustrated London News*, 20 de septiembre de 1884. Véase también A. W. Brian Simpson, *Cannibalism and the Common Law*, University of Chicago Press, Chicago, 1984.

2. Jeremy Bentham, *Introduction to the Principles of Morals and Legislation* (1789), J. H. Burns y H. L. A. Hart, eds., Oxford University Press, 1996, cap. 1.

3. *Ibidem.*

4. Jeremy Bentham, «Tracts on Poor Laws and Pauper Management», 1797, en *The Works of Jeremy Bentham*, vol. 8, Russell & Russell, Nueva York, 1962, pp. 369-439, edición a cargo de John Bowring.

5. *Ibid.*, p. 401.

6. *Ibid.*, pp. 401-402.

7. *Ibid.*, p. 373.

8. Ursula K. Le Guin, «The Ones Who Walked Away from Omelas», en *Norton Anthology of Short Fiction*, edición de Richard Bausch, W. W. Norton, Nueva York, 2000 (hay traducción al castellano de Elena Rius: *Doce moradas del viento*, Edhasa, Barcelona, 2004).

9. Gordon Fairclough, «Philip Morris Notes Cigarettes' Benefits for Nation's Finances», *Wall Street Journal*, 16 de julio de 2001, p. A2. El texto del informe, «Public Finance Balance of Smoking in the Czech Republic», 28 de noviembre de 2000, elaborado para Philip Morris por Arthur D. Little International, Inc., está disponible en www.mindfully.org/Industry/Philip-Morris-Czech-Study.htm y en www.tobaccofreekids.org/reports/philipmorris/pmczechstudy.pdf.

10. Ellen Goodman, «Thanks, but No Thanks», *Boston Globe*, 22 de julio de 2001, p. D7.

11. Gordon Fairclough, «Philip Morris Says It's Sorry for Death Report», *Wall Street Journal*, 26 de julio de 2001, p. B1.

12. Se trata del caso judicial *Grimshaw v. Ford Motor Co.*, 174 *Cal. Re-*

porter 348 (Cal. Ct. App. 1981). Informó del análisis de costes y beneficios Mark Dowie, «Pinto Madness», *Mother Jones*, septiembre-octubre de 1977. Para un caso similar que afectó a la General Motors, véase Elsa Walsh y Benjamin Weiser, «Court Secrecy Masks Safety Issues», *Washington Post*, 23 de octubre de 1988, pp. A1, A22.

13. W. Kip Kiscusi, «Corporate Risk Analysis: A Reckless Act?», *Stanford Law Review* 52 (febrero de 2000), p. 569.

14. Katharine Q. Seelye y John Tierney, «E.P.A. Drops Age-Based Cost Studies», *New York Times*, 8 de mayo de 2003, p. A26; Cindy Skrzycki, «Under Fire, E.P.A. Drops the "Senior Death Discount"», *Washington Post*, 13 de mayo de 2003, p. E1; Robert Hahn y Scott Wallsten, «Whose Life Is Worth More? (And Why Is It Horrible to Ask?)», *Washington Post*, 1 de junio de 2003.

15. Orley Ashenfelter y Michael Greenstone, «Using Mandated Speed Limits to Measure the Value of a Statistical Life», *Journal of Political Economy* 112, suplemento (febrero de 2004), pp. S227-267.

16. Edward L. Thorndike, *Human Nature and the Social Order*, Macmillan, Nueva York, 1940. Versión resumida a cargo de Geraldine Joncich Clifford, MIT Press, Boston, 1969, pp. 78-83.

17. *Ibid.*, p. 43.

18. *Ibidem.*

19. John Stuart Mill, *On Liberty* (1859), edición de Stefan Collini, Cambridge University Press, 1989, cap. 1 (hay traducción al castellano de Pablo de Azcárate: *Sobre la libertad*, Alianza, Madrid, 2009, y Tecnos, Madrid, 2008).

20. *Ibidem.*

21. *Ibid.*, cap. 3.

22. *Ibidem.*

23. *Ibidem.*

24. La cita procede de una oscura obra de Bentham, *The Rationale of Reward*, publicada en la década de 1820. Esta aseveración de Bentham se hizo conocida gracias a John Stuart Mill. Véase Ross Harrison, *Bentham*, Routledge, Londres, 1983, p. 5.

25. John Stuart Mill, *Utilitarianism* (1861), edición de George Sher, Hackett Publishing, 1979, cap. 2 (hay traducción al castellano de Esperanza Guisán: *El utilitarismo*, Alianza, Madrid, 2007).

26. *Ibidem.*

27. *Ibid.*, cap. 4.

28. *Ibid.*, cap. 2.

29. *Ibidem.*

30. Me baso aquí y en los párrafos siguientes en la excelente descripción de Joseph Lelyveld, «English Thinker (1748-1832) Preserves His Poise», *New York Times*, 18 de junio de 1986.

31. «Extract from Jeremy Bentham's Last Will and Testament», 30 de mayo de 1832, en el sitio en la red del Proyecto Bentham, University College de Londres, en www.ucl .ac.uk/Bentham-Project/info/will.htm.

32. Estas y otras anécdotas se cuentan en el sitio en la red del Proyecto Bentham, University College de Londres, en www.ucl.ac.uk/Bentham-Project/info/jb.htm.

33. *Ibidem.*

3. ¿Somos nuestros propios dueños? El libertarismo

1. Matthew Miller y Duncan Greenberg, «The Forbes 400», *Forbes*, 17 de septiembre de 2008, en www.forbes.com/2008/09/16/forbes-400-billionaires-lists -400list08_cx_mn_0917richamericans_land.html.

2. Lawrence Michel, Jared Bernstein y Sylvia Allegretto, *The State of Working America 2006/2007:An Economic Policy Institute Book*, Ithaca, ILR Press, Nueva York, sello editorial de Cornell University Press, 2007. Se valen de datos de Edward N. Wolff (2006), en www.stateofworkingamerica.org/tabfig/05/SWA06_05_Wealth .pdf. Véase también Arthur B. Kennickell, «Currents and Undercurrents: Changes in the Distribution of Wealth, 1989-2004», Consejo de la Reserva Federal, Washington, D.C., 30 de enero de 2006, en www.federalreserve.gov/pubs/oss/oss2/papers/concentration.2004.5.pdf.

3. Friedrich A. Hayek, *The Constitution of Liberty*, University of Chicago Press, Nueva York, 1960 (hay traducción al castellano de José Vicente Torrente: *Los fundamentos de la libertad*, Unión Editorial, Madrid, 2008).

4. Milton Friedman, *Capitalism and Freedom*, University of Chicago Press, Chicago, 1962, p. 188 (hay traducción al castellano: *Capitalismo y libertad*, Rialp, Madrid, 1966).

5. *Ibid.*, p. 111.

6. *Ibid.*, pp. 137-160.

7. Robert Nozick, *Anarchy, State, and Utopia*, Basic Books, Nueva York, 1974, p. IX (hay traducción al castellano de R. Tamayo: *Anarquía, Estado y utopía*, Fondo de Cultura Económica, México, 1988).

8. *Ibid.*, pp. 149-160.

9. *Ibid.*, pp. 160-164.

10. *Ibid.*, p. 169.

11. *Ibid.*, p. 172.

12. *Ibid.*, p. 171.

13. Monica Davey, «Kevorkian Speaks After His Release From Prison», *New York Times*, 4 de junio de 2007.

14. Mark Landler, «Eating People Is Wrong! But Is It Homicide? Court to Rule», *New York Times*, 26 de diciembre de 2003, p. A4.

15. Mark Landler, «German Court Convicts Internet Cannibal of Manslaughter», *New York Times*, 31 de enero de 2004, p. A3; Tony Paterson, «Cannibal of Rotenburg Gets 8 Years for Eating a Willing Victim», *The Independent*, Londres, 31 de enero de 2004, p. 30.

16. Luke Harding, «German Court Finds Cannibal Guilty of Murder», *The Guardian*, Londres, 10 de mayo de 2006, p. 16.

17. Karen Bale, «Killer Cannibal Becomes Veggie», *Scottish Daily Record*, 21 de noviembre de 2007, p. 20.

4. Ayuda de pago. Mercado y moral

1. James W. Geary, *We Need Men: The Union Draft in the Civil War*, Northern Illinois University Press, DeKalb, 1991, pp. 3-48; James M. McPherson, *Battle Cry of Freedom: The Civil War Era*, Oxford University Press, Nueva York, 1988, pp. 490-494.

2. McPherson, *Battle Cry*, pp. 600-611.

3. *Ibidem*; Geary, *We Need Men*, pp. 103-150.

4. McPherson, *Battle Cry*, p. 601; Geary, *We Need Men*, p. 83.

5. Geary, *We Need Men*, p. 150, y *The Civil War: A Film by Ken Burns*, episodio 5, «The Universe of Battle», cap. 8.

6. Jeffrey M. Jones, «Vast Majority of Americans Opposed to Reinstating Military Draft», servicio de noticias de Gallup, 7 de septiembre de 2007, en www.gallup.com/poll/ 28642/Vast-Majority-Americans-Opposed-Reinstituting-Military-Draft .aspx.

7. Hon. Ron Paul (republicano, por Texas), «3000 American Deaths in Iraq», Cámara de Representantes de Estados Unidos, 5 de enero de 2007; en www.ronpaullibrary.org/document .php?id=532.

8. «Army Recruitment in FY 2008: A Look at Age, Race, Income, and Education of New Soldiers», Proyecto de las Prioridades Nacionales; datos tomados del gráfi co 6: Active-duty Army: Recruits by Neighborhood Income, 2005, 2007, 2008; en www.nationalpriorities.org/militaryrecruiting2008/active_duty_army/recruits _by_neighborhood_income.

9. *Ibidem*. Un estudio de la Heritage Foundation pone en duda este hallazgo, en parte al mostrar que los códigos postales de los lugares de donde proceden los ofi ciales corresponden desproporcionadamente a zonas acomodadas. Véase Shanea J. Watkins y James Sherk, «Who Serves in the U.S. Military? Demographic Characteristics of Enlisted Troops and Officers», Centro Heritage de Análisis de Datos, 21 de agosto de 2008, en www.heritage.org/Research/National Security/cda08-05.cfm.

10. «Military Recruitment 2008: Signifi cant Gap in Army's Quality and Quantity Goals», Proyecto de las Prioridades Nacionales; datos tomados de la tabla 1: Educational Attainment, F.Y. 2008, en www.nationalpriorities.org/militaryrecruiting2008/army2008 edattainment.

11. David M. Kennedy, «The Wages of a Mercenary Army: Issues of Civil-Military Relations», *Bulletin of the American Academy* (primavera de 2006), pp. 12-16. Kennedy cita a Andrew Bacevich, *The New American Militarism: How Americans Are Seduced by War*, Oxford University Press, Nueva York, 2005, p. 28.

12. Kathy Roth-Douquet y Frank Schaeffer, *AWOL: The Unexcused Absence of America's Upper Classes from Military Service*, HarperCollins, Nueva York, 2006.

13. Arielle Gorin, «Princeton, in the Nation's Service?», *The Daily Princetonian*, 22 de enero de 2007. Las cifras de Princeton proceden de Charles Moskos, sociólogo que estudia las fuerzas armadas. Se cita a Moskos en Julian E. Barnes y Peter Spiegel, «Expanding the Military, Without a Draft», *Los Angeles Times*, 24 de diciembre de 2006.

14. *USA Today* cuenta que, según la biblioteca del Senado de Estados Unidos, al menos 9 de los 535 miembros del Congreso tienen hijos o hijas que han servido en Irak. Kathy Kiely, «Lawmakers Have Loved Ones in Combat Zone», *USA Today*, 23 de enero de 2007.

15. Charles Rangel, «Why I Want the Draft», *New York Daily News*, 22 de noviembre de 2006, p. 15.

16. *Ibidem.*

17. Kennedy, «The Wages of a Mercenary Army»; y véase también de David M. Kennedy, «The Best Army We Can Buy», *New York Times*, 25 de julio de 2005, p. A19.

18. *Ibid.*, p. 13.

19. *Ibid.*, p. 16.

20. Jean-Jacques Rousseau, *The Social Contract* (1762), libro III, cap. 15, traducción de G. D. H. Cole, J. M. Dent and Sons, Londres, 1973. (Entre otras traducciones al castellano de *Du contrat social*, la de Fernando de los Ríos: *Contrato social*, Espasa-Calpe, Madrid, 2007).

21. Doreen Carvajal, «Foreign Legion Turns to Internet in Drive for Recruits», *Boston Sunday Globe*, 12 de noviembre de 2006; Molly Moore, «Legendary Force Updates Its Image: Online Recruiting, Anti-Terrorist Activities Routine in Today's French Foreign Legion», *Washington Post*, 13 de mayo de 2007, p. A14.

22. Julia Preston, «U.S. Military Will Offer Path to Citizenship», *New York Times*, 15 de febrero de 2009, p. 1; Bryan Bender, «Military Considers Recruiting Foreigners», *Boston Globe*, 26 de diciembre de 2006, p. 1.

23. T. Christian Miller, «Contractors Outnumber Troops in Iraq», *Los Angeles Times*, 4 de julio de 2007.

24. Peter W. Singer, «Can't Win with 'Em, Can't Go to War Without 'Em: Private Military Contractors and Counterinsurgency», Brookings Institution, *Foreign Policy Paper Series*, septiembre de 2007, p. 3.

25. Según las solicitudes de subsidios al Departamento de Trabajo de Estados Unidos, 1.292 empleados de las contratas habían muerto para abril de 2008. Cita la cifra Peter W. Singer, «Outsourcing the Fight», *Forbes*, 5 de junio de 2008. Sobre que el ejército de Estados Unidos no cuenta las muertes de los empleados de las contratas, véase Steve Fainaru, «Soldier of Misfortune: Fighting a Parallel War in Iraq, Private Contractors Are Officially Invisible-Even in Death», *Washington Post*, 1 de diciembre de 2008, p. C1.

26. Evan Thomas y March Hosenball, «The Man Behind Blackwater», *Newsweek*, 22 de octubre de 2007, p. 36.

27. La cita de Prince procede de Mark Hemingway, «Warriors for Hire: Blackwater USA and the Rise of Private Military Contractors», *The Weekly Standard*, 18 de diciembre de 2006.

28. La cifra de 1.000 millones de dólares para Blackwater en Irak es

de Steve Fainaru, *Big Boy Rules: America's Mercenaries Fighting in Iraq*, Da Capo, Nueva York, 2008, y la cita de Ralph Peters, «Hired Guns», *Washington Post*, 21 de diciembre de 2008.

29. Ginger Thompson y James Risen, «Five Guards Face U.S. Charges in Iraq Deaths», *New York Times*, 6 de diciembre de 2008.

30. Singer, «Can't Win with 'Em», p. 7.

31. Los hechos del caso expuestos en este y en los párrafos siguientes se han tomado de sentencias judiciales: In re *Baby M*, 217 New Jersey Superior Court, 313 (1987), y *Matter of Baby M*, Supreme Court of New Jersey, 537 *Atlantic Reporter*, 2d Series, 1227 (1988).

32. In re *Baby M*, 217 New Jersey Superior Court, 313 (1987).

33. *Ibid.*, pp. 374-375.

34. *Ibid.*, p. 376.

35. *Ibid.*, p. 372.

36. *Ibid.*, p. 388.

37. *Matter of Baby M*, Supreme Court of New Jersey, 537 *Atlantic Reporter*, 2d Series, 1227 (1988).

38. *Ibid.*, p. 1.248.

39. *Ibidem.*

40. *Ibid.*, p. 1.249.

41. *Ibidem.*

42. *Ibid.*, pp. 1.248-1.249.

43. Elizabeth S. Anderson, «Is Women's Labor a Commodity?», *Philosophy and Public Affairs* 19 (invierno de 1990), pp. 71-92.

44. *Ibid.*, p. 77.

45. *Ibid.*, pp. 80-81.

46. *Ibid.*, p. 82.

47. Susannah Cahalan, «Tug O' Love Baby M All Grown Up», *New-York Post*, 13 de abril de 2008.

48. Lorraine Ali y Raina Kelley, «The Curious Lives of Surrogates», *Newsweek*, 7 de abril de 2008; Deborah L. Spar, *The Baby Business*, Harvard Business School Press, Cambridge, Mass., 2006, pp. 83-84.

49. Spar, *The Baby Business*. Después, Spar fue nombrada presidenta del Barnard College.

50. *Ibid.*, p. 79.

51. *Ibidem.*

52. *Ibid.*, p. 80.

53. *Ibid.*, p. 81.

54. *Ibidem.*

55. Sam Dolnick, «World Outsources Pregnancies to India», Associated Press Online, 30 de diciembre de 2007.

56. *Ibidem.* Véase también Amelia Gentleman, «India Nurtures Business of Surrogate Motherhood», *New York Times*, 10 de marzo de 2008, p. 9.

57. Dolnick, «World Outsources Pregnancies to India».

58. *Ibidem.*

59. Gentleman, «India Nurtures Business of Surrogate Motherhood».

60. Dolnick habla de la mujer y de su situación económica, «World Outsources Pregnancies to India».

61. *Ibidem.*

5. Lo que cuenta es el motivo. Immanuel Kant

1. Véase Christine M. Korsgaard, «Introduction», en Immanuel Kant, *Groundwork of the Metaphysics of Morals*, Cambridge University Press, Cambridge, 1997), pp. vii-viii.

2. Immanuel Kant, *Groundwork for the Metaphysics of Morals* (1785), traducido por H. J. Paton, Harper Torchbooks, Nueva York, 1964, p. 442 (hay traducción al castellano de *Grundlegung zur Metaphysik der Sitten* de Manuel García Morente: *Fundamentación de la metafísica de las costumbres*, Espasa-Calpe, Madrid, 2008, y Tecnos, 2009). Como los lectores usarán ediciones distintas de la obra de Kant, citaré los números de página de la edición de la *Grundlegung* publicada por la Real Academia Prusiana, de Berlín. La mayor parte de las ediciones actuales de la *Fundamentación* incluyen referencias a esas páginas.

3. *Ibidem.*

4. *Ibid.*, 394.

5. *Ibid.*, 390.

6. Estoy en deuda con Lucas Stanczyk por esta formulación del punto de vista de Kant.

7. *Ibid.*, 397.

8. Hubert B. Herring, «Discounts for Honesty», *New York Times*, 9 de marzo de 1997.

9. Kant, *Fundamentación*, p. 398.

10. *Ibidem.*

11. *Ibidem.*

12. «Misspeller Is a Spelling Bee Hero» (UPI), *New York Times*, 9 de junio de 1983.

13. Kant, *Fundamentación*, p. 412.

14. *Ibid.*, 395.

15. Kant usa esta frase en un ensayo que escribió varios años después de la *Fundamentación*: Immanuel Kant, «On the Common Saying: "This May Be True in Theory, But It Does Not Apply in Practice» (1793), en *Kant's Political Writings*, edición de Hans Reiss, traducido por H. B. Nisbet, Cambridge University Press, Cambridge, Reino Unido, 1970, p. 73 (hay traducción al castellano de «Über den Gemeinspruch: Das mag in der Theorie richtig sein, taugt aber nicht für die Praxis»: «En torno al tópico "tal vez sea correcto en la teoría, pero no sirve en la práctica"», en *Teoría y práctica*, traducciones de Juan Miguel Palacios, Francisco Pérez y Roberto Rodríguez, Tecnos, Madrid, 2006).

16. Kant, *Fundamentación*, p. 414.

17. *Ibid.*, 416.

18. *Ibid.*, 425. Véanse también las pp. 419-420.

19. *Ibid.*, 421.

20. *Ibid.*, 422.

21. *Ibid.*, 428.

22. *Ibidem.*

23. *Ibid.*, 429.

24. *Ibidem.*

25. *Ibid.*, 433.

26. *Ibid.*, 440.

27. *Ibid.*, 447.

28. *Ibid.*, 452.

29. *Ibidem.*

30. *Ibid.*, 453.

31. *Ibid.*, 454.

32. *Ibid.*, 454.

33. *Ibid.*, 456.

34. Immanuel Kant, «Duties Toward the Body in Respect of Sexual Impulse» (1784-1785), traducido por Louis Infield y publicado en las *Lectures on Ethics*, Hackettt Publishing, Cambridge, Mass., 1981, de Immanuel

Kant, p. 164. Ese texto se basa en notas tomadas por alumnos que asistían a las clases de Kant (hay traducción al castellano de Roberto Rodríguez y Concha Roldán: *Lecciones de ética*, Crítica, Barcelona, 2002).

35. *Ibidem*.

36. *Ibid*., p. 165.

37. *Ibidem*.

38. *Ibid*., pp. 165-166.

39. *Ibid*., p. 167.

40. Immanuel Kant, «On a Supposed Right to Lie Because of Philanthropic Concerns» (1799), traducido por James W. Ellington y publicado como suplemento a Immanuel Kant, *Grounding for the Metaphysics of Morals*, Hackett Publishing, Cambridge, Mass., 1993, p. 64 (hay traducción al castellano de «Über ein vermeintes Recht aus Menschenliebe zu Lügen»: «Sobre un presunto derecho de mentir por filantropía», en *Teoría y práctica*, traducciones de Juan Miguel Palacios, Francisco Pérez y Roberto Rodríguez, Tecnos, Madrid, 2006).

41. *Ibid*., p. 65.

42. Kant citado por Alasdair MacIntyre, «Truthfulness and Lies: What Can We Learn from Kant?», en Alasdair MacIntyre, *Ethics and Politics: Selected Essays*, vol. 2, Cambridge University Press, Cambridge, Reino Unido, 2006, p. 123. (hay traducción al castellano de Sebastián Montiel: *Ética y política: ensayos escogidos II*, Nuevo Inicio, Granada, 2008).

43. *Ibidem*.

44. Comité Judicial de la Cámara de Representantes, 8 de diciembre de 1998. Diálogo transcrito de la emisión de la CNN. Se puede encontrar una transcripción parcial en www.cnn.com/ALLPOLITICS/stories/1998/12/08/as.it.happened.

45. Immanuel Kant, «On the Common Saying: "This May Be True in Theory, but It Does Not Apply in Practice"», pp. 73-74.

46. *Ibid*., p. 79.

47. *Ibidem*.

6. En defensa de la igualdad. John Rawls

1. John Locke, *Second Treatise of Government* (1690), en *Locke's Two Treatises of Government*, 2.ª ed., edición de Peter Laslett, Cambridge Univer-

sity Press, Cambridge, Reino Unido, 1967, sección 119 (hay traducción al castellano de Carlos Mellizo: *Segundo tratado sobre el gobierno civil*, Alianza, Madrid, 2008, y Tecnos, Madrid, 2006).

2. John Rawls, *A Theory of Justice*, The Belknap Press of Harvard University Press, Cambridge, Mass., 1971 (hay traducción al castellano de María Dolores González: *Teoría de la justicia*, Fondo de Cultura Económica de España, 1997).

3. Véase la excelente historia de la legislación sobre contratos de P. S. Atiyah, *The Rise and Fall of Freedom of Contract*, Oxford University Press, Nueva York, 1979; véase también Charles Fried, *Contract as Promise*, Harvard University Press, Cambridge, Mass., 1981.

4. Associated Press, «Bill for Clogged Toilet: $50,000», *Boston Globe*, 13 de septiembre de 1984, p. 20.

5. David Hume, *Treatise of Human Nature* (1739-1740), libro III, parte II, sección 2, Oxford University Press, Nueva York, 2.ª ed., 1978 (hay traducción al castellano de Félix Duque: *Tratado de la naturaleza humana,* Tecnos, Madrid, 2008).

6. *Ibid.*, libro III, parte III, sección 5.

7. Lo cuenta Atiyah, *The Rise and Fall of Freedom of Contract*, pp. 487-488; Atiyah cita a E. C. Mossner, *Life of David Hume*, Kelson, Edimburgo, 1954, p. 564.

8. Hume, citado por Atiyah, *Rise and Fall*, p. 487.

9. Steve Lee Myers, «"Squeegees" Rank High on Next Police Commissioner's Priority List», *New York Times*, 4 de diciembre de 1993, pp. 23-24.

10. Rawls, *A Theory of Justice*, sección 24.

11. *Ibid.*, sección 12.

12. *Ibidem.*

13. *Ibidem.*

14. *Ibidem.*

15. Kurt Vonnegut Jr., «Harrison Bergeron» (1961), en Vonnegut, *Welcome to the Monkey House*, Dell Publishing, Nueva York, 1998, p. 7 (hay traducción al castellano en *Ciencia ficción: selección 27*, Bruguera, Barcelona, 1977).

16. *Ibid.*, pp. 10-11.

17. Rawls, *A Theory of Justice*, sección 17.

18. *Ibid.*, sección 12.

19. *Ibid.*, sección 48.

20. *Ibidem.*

21. Rawls, *A Theory of Justice* (2.ª ed., 1999), sección 17.

22. *Ibid.*, sección 48.

23. Woody Allen, *Stardust Memories*, United Artists, 1980.

24. Milton y Rose Friedman, *Free to Choose*, Houghton Miflin Harcourt, Nueva York, 1980, pp. 136-137 (hay traducción al castellano de Carlos Rocha: *Libertad de elegir*, Gota a Gota, Madrid, 2008).

25. Rawls, *A Theory of Justice*, sección 17.

26. *Ibidem.* En la edición revisada de *A Theory of Justice* (1999), Rawls eliminó la frase que habla de compartir los unos el destino de los otros.

7. Argumentos sobre la acción afirmativa

1. Las circunstancias del caso de Hopwood se exponen en *Cheryl J. Hopwood v. State of Texas*, United States Court of Appeals for the Fifth Circuit, 78 F.3d 932 (1996), y en Richard Bernstein, «Racial Discrimination or Righting Past Wrongs?», *New York Times*, 13 de julio de 1994, p. B8. La sentencia del tribunal de distrito señalaba, en una nota a pie de página, que la puntuación en el examen LSAT de Hopwood, en el percentil 83, estaba «bien por debajo de la mediana de puntuaciones en el LSAT de los aspirantes no pertenecientes a minorías que ingresaron en 1992». Véase *Cheryl J. Hopwood v. State of Texas*, United States District Court for the Western District of Texas, 861 F. Supp. 551 (1994), en 43.

2. Michael Sharlot, citado por Sam Walker, «Texas Hunts for Ways to Foster Diversity», *Christian Science Monitor*, 12 de junio de 1997, p. 4.

3. Bernstein, «Racial Discrimination or Righting Past Wrongs?».

4. *Regents of University of California v. Bakke*, 438 U.S. 265 (1978).

5. *Grutter v. Bollinger*, 539 U.S. 306 (2003).

6. Ethan Bronner, «Colleges Look for Answers to Racial Gaps in Testing», *New York Times*, 8 de noviembre de 1997, pp. A1 y A12.

7. Michael Sharlot, por entonces decano en funciones de la Facultad de Derecho de la Universidad de Texas, citado por Bernstein, «Racial Discrimination or Righting Past Wrongs?».

8. *Regents of University of California v. Bakke*, 438 U.S. 265 (1978), apéndice al voto particular del juez Powell, pp. 321-324.

9. *Ibid.*, 323.

10. Ronald Dworkin, «Why Bakke Has No Case», *New York Review of Books*, vol. 24, 10 de noviembre de 1977.

11. *Ibidem.*

12. La cita de Lowell procede de «Lowell Tells Jews Limit at Colleges Might Help Them», *New York Times*, 17 de junio de 1922, p. 3.

13. Las citas de Dartmouth proceden de William A. Honan, «Dartmouth Reveals Anti-Semitic Past», *New York Times*, 11 de noviembre de 1997, p. A16.

14. Dworkin, «Why Bakke Has No Case».

15. Una excelente descripción de las cuotas de Starrett City es la de Jefferson Morley, «Double Reverse Discrimination», *The New Republic*, 9 de julio de 1984, pp. 14-18; véase también Frank J. Prial, «Starrett City: 20,000 Tenants, Few Complaints», *New York Times*, 10 de diciembre de 1984.

16. Estas cartas hipotéticas están adaptadas de Michael J. Sandel, *Liberalism and the Limits of Justice*, Cambridge University Press, Cambridge, Reino Unido, 2.ª ed., 1998.

8. ¿Qué se merece cada cual? Aristóteles

1. La historia de Callie Smartt la cuenta Sue Anne Pressley, «A "Safety" Blitz», *Washington Post*, 12 de noviembre de 1996, pp. A1 y A8. El análisis que presento aquí se basa en Michael J. Sandel, «Honor and Resentment», *The New Republic*, 23 de diciembre de 1996, p. 27, reimpreso en *Public Philosophy: Essays on Morality in Politics*, Harvard University Press, Cambridge, Mass., 2005, pp. 97-100, de Michael J. Sandel (hay traducción al castellano de Albino Santos: *Filosofía pública: ensayos sobre moral en política*, Marbot Ediciones SCP, Barcelona, 2008).

2. Aristóteles, *The Politics*, edición y traducción de Ernest Barker, Oxford University Press, Nueva York, 1946, libro III, cap. XII [1282b] (hay traducciones al castellano, por ejemplo la de Manuela García Valdés: *Política*, Gredos, Madrid, 2000).

3. *Ibidem.*

4. A. A. Milne, *Winnie-the-Pooh*, (1926), Dutton Children's Books, Nueva York, 1988, pp. 5-6 (hay traducción al castellano de Isabel Gortázar

y Juan Ramón Azaloa: *Winny de Puh; seguido de El rincón de Puh*, Valdemar, Madrid, 2009).

5. Aristóteles, *Política*, libro III, cap. IX [1280b].

6. *Ibid.* [1280a].

7. *Ibid.* [1280b].

8. *Ibidem.*

9. *Ibid.* [1281a]; libro III, cap. XII [1282b].

10. *Ibid.*, libro I, cap. II [1253a].

11. *Ibidem.*

12. *Ibidem.*

13. Aristóteles, *Nicomachean Ethics*, traducida por David Ross, Oxford University Press, Nueva York, 1925, libro II, cap. 3 [1104b] (hay traducción al castellano de José Luis Calvo Martínez: *Ética a Nicómaco*, Alianza, Madrid, 2010).

14. *Ibid.*, libro II, cap. 1 [1103a].

15. *Ibid.* [1103a-1103b].

16. *Ibid.* [1003b].

17. Judith Martin, «The Pursuit of Politeness», *The New Republic*, 6 de agosto de 1984, p. 29.

18. Aristóteles, *Ética a Nicómaco*, libro II, cap. 2 [1104a].

19. *Ibid.*, libro II, cap. 9 [1109a].

20. *Ibid.*, libro VI, cap. 6 [1140b].

21. *Ibid.*, libro VI, cap. 7 [1141b].

22. *Ibid.*, libro VI, cap. 5 [1140b].

23. *Ibid.*, libro VI, cap. 7 [1141b].

24. Estoy en deuda aquí con el esclarecedor análisis de Bernard Williams, *Shame and Necessity*, University of California Press, Berkeley, 1993, pp. 103-129.

25. Aristóteles, *Política*, libro I, cap. V [1254a].

26. *Ibid.* [1254b].

27. *Ibid.* [1254b].

28. *Ibid.* [1255a].

29. *Ibid.*, libro I, cap. VI [1254b].

30. *Ibid.* [1255b].

31. *Ibid.*, libro I, cap. III [1253b].

32. Para un análisis esclarecedor de este punto, véase Russell Muirhead, *Just Work*, Harvard University Press, Cambridge, Mass., 2004.

33. *PGA Tour v. Martin*, 532 U.S. 661 (2001).

34. *Ibid.*, voto particular del juez Scalia, en 700.

35. *Ibid.*, sentencia del juez Stevens, en 682.

36. *Ibid.*, en 687.

37. *Ibidem.*

38. *Ibid.*, voto particular del juez Scalia, en 701.

39. Tom Kite, «Keep the PGA on Foot», *New York Times*, 2 de febrero de 1998.

9. ¿Qué nos debemos los unos a los otros? Los dilemas de la lealtad

1. Elazar Barkan, *The Guilt of Nations*, W. W. Norton, Nueva York, 2000, ofrece un buen repaso de las reparaciones y peticiones de perdón de la época posterior a la Segunda Guerra Mundial. Sobre las reparaciones a Israel y a los judíos, véanse las pp. 3-29. Véase también Howard M. Sachar, *A History of Israel*, Basil Blackwell, Londres, 1976, pp. 464-470.

2. El discurso de Konrad Adenauer en el Bundestag se cita en «History of the Claims Conference», en el sitio oficial en la red de la Conferencia de las Reclamaciones Materiales Judías a Alemania, en www.claimscon.org/?url=history.

3. Johannes Rau es citado por Karin Laub, «Germany Asks Israel's Forgiveness over Holocaust», Associated Press, en *The Independent*, 16 de febrero de 2000.

4. Barkan, *The Guilt of Nations*, pp. 46-64. Hiroko Tabuchi, «Historians Find New Proof on Sex Slaves», Associated Press, 17 de abril de 2007.

5. Barkan, *The Guilt of Nations.*

6. Norimitsu Onishi, «Call by U.S. House for Sex Slavery Apology Angers Japan's Leader», *New York Times*, 1 de agosto de 2007.

7. Barkan, *The Guilt of Nations*, pp. 245-248; «Australia Apologizes "Without Qualification"», entrevista con la profesora Patty O'Brien, Centro de Estudios Australianos y de Nueva Zelanda, Universidad de Georgetown, en la Radio Pública Nacional, 14 de febrero de 2008.

8. Barkan, *The Guilt of Nations.*

9. Tim Johnston, «Australia Says "Sorry" to Aborigines for Mis-

treatment», *New York Times*, 13 de febrero de 2008; Misha Schubert y Sarah Smiles, «Australia Says Sorry», *The Age* (Melbourne, Australia), 13 de febrero de 2008.

10. Barkan, *The Guilt of Nations*, pp. 30-45.

11. *Ibid.*, pp. 216-231.

12. *Ibid.*, pp. 283-293; Tamar Lewin, «Calls for Slavery Restitution Getting Louder», *New York Times*, 4 de junio de 2001.

13. Sobre la proposión del congresista John Conyers de que se estudien las reparaciones, véase www.conyers.house .gov/index.cfm?Fuse Action=Issues.Home&Issue_id=06007167-19b9-b4b1-125c-df3de5e-c97f8.

14. Walter Olson, «So Long, Slavery Reparations», *Los Angeles Times*, 31 de octubre de 2008, A19.

15. Encuesta de Michael Dawson, tal y como lo cuenta Harbour Fraser Hodder, «The Price of Slavery», *Harvard Magazine*, mayo-junio de 2003, pp. 12-13; véase también Alfred L. Brophy, «The Cultural War over Reparations for Slavery», *DePaul Law Review* 53 (primavera de 2004), pp. 1.201-1.211.

16. Wendy Koch, «Virginia First State to Express "Regret" over Slavery», *USA Today*, 26 de febrero de 2007, p. 5A. Sobre la población que poseía esclavos en Virginia y otros estados, véase Christine Vestal, «States Lead Slavery Apology Movement», Stateline.org, 4 de abril de 2008, en www.stateline.org/live/details/story?contentId =298236.

17. Vestal, «States Lead Slavery Apology Movement». Véase también «Apologies for Slavery», *State Legislatures*, junio de 2008, p. 6.

18. Darryl Fears, «House Issues an Apology for Slavery», *Washington Post*, 30 de julio de 2008, p. A3; Resolución de la Cámara de Representantes 194: «Apologizing for the Enslavement and Racial Segregation of African-Americans», *Congressional Record House* 154, n.° 127 (29 de julio de 2008), pp. 7.224-7.227.

19. Para un penetrante análisis de esta cuestión, véase David Miller, *National Responsibility and Global Justice*, Oxford University Press, Nueva York, 2008, pp. 135-162.

20. Gay Alcorn, «The Business of Saying Sorry», *Sydney Morning Herald*, 20 de junio de 2001, p. 17.

21. Henry Hyde es citado por Kevin Merida, «Did Freedom Alone Pay a Nation's Debt?», *Washington Post*, 23 de noviembre de 1999.

22. Williams es citado por Lewin, «Calls for Slavery Restitution Getting Louder».

23. Tom Hester Jr., «New Jersey Weighs Apology for Slavery», *Boston Globe*, 2 de enero de 2008.

24. Darryl Fears, «Slavery Apology: A Sincere Step or Mere Politics?», *Washington Post*, 2 de agosto de 2008.

25. John Locke, *Second Treatise of Government* (1690), sección 95, en *Two Treatises of Goverment*, edición de Peter Laslett, Cambridge University Press, Cambridge, 3.ª ed., 1988 (hay traducción al castellano de Carlos Mellizo: *Segundo tratado sobre el gobierno civil*, Alianza, Madrid, 2008, y Tecnos, Madrid, 2006).

26. Aristóteles, *The Politics*, libro VII, 1323a, traducido por Ernest Barker, Oxford University Press, Nueva York, 1946.

27. Immanuel Kant, *Critique of Practical Reason* (1788), traducido por Lewis White Beck, Library of Liberal Arts, Indianápolis, 1956, pp. 66-67 (hay traducción al castellano de *Kritik der Praktischen Vernunft*, de Roberto Rodríguez: *Crítica de la razón práctica*, Alianza, Madrid, 2009).

28. John Rawls, *A Theory of Justice*, Harvard University Press, Cambridge, Mass., 1971, sección 33, p. 211.

29. *Ibid.*, sec. 84, p. 560.

30. *Ibid.*, sec. 85, p. 561.

31. *Ibid.*, sec. 84, p. 560.

32. Elabora este punto Michael J. Sandel, *Democracy's Discontent*, Harvard University Press, Cambridge, Mass., 1996, pp. 280-284; véase ambién James Holt, «The New Deal and the American Anti-Statist Tradition», en John Braeman, Robert H. Bremner y David Brody, eds., *The New Deal: The National Level*, Ohio State University Press, Columbus, 1975, pp. 27-49.

33. Franklin D. Roosevelt, «Message to Congress on the State of the Union», 11 de enero de 1944, en *Public Papers and Addresses*, vol. 13, pp. 40-42.

34. Robert Nozick, *Anarchy, State, and Utopia*, Basic Books, Nueva York, 1974, p. 33.

35. Barry Goldwater, *The Conscience of a Conservative* (1960), Regnery, Gateway edition, Washington, D.C., 1990, pp. 52-53 y 66-68.

36. Alasdair MacIntyre, *After Virtue*, University of Notre Dame Press, Notre Dame, Ind., 1981, p. 201 (hay traducción al castellano de Amelia Valcárcel: *Tras la virtud*, Crítica, Barcelona, 2004).

37. *Ibidem.*

38. *Ibid.*, p. 204.

39. *Ibid.*, pp. 204-205.

40. *Ibid.*, p. 205.

41. *Ibidem.*

42. *Ibidem.*

43. John Rawls, *A Theory of Justice*, pp. 108-117.

44. *Ibid.*, p. 114.

45. «Airlift to Israel Is Reported Taking Thousands of Jews from Ethiopia», *New York Times*, 11 de diciembre de 1984; Hunter R. Clark, «Israel an Airlift to the Promised Land», *Time*, 14 de enero de 1985.

46. Peres es citado por Anastasia Toufexis, «Israel Stormy Skies for a Refugee Airlift», *Time*, 21 de enero de 1985.

47. Stephen Spector, *Operation Solomon: The Daring Rescue of the Ethiopian Jews*, Oxford University Press, Nueva York, 2005. Véase también el sitio en la red de la Asociación Israelí de Judios Etíopes: www.iaej.org.il/pages/history.htm.

48. Jean-Jacques Rousseau, «Discourse on Political Economy» (1755), traducido por Donald A. Cress, Hackett Publishing, Cambridge, Mass., p. 173 (hay traducción al castellano del «Discours sur l'économie politique», de José E. Candela: *Discurso sobre la economía política*, Tecnos, Madrid, 2001).

49. *Ibid.*, p. 174.

50. John Burnett, «A New Way to Patrol the Texas Border: Virtually», *All Things Considered*, Radio Pública Nacional, 23 de febrero de 2009. Véase www.npr.org/ templates/story/story.php?storyId=101050132.

51. Michael Walzer, *Spheres of Justice*, Basic Books, Nueva York, 1983, p. 62.

52. Para un reflexivo argumento a favor de las fronteras abiertas, véase Joseph H. Carens, «Aliens and Citizens: The Case for Open Borders», *The Review of Politics* 49 (primavera de 1987).

53. *Ibid.*, pp. 37-38.

54. Byron Dorgan, «Spend Money on U.S. Goods», *USA Today*, 2 de febrero de 2009, p. 14A.

55. Douglas A. Irwin, «If We Buy American, No One Else Will», *New York Times*, 1 de febrero de 2009; Anthony Faiola, «"Buy American" Rider Sparks Trade Debate», *Washington Post*, 29 de enero de 2009.

56. Michael Mandel, «Can Obama Keep New Jobs at Home?», *BusinessWeek*, 25 de noviembre de 2008.

57. Lee es citado por Douglas Southall Freeman, *R. E. Lee*, Charles Scribner's Sons, Nueva York, 1934, pp. 443, 421. Véase también Morton Grodzins, *The Loyal and the Disloyal*, University of Chicago Press, Chicago, 1965, pp. 142-143.

58. En este y en el siguiente párrafo me baso en Sandel, *Democracy's Discontent*, pp. 15-16.

59. Dick Lehr, «Bulger Brothers Find Their Worlds Colliding», *Boston Globe*, 4 de diciembre de 2002, p. B1; Eileen McNamara, «Disloyalty to the Dead», *Boston Globe*, 4 de diciembre de 2002; ww.fbi.gov/wanted/topten/fugitives/bulger.htm.

60. Scot Lehigh, «Bulger Chose the Code of the Street», *Boston Globe*, 4 de diciembre de 2002, p. A19.

61. Nicolas Zamiska, «In South Boston, Belief and Sympathy», *Boston Globe*, 20 de junio de 2003, p. A22.

62. Lehigh, «Bulger Chose the Code of the Street».

63. Shelley Murphy, «No U.S. Charges Against Bulger», *Boston Globe*, 4 de abril de 2007, p. A1.

64. David Johnston y Janny Scott, «Prisoner of Rage: The Tortured Genius of Theodore Kaczynski», *New York Times*, 26 de mayo de 1996.

65. *Ibidem*.

66. David Johnston, «Judge Sentences Confessed Bomber to Four Life Terms», *New York Times*, 5 de mayo de 1998.

67. William Glaberson, «In Book, Unabomber Pleads His Case», *New York Times*, 1 de marzo de 1999.

68. William Glaberson, «The Death Penalty as a Personal Thing», *New York Times*, 18 de octubre de 2004.

69. Matthew Purdy, «Crime, Punishment and the Brothers K.», *New York Times*, 5 de agosto de 2001.

70. Johnston y Scott, «Prisoner of Rage».

10. La justicia y el bien común

1. Theodore H. White, *The Making of the President 1960*, Atheneum Publishers, Nueva York, 1961, pp. 295-298.

2. Discurso del senador John F. Kennedy ante la Asociación de Pastores del Gran Houston, Houston, Texas, 12 de septiembre de 1960, en www.jfklibrary.org/ Historical+Resources/Archives/Reference +Desk/Speeches/JFK/JFK+Pre -Pres/1960/Address+of+Senator+John+F.+Kennedy+to+the+Greater+Houston+Ministerial+Association.htm.

3. White, *The Making of the President 1960*, p. 298.

4. Barack Obama, «Call to Renewal Keynote Address», Washington, D.C., 28 de junio de 2006, en www.barackobama.com/2006/06/28/call_to_renewal_key note_address.php.

5. *Ibidem*.

6. *Ibidem*.

7. *Ibidem*.

8. *Ibidem*.

9. Elabora este tema Michael J. Sandel, *Democracy's Discontent: America in Search of a Public Philosophy*, Harvard University Press, Cambridge, Mass., 1996, pp. 278-285.

10. John Rawls, *A Theory of Justice*, Harvard University Press, Cambridge, Mass., 1971.

11. Alasdair MacIntyre, *After Virtue*, University of Notre Dame Press, Notre Dame, Ind., 1981; Michael J. Sandel, *Liberalism and the Limits of Justice*, Cambridge University Press, Cambridge, Reino Unido, 1982; Michael Walzer, *Spheres of Justice*, Basic Books, Nueva York, 1983; Charles Taylor, «The Nature and Scope of Distributive Justice», en Charles Taylor, *Philosophy and the Human Sciences, Philosophical Papers*, vol. 2, Cambridge University Press, Cambridge, Reino Unido, p. 289.

12. John Rawls, *Political Liberalism*, Columbia University Press, Nueva York, 1993, p. 31 (hay traducción al castellano de Antoni Domènech: *El liberalismo político*, Crítica, Barcelona, 2004).

13. *Ibid.*, pp. 29-31.

14. *Ibid.*, p. 58.

15. *Ibid.*, pp. XX, XXVIII.

16. *Ibid.*, p. 215.

17. *Ibid.*, p. 254.

18. *Ibid.*, p. 236.

19. La frase es de Richard John Neuhaus, *The Naked Public Square*, William B. Eerdmans, Grand Rapids, Michigan, 1984.

20. Véase Michael J. Sandel, *Public Philosophy: Essays on Morality in Politics*, Harvard University Press, Cambridge, Mass., 2005, pp. 2-3.

21. Obama, «Call to Renewal Keynote Address».

22. Abordo la cuestión de la condición del embrión desde un punto de vista moral en Michael J. Sandel, *The Case Against Perfection*, Harvard University Press, Cambridge, Mass., 2007, pp.102-128 (hay traducción al castellano de Ramón Vilà: *Contra la perfección*, Marbot Ediciones SCP, Barcelona, 2007).

23. Connecticut (2008) e Iowa (2009) legalizaron los matrimonios entre personas del mismo sexo por medio de decisiones de sus tribunales supremos.

24. Véase Tamara Metz, «Why We Should Disestablish Marriage», en Mary Lyndon Shanley, *Just Marriage*, Oxford University Press, Nueva York, 2004, pp. 99-108.

25. Michael Kinsley, «Abolish Marriage», *Washington Post*, 3 de julio de 2003, p. A23.

26. *Ibidem*.

27. *Ibidem*.

28. *Hillary Goodridge vs. Department of Public Health*, Tribunal Supremo de Justicia de Massachusetts, 440 Mass. 309 (2003).

29. *Ibid.*, p. 312. El apotegma citado en la sentencia («Nuestra obligación es definir la libertad de todos, no hacer que nuestro código moral sea de obligado cumplimiento») procede de *Lawrence v. Texas*, 539 U.S. 558 (2003), sentencia del Tribunal Supremo de Estados Unidos que abrogó una ley de Texas que prohibía las prácticas homosexuales y que a su vez lo tomaba de otra sentencia más, *Planned Parenthood v. Casey*, 505 U.S. 833 (1992), del Tribunal Supremo de Estados Unidos, sobre el derecho a abortar.

30. *Ibidem*.

31. *Ibid.*, p. 329.

32. *Ibid.*, p. 320.

33. *Ibid.*, p. 313.

34. *Ibid.*, p. 342.

35. *Ibid.*, p. 321.

36. *Ibid.*, p. 322.

37. *Ibid.*, p. 331.

38. *Ibid.*, p. 333.

39. Robert F. Kennedy, «Remarks at the University of Kansas», 18 de marzo de 1968, en www.jfklibrary.org/Historical+Resources/Archives/Reference+Desk/ Speeches/RFK/RFKSpeech68Mar18UKansas.htm.

40. *Ibidem.*

41. Barack Obama, «A New Era of Service», Universidad de Colorado, Colorado Springs, 2 de julio de 2008, en *Rocky Mountain News*, 2 de julio de 2008.

42. Gary Becker, «Sell the Right to Immigrate», El blog de Becker y Posner, 21 de febrero de 2005, en www.becker-posner-blog.com/archives/2005/02/sell_the _right.html.

43. Véase Robert B. Reich, *The Work of Nations*, Alfred A. Knopf, Nueva York, 1991, pp. 249-315 (hay traducción al castellano de Federico Lezama: *Bussiness class. El trabajo de las naciones*, Javier Vergara, Barcelona, 1993).

Agradecimientos

Este libro nació de unas clases en la universidad. Durante casi treinta años he tenido el privilegio de enseñar en Harvard filosofía política a estudiantes de licenciatura. Y en muchos de esos años he impartido una asignatura llamada «Justicia», que presenta a los alumnos algunas de las obras más grandes que se hayan escrito sobre la justicia y donde se abordan polémicas actuales que, pese a su índole legal y política, llevan a plantearse cuestiones filosóficas.

La filosofía política se presta a la discusión, y buena parte de la gracia de la asignatura estriba en los contraargumentos de los alumnos, que debaten con los filósofos, entre sí y conmigo. Por lo tanto, me gustaría, antes que nada, dejar constancia de mi aprecio por los miles de estudiantes de licenciatura que me han acompañado en este viaje a lo largo de los años. Su vivo interés por las cuestiones relativas a la justicia se refleja, esa es mi esperanza, en el espíritu de este libro. Estoy también agradecido a los cientos de estudiantes de doctorado y de derecho que me han ayudado a dar las clases. Sus incisivas preguntas en las reuniones preparatorias que celebrábamos cada semana no solo impedían que bajase la guardia, sino que ahondaban mi comprensión de los temas filosóficos que ellos y yo exponíamos a nuestros alumnos.

Escribir un libro es muy diferente a dar clase, por parecido que sea el tema. Por eso, este libro ha supuesto, en muchos aspectos, empezar de cero. Agradezco al seminario de verano para docentes de la Facultad de Derecho de Harvard el apoyo que me ha prestado durante la redacción del libro. También estoy en deuda con el Programa Carnegie de Eruditos, de la Carnegie Corporation de Nueva York, que ha respaldado mi trabajo sobre los límites morales del mercado. Tengo que darles especialmente las gracias a Vartan Gregorian, Patricia Rosenfield y Heather McKay por su amabilidad, paciencia y apoyo. Las partes de este libro que hablan de los mercados y la moral representan el principio de un proyecto que todavía les debo.

He tenido la suerte de contar con un equipo espléndido en Farrar, Straus and Giroux. Ha sido un placer trabajar con Jonathan Galassi, Paul Elie, Jeff Seroy y Laurel Cook, desde el principio hasta el final, con ellos y con mi agente literaria, Esther Newberg. El amor a los libros, y a la creación de nuevos libros, informa todo lo que hacen y nos facilita la vida a los autores. Les estoy profundamente agradecido por su ayuda.

Mis hijos, Adam y Aaron, han tenido que soportar a la hora de comer discusiones sobre la justicia desde que tienen edad de coger una cuchara. Da gusto contemplar su seriedad moral, su brillantez y su pasión, con las que no han dejado de ponerme a prueba y de enriquecerme. En caso de duda, los tres nos volvemos hacia Kiku, nuestra piedra de toque moral y espiritual, mi compañera del alma. Le dedico este libro con amor.

Índice alfabético

Esta obra se terminó de imprimir
en el mes de febrero de 2025,
en los talleres de Impresora Tauro, S.A. de C.V.
Ciudad de México.